# 火薬陰謀事件とピューリタン

高橋正平

三恵社

# まえがき

　本書はピューリタン説教家による火薬陰謀事件説教に関する論文を集録したものである。私は、火薬陰謀事件説教については『火薬陰謀事件と説教』（三恵社、2012）を出版したが、そこで扱ったのは主として英国国教会説教による火薬陰謀事件説教であった。その後、火薬陰謀事件説教を読み続けている過程で私はピューリタン説教家もまた火薬陰謀事件について説教を行っていることを知るに至った。火薬陰謀事件は言うまでもなく 1605 年 11 月 5 日に未遂に終わったがカトリック教徒の一部の過激派ジェズイットが国会議事堂爆破とともにジェームズ一世の殺害を狙った事件である。事件直後にジェームズ一世は国会での演説で事件を厳しく批判し、神の慈悲によって自らは救出されたと述べた。そして事件日の 11 月 5 日に毎年事件の風化を防ぎ、併せて事件の凶暴性を国民に周知させる説教を行うように説教家に要望した。事件翌年から毎年事件日には英国国教会説教家により記念説教が行われたが、その説教はジェームズ一世の国会演説に追随する王への追従で満ちた説教であった。説教家たちにはジェームズ一世から気に入られようと報奨を期待する説教を行った。王からの報奨は説教家たちの間では暗黙の了承事項であった。ところがピューリタン革命期にピューリタンが台頭すると英国国教会説教家による火薬陰謀事件説教は姿を消し、代わりにピューリタン説教家が事件日に記念説教を行うようになった。ピューリタンは反体制派であり、王制打倒を目指し、共和制の樹立を彼らの行動の目標にしている。王政を否定するピューリタンが説教でジェームズ一世をどのように扱うのかは私の関心の的であった。。火薬陰謀事件の主役であるジェームズ一世に対してピューリタン説教家はいかなる態度をとっているかは興味ある問題であった。英国国教会説教家による火薬陰謀事件説教研究のあと私はピューリタン説教家の火薬陰謀事件説教を読み始めた。幸いにも革命期のピューリタンの説教は Robin Jeffs et al ed., *Fast Sermons to Parliament* (London: Cornmarket Press, 1970) として 34 巻が出版されている。これは 1640 年から 1653 年までの断食説教を集録したものであるが、そのなかに火薬陰謀事件説教も含まれている。このコレクションに収録されていない場合は *STC* にあたり、原典入手に関しては問題はなかった。ただ、*Fast Sermons to Parliament* には火薬陰謀事件説教日の説教についての記載はあるものの、実際は印刷されていないものもあった。英国図書館に問い合わせても入手はできず、本書でピューリタンの火薬陰謀事件説教を網羅することはできなかった。それでも入手できた説教については精読を続け、私なりの解釈をすることができた。ただ紙面の都合上省かなければならない説教もあった。各章の構成は以下の通りである。

　第 1 章ではジェームズ一世の国会演説に注目し、王の事件への態度を明らかにし、その演説に追随する英国国教会説教家のウィリアム・バーローの火薬陰謀事件説教を取り上げた。バーローは典型的な御用説教家であり、その説教は王の演説の翌日に行われたものであるが、それを見るとバーローの説教がいかにジェームズ一世の演説に従って説教を行っているか、そして英国国教会説教家の火薬陰謀事件説教がどのようなものかが理解できる。

　第 2 章はコーネリゥス・バージェスを論じている。バージェスは、1640 年 11 月 17 日に断食説教 "The First Sermon" を行い、神との契約を結ぶべきこと庶民院で訴えたが、翌年 1641 年 11 月 5 日、庶民院で火薬陰謀事件説教を行った。バージェスの説教は火薬陰謀事件説教史から見ると特筆すべき説教である。バージェス以前火薬陰謀事件説教は英国国教会

I

説教家による説教が多く、ピューリタンによる記念説教はバージェスの説教が最初であるからである。本章では次の二点に特に注意して論を展開している。その一点目は英国国教会説教家との比較を考慮に入れ、ピューリタンの説教方法がいかなるものであるかである。二点目はバージェスの説教が断食説教に一環として行われていることである。この問題の解明は最終的にバージェスの火薬陰謀事件説教の真の狙いはどこにあるのかという問題に行き着く。特に後者の問題はバージェスが説教を行った 1641 年の英国の社会情勢を考慮に入れる必要があるが、その点にも着目し、問題点の解明にあたっている。バージェスはピューリタンでは長老派に属する説教家である。しかもピューリタンは反体制派の集団である。なぜ彼らが火薬陰謀事件説教を行うことになったのか。彼らの真の意図は火薬陰謀事件を論じることではなく、他にあったのではないだろうか。本章では論を進めるにあたり最初バージェスの説教の内容および説教方法を論じ、次にバージェスの説教の真の目的ついて論じている。

　　第 3 章では第 2 章とも関連するが、バージェスが 1641 年 11 月 5 日に庶民院で行った火薬陰謀事件記念説教を扱っている。1641 年は前年 11 月 3 日に招集された長期議会が 1 年目を終えようとしていた年で、ピューリタンとチャールズ一世との対立が目立ち始めた年でもあった。説教の 2 週間ほど前 10 月 23 日にはアイルランドで反乱が起こった。アルスターのカトリック教系農民が多数のプロテスタント植民者を殺害したのである。バージェスの説教はこのアイルランド反乱から間もない説教であった。バージェスの説教はピューリタンによる最初の火薬陰謀事件記念説教であった。ピューリタンの火薬陰謀事件説教は英国国教会派の説教家による火薬陰謀事件説教と異なるところがあるとすればそれはどこにあるのかという大きな問題が生じてくる。本章ではバージェスの説教を取り上げ、彼のピューリタンとしての特徴がどのように表れているかを論じている。本章ではバージェスの説教は「救出」と密接な関係にあり、その「救出」を論ずるためにバージェスは徹底して旧約聖書を使用したが、なぜ彼は旧約聖書に頼らなければならなかったのか、この問題の解明と次に説教は 1640 年代初期のピューリタンが直面していた問題を抜きにしてはありえなかったことを究明し、最終的にバージェスの説教はピューリタン革命を後押しする説教であったことを論じている。

　　第 4 章はジョン・ストリクランドの火薬陰謀事件説教を扱っている。1605 年 11 月 5 日の火薬陰謀事件以来イングランドでは事件糾弾の説教がジェームズ一世擁護派説教家によって数多く行われた。彼らの説教は事件を引き起こしたジェズイット（カトリック教徒）を激しく非難し、併せて事件解決に貢献したジェームズ一世の神格化と王の事件からの奇跡的脱出賞賛で終わっている。ところが十七世紀も半ばを迎え、ピューリタンが主導権を得、彼らはジェームズ一世の息子のチャールズ一世との対立は激化していく。両派の対立のなか 1644 年 11 月 5 日ピューリタン説教家によって火薬陰謀事件記念説教が 4 編行われた。1644 年と言えば 1642 年 8 月に革命が勃発して 2 年を経過した年である。その 1644 年 11 月 5 日にピューリタンによる火薬陰謀事件説教が 4 編も行われるのは異例であり、注目を要する。過去同一日同時に 4 編もの火薬陰謀事件説教が行われた例はない。その 4 人の説教家はジョン・ストリクランド、ウィリアム・スパーストー、アンソニー・バージェス、チャールズ・ハールである。本章ではストリクランドに焦点をあて、その説教の解明にあたる。ピューリタン革命前までの英国国教会説教家による説教には一定の説教の手順があり、彼

らのほとんどはその手順に従って説教を行っていた。ところがピューリタンの説教をみるとピューリタンはその手順を踏襲していない。英国国教会派の説教で最も大々的に扱われるべきことは火薬陰謀事件の最大の被害者となるはずだったジェームズ一世である。英国国教会派説教家はこぞって神の慈悲による（と彼らは見なしたが）ジェームズ一世の奇跡的救出を賞賛し、ジェームズ一世ひいてはイングランド国民への神の特別な配慮に最大の賛辞を送った。ジェームズ一世の事件からの奇跡的救出を機にイングランド人は神から特別に選ばれた国民であるという「選民」意識を説教家は国民に植え付けた。ところがピューリタンの説教には火薬陰謀事件への言及やジェームズ一世への言及は少ない。これは何を物語るのか。それはピューリタンの火薬陰謀事件説教の目的は火薬陰謀事件を論じることよりも他にあったからである。本章では 1644 年 11 月 5 日に行われたストリクランドの説教を取り上げ、英国国教会派説教家との比較のなかで、ストリクランドの説教の真意はどこにあったのかを中心にして論じている。その真意の解明はピューリタン革命時においてピューリタンが直面していた問題の解明にも通ずるが、ストリクランドの説教は議会軍と国王軍との戦いのなかで議会軍を援護する説教であったことを本章では結論づけている。

　第 5 章はウィリアム・スパーストーの火薬陰謀事件説教を扱っている。火薬陰謀事件から 39 年後の 1644 年 11 月 5 日には貴族院と庶民院で 4 編の火薬陰謀事件説教が行われた。貴族院では午前にウィリアム・スパーストー、午後にジョン・ストリクランドがそれぞれ説教を行った。庶民院ではアンソニー・バージェスとチャールズ・ハールが説教を行っている。問題はこれら 4 人はすべてピューリタンであるということである。1644 年 11 月と言えば 1642 年 8 月に議会軍と国王軍の内乱勃発以来 2 年が経過した年であった。両軍の勝敗の行方が定かではないなかでの火薬陰謀事件説教である。前章でストリクランドの説教については論じたが、その説教はピューリタン革命を強く意識した説教で、革命に際し神に加護を求めることをピューリタンに勧めている説教である。本章ではスパーストーの説教を論ずるが、その際我々は次の二点について特に注意しなければならない。第一点は、説教でスパーストーが火薬陰謀事件をどのように扱っているかである。第二点は、進行中のピューリタン革命の観点からスパーストーの説教を論ずることである。スパーストーの説教の論調はそれまでの事件批判の繰り返しの感が強い。スパーストーの説教がその力強さを増すのは彼がピューリタン革命に言及するときである。本章では最初にスパーストーが火薬陰謀事件をどのように批判しているかを考察し、次に 1644 年 11 月 5 日までの議会軍と国王軍との戦いを考慮に入れ、スパーストーの説教の真の狙いは火薬陰謀事件を論ずるよりはむしろピューリタン革命で議会軍を援護することにあったことを論じている。

　第 6 章ではアンソニー・バージェスの火薬陰謀事件説教を扱っている。1644 年 11 月 5 日に 4 人のピューリタンが貴族院と庶民院でそれぞれ火薬陰謀事件記念説教を行った。その一人がバージェスである。バージェスの説教は説教日が火薬陰謀事件記念日であることを考えると著しく奇異な印象を与えかねない説教である。なぜならその説教は火薬陰謀事件を扱うことはほとんどなく、また貴族院でのスパーストーやストリクランドの説教と異なり、11 月 5 日以前の議会軍と国王軍との戦いへの言及もほとんどないからである。バージェスは説教の序文で「始まった改革[内乱]の行く手をさえぎる多くの抵抗があってもうろたえてはいけない」と言っており、我々はバージェスが説教で大々的に国王軍との戦いに

言及すると思いきや、その期待は全く裏切られる。内乱はほとんど取り上げることはないのである。バージェスが説教で論じているのは事件を引き起こしたジェズイットの所属するカトリック教会批判である。その点では従来の英国国教会派説教家の説教と異なるところはない。バージェスの説教タイトル "Romes Cruelty & Apostacie"「ローマの残虐と背教」からも明らかなように、説教ではカトリック教会がいかに堕落した危険な教団であるかが強調されるが、その批判を通して火薬陰謀事件への非難、ジェームズ一世賞賛へは至っていない。バージェスのカトリック教批判はその批判で終わっている感が強い。本章では最初にバージェスのカトリック教批判、次に彼の火薬陰謀事件批判がどのように行われているかを論じている。

　第 7 章ではチャールズ・ハールの火薬陰謀事件説教を取り上げ、ハールの説教は火薬陰謀事件に特化した説教であるかを論じている。ピューリタン革命が勃発して 2 年後、1644年 11 月 5 日に貴族院と庶民院で 4 編の説教が行われた。庶民院ではアンソニー・バージェスとチャールズ・ハールがそれぞれ説教を行っている。バージェスについては第 6 章で扱ったので、本章ではハールの説教を取り上げている。説教日は火薬陰謀事件日なので、本章ではハールが火薬陰謀事件をどのように扱っているかを最初に論じているが、火薬陰謀事件を扱うのが説教の目的であったのではなく、進行中のピューリタン革命、議会軍と国王軍との戦いが説教に色濃く反映されていることを論じている。貴族院でのスパーストーとストリクランドの火薬陰謀事件説教では事件の被害者となるはずだったジェームズ一世の名前は一度も出てこない。これはピューリタンが反王権を唱えていたからで、火薬陰謀事件を扱えば最終的にはジェームズ一世賞賛は必至だったからである。スパーストーの説教には国王軍との戦いが扱われ、彼は国王軍との戦いビューリタンを激励しようとしている。これに反し、ストリクランドの説教には火薬陰謀事件は現れず、国王軍との戦いでは神からの援助のもとで必ずピューリタンは勝利することを説いている説教である。同じ日の午後に行われたハールの説教はどうであろうか。本章ではハールの火薬陰謀事件を取り上げ、彼の説教も進行中の革命を反映した説教で、ピューリタンの勝利を聴衆に確約する説教であることを論じている。

　第 8 章ではマシュー・ニューコメンの火薬陰謀事件を取り上げている。体制派説教家である英国国教会説教家の説教の目的は言うまでもなくジェームズ一世王朝擁護である。事件の首謀者ジェズイットを徹底的に糾弾することによりジェームズ一世支持の姿勢を強く打ち出す。それはジェームズ一世の事件直後の国会演説を受けての説教であった。彼らの説教には共通した手順があった。それは（1）事件に類似した一節を聖書から選び、それを事件に適応することによって聖書から事件を批判する。（2）事件の残忍性（3）ジェームズ一世世による事件発覚（4）ジェームズ一世の奇跡的救出（5）ジェームズ一世を救出してくれた神の慈悲強調（6）神の慈悲への感謝、ほぼすべての英国国教会派説教家による火薬陰謀事件説教はだいたいこのような手順を踏んでいた。事件の凶暴性、ジェームズ一世の神格化、奇跡的な救出、神への感謝、これらが英国国教会派説教家の説教には幾度となく繰り返される。それではピューリタンのニューコメンの火薬陰謀事件説教はどうであろうか。彼は 1642 年 11 月 5 日の火薬陰謀事件日に庶民院で説教を行っている。説教のタイトルは「教会の敵の狡猾と残虐」（*The Craft and Cruelty of the Churches Adversaries*）である。「教会の敵」とは事件を計画したカトリック教の過激派ジェズイットであり、彼らの「狡

猥」と「残虐」がいかに事件に表れているかを論じた説教である。ピューリタンと英国国教会派はその主義・主張が異なるゆえ、当然彼らの説教にも違いが見られることが予想される。一方は体制派、他方は反体制派である。反王権のピューリタンからしてみれば王殺害を狙った火薬陰謀事件には共鳴できるものがあるように思われるが、はたしてニューコメンは火薬陰謀事件を容認する立場を取っているのであろうか。本章では英国国教会派の火薬陰謀事件説教家バーローとの比較からニューコメンの説教を論じている。

第9章ではウィリアム・ストロングの火薬陰謀事件を論じている。1644年11月5日のスパーストーの説教から2年後、ストロングは1646年11月5日、ウェストミンスター寺院に隣接している聖マーガレット教会で庶民院議員に向けて火薬陰謀事件説教を行った。これだけなら格別我々の注意をひきつけはしない。ただストロングが独立派ピューリタンであるということを考えるとその説教を単なる火薬陰謀事件記念説教と見なすことはできなってくる。ストロングが火薬陰謀事件説教を行った1646年はピューリタン革命が起こってから4年が経過していた。1646年に入ると1月のデヴォンでの勝利、2月のトリントンの戦い、4月のチャールズ一世のオックスフォード逃亡、5月のスコットランド軍へのチャールズ一世の投降、7月の議会軍によるウスター占領、8月の王党派最後の拠点コーンウォールの守備隊降伏が続き、議会派は徐々に革命の主導権を握っていく。そのような国内情勢の中でのストロングの火薬陰謀事件説教である。事件後の英国国教会説教家による記念説教では何よりも事件を未然に防いだジェームズ一世を賞賛し、英国への神の慈悲を強調する説教が主である。ところがストロングの説教には火薬陰謀事件についての記述は見られるがジェームズ一世の事件からの奇跡的な救出については書かれず、ジェームズ一世の名も一度も出てこない。一体ストロングの火薬陰謀事件説教の真意は何か。本章では以下の点に中心にして論を進めていく。第一点はジェームズ一世による1605年11月9日の国会演説である。英国国教会説教家の火薬陰謀事件説教はこの国会演説を踏襲しているからである。第二点はストロングの火薬陰謀事件観である。第三点は説教で扱う聖書の一節と火薬陰謀事件との関係である。ストロングは「エズラ記」を説教の冒頭に掲げるが、その聖書の一節と事件の関係はどのように説明されるのかである。第四点としての論点はストロングの火薬陰謀事件の主題は火薬陰謀事件であったのかである。結論としてストロングの火薬陰謀事件説教は、説教時の英国社会と密接に関係しており、火薬陰謀事件そのものよりは英国社会の現状改革を訴えた説教であることを論じている。

第10章ではウィリアム・ブリッジによる1647年11月5日の火薬陰謀事件説教を論じている。1647年と言えばピューリタン革命が起こってから5年目である。ピューリタン革命の第一次内乱が1646年に議会派の勝利に終わったが、ブリッジの説教時は内乱の行先はまだ予断を許さない時期であった。1647年1月からブリッジの説教が行われた1647年11月5日までのイングランド国内の政情を見てみるとチャールズ一世処遇、国内の民主化運動、軍によるロンドン制圧とロンドン以外での内乱が主とロンドンに移り、政情は緊迫化の様子を示す。そのような中でのブリッジの火薬陰謀事件記念説教である。ピューリタン説教家は火薬陰謀事件よりも内乱時におけるイングランドの社会情勢を扱うことが多く、事件そのものをも本格的に扱うことはしない。説教にはジェームズ一世の名前すらほとんど出てこない。ブリッジの火薬陰謀事件説教はどうか。そもそもブリッジの説教の目的は火薬陰謀事件を扱うことにあるのかという疑問が生じてくる。というのは、ブリッジは彼以前

v

のピューリタン説教家同様ほとんど火薬陰謀事件を取り上げていないからである。ブリッジの火薬陰謀事件説教の意図が事件を扱うことでないとすれば、その意図はどこにあるのか、それを本章では論じている。ブリッジは火薬陰謀事件を通して事件の首謀者のジェズイットを批判するより 1647 年の説教時におけるイングランドの政情に関心があった。火薬陰謀事件批判よりもより急を要する責務がブリッジにはあった。つまり説教時におけるイングランド社会の混乱収拾であった。独立派ピューリタンのブリッジにとってはもはや国内の争いは無用である。とすればブリッジの説教は火薬陰謀事件を論ずる説教ではなく、ピューリタン革命について論ずる説教になる。火薬陰謀事件は二の次で、イングランド国内の秩序回復が主なる目的となる。以上のような論点を考慮に入れて、本章では最初に説教冒頭に掲げる聖書の一節の妥当性から始め、神の援護は常に議会派にあり、したがって革命の勝利はピューリタン側にあること、そして火薬陰謀事件批判よりも事件の背後に暗躍するローマ・カトリック教批判が説教の論点であることを論じている。

　本書の構成は以上の通りである。英国国教会説教による火薬陰謀事件説教とピューリタン説教家による火薬陰謀事件説教との違いは歴然としている。一方は体制維持のために、他方は革命達成のために説教を行う。本書からピューリタン説教家が火薬陰謀事件という国家の根幹を揺るがす大事件をどのようにとらえていたかが理解できると思う。英国国教会説教家と異なりピューリタン説教家にとっては火薬陰謀事件を通しての革命の成就、社会の改革への訴えが彼らに課せられた大きな課題であった。その意味からするとピューリタン説教家の説教は本来の意味での火薬陰謀事件説教であるとは言い難い。ピューリタン革命が勃発時、火薬陰謀事件はピューリタンにとって事件ははるか遠い過去の事件であった。火薬陰謀事件記念説教は事件が起こった翌年の 1606 年から行われ、ピューリタン説教家も慣例に従って記念説教を行ったが、彼らにとって最も重要な、切実な問題はピューリタン革命であった。うがった見方をすればピューリタン説教家にとって火薬陰謀事件は眼中にはなかったのである。彼らは火薬陰謀事件日だから義務として記念説教を行っているにすぎない。彼らの説教の目的は火薬陰謀事件よりも革命にあった。だから彼らは火薬陰謀事件を扱う際にそれほどの熱意を込める必要もなく、ジェームズ一世を全面的に取り上げることもしないのである。本書で取り上げたピューリタン説教家にはすべてこのような兆候が見られている。

　本書の当初の計画はピューリタン革命勃発時から 1660 年の王政復古までのピューリタン説教家の火薬陰謀事件説教を論じることであった。本書では 1647 年のウィリアム・ブリッジの説教が最後になっているが、その後 1651 年にはピーター・ステリー、1656 年にはラルフ・ヴェニング、同年のピーター・ステリーの再度の火薬陰謀事件と続くが、紙面の都合上本書では取り上げることはできなかった。今回取り上げることができなかったこれらの説教については稿を改めて論じたいと思っている。

目次

まえがき・・・・・・・・・・・・・・・・・・・・・・・・・・・ I

**第1章　英国国教会説教家の火薬陰謀事件説教**
**－ウィリアム・バーローのジェームズ一世擁護－**

1－1　はじめに・・・・・・・・・・・・・・・・・・・・・・・・　1
1－2　ジェームズ一世の国会演説－Misericordia Dei supra omnia eius－・・・・・・　3
1－3　ウィリアム・バーローの火薬陰謀事件説教・・・・・・・・・・・　9
1－4　"this late Tragi・comical treason"・・・・・・・・・・・・　16
1－5　むすび・・・・・・・・・・・・・・・・・・・・・・・・・　19

**第2章　コーネリゥス・バージェスの火薬陰謀事件説教**

2－1　はじめに・・・・・・・・・・・・・・・・・・・・・・・・　23
2－2　バージェスとバーローの火薬陰謀事件説教・・・・・・・・・・・　23
2－3　神と英国・・・・・・・・・・・・・・・・・・・・・・・・　28
2－4　むすび　・・・・・・・・・・・・・・・・・・・・・・・・　38

**第3章　コーネリゥス・バージェスの断食説教と火薬陰謀事件**

3－1　はじめに・・・・・・・・・・・・・・・・・・・・・・・・　46
3－2　バージェスの The First Sermon における「救出」・・・・・・　46
3－3　"Old Babylon"と"New Babylon"・・・・・・・・・・・・・・　49
3－4　バージェスの火薬陰謀事件説教・・・・・・・・・・・・・・・　56
3－5　火薬陰謀事件と旧約聖書・・・・・・・・・・・・・・・・・　59
3－6　むすび・・・・・・・・・・・・・・・・・・・・・・・・・　64

**第 4 章　ジョン・ストリクランドの火薬陰謀事件説教**
**－Deliverance と God's presence－**

4－1　はじめに・・・・・・・・・・・・・・・・・・・・・・・・　68
4－2　ストリクランドの火薬陰謀事件・・・・・・・・・・・・・・・　69
4－3　1644年11月5日火薬陰謀事件説教の背景・・・・・・・・・・・・　71
4－4　"God with us"・・・・・・・・・・・・・・・・・・・・・・　73
4－5　「詩編」46章7節とストリクランド・・・・・・・・・・・・・・　76
4－6　"these sad times"とストリクランド・・・・・・・・・・・・・　80
4－7　「いかにして神を我々の味方にすべきか」・・・・・・・・・・・　82

VII

4−8 "God's presence with us "とピューリタン革命・・・・・・・・・・ 84
4−9 むすび・・・・・・・・・・・・・・・・・・・・・・・・・・・・・・ 87

### 第5章 ウィリアム・スパーストーの火薬陰謀事件説教

5−1 はじめに・・・・・・・・・・・・・・・・・・・・・・・・・・・ 91
5−2 「イングランドのすぐれた裁き」と「神のすぐれた慈悲の悪用」・・・・・・ 91
5−3 スパーストーの火薬陰謀事件観・・・・・・・・・・・・・・・・・ 93
5−4 火薬陰謀事件説教とピューリタン革命・・・・・・・・・・・・・・ 97
5−5 むすび・・・・・・・・・・・・・・・・・・・・・・・・・・・・102

### 第6章 アンソニー・バージェスの火薬陰謀事件説教

6−1 はじめに・・・・・・・・・・・・・・・・・・・・・・・・・・・106
6−2 バージェスの火薬陰謀事件説教とカトリック教批判・・・・・・・・・106
6−3 バージェスの火薬陰謀事件観・・・・・・・・・・・・・・・・・・108
6−4 バージェスのカトリック教批判・・・・・・・・・・・・・・・・・112
6−5 むすび・・・・・・・・・・・・・・・・・・・・・・・・・・・・116

### 第7章 チャールズ・ハールの火薬陰謀事件説教

7−1 はじめに・・・・・・・・・・・・・・・・・・・・・・・・・・・119
7−2 ハールと火薬陰謀事件・・・・・・・・・・・・・・・・・・・・・119
7−3 ハールの火薬陰謀事件の意味・・・・・・・・・・・・・・・・・・123
7−4 むすび・・・・・・・・・・・・・・・・・・・・・・・・・・・・131

### 第8章 マシュー・ニューコメンの火薬陰謀事件説教
"Deliverances *past* are the *pledges* of *future deliverances*"

8−1 はじめに・・・・・・・・・・・・・・・・・・・・・・・・・・・133
8−2 英国国教会説教家バーローの火薬陰謀事件説教・・・・・・・・・・・134
8−3 バーローと火薬陰謀事件・・・・・・・・・・・・・・・・・・・・141
8−4 ニューコメンの火薬陰謀事件説教・・・・・・・・・・・・・・・・144
8−5 ニューコメンと火薬陰謀事件・・・・・・・・・・・・・・・・・・148
8−6 「ヒゼキア書」4章11節と火薬陰謀事件・・・・・・・・・・・・・152
8−7 むすび・・・・・・・・・・・・・・・・・・・・・・・・・・・・158

## 第9章　ウィリアム・ストロングの火薬陰謀事件説教

9−1　はじめに・・・・・・・・・・・・・・・・・・・・・・・164
9−2　ジェームズ一世の1605年11月9日の国会演説・・・・・・・・・・・・164
9−3　ストロングと火薬陰謀事件・・・・・・・・・・・・・・・・168
9−4　「エズラ記」9章13節−14節と火薬陰謀事件・・・・・・・・・・172
9−5　ストロングとピューリタン革命・・・・・・・・・・・・・・181
9−6　むすび・・・・・・・・・・・・・・・・・・・・・・・・183

## 第10章　ウィリアム・ブリッジの火薬陰謀事件説教

10−1　はじめに・・・・・・・・・・・・・・・・・・・・・・189
10−2　ブリッジと火薬陰謀事件・・・・・・・・・・・・・・・・190
10−3　「詩編」106章8節と「応用」・・・・・・・・・・・・・194
10−4　ブリッジの反カトリック教とピューリタン・・・・・・・・・201
10−5　むすび・・・・・・・・・・・・・・・・・・・・・・・205

あとがき・・・・・・・・・・・・・・・・・・・・・・・・・・・210

## 第1章　英国国教会説教家の火薬陰謀事件説教
### 　　　ーウィリアム・バーローのジェームズ一世擁護ー

## 1-1　　はじめに

　本論の目的は英国国教会派のバーロー(William Barlow)とピューリタンのバージェス(Cornelius Burges)による火薬陰謀事件説教を取り上げ、宗派の異なる二人が事件をどのように扱っているかを論ずることである。一方は体制派、他方は反体制派である。当然のことながら両者には相違点が予想される。しかし類似点はないのであろうか。なぜバーローとバージェスかと言えば、バーローは火薬陰謀事件説教を行った最初の英国国教会派説教家であり、バージェスはピューリタンで初めて火薬陰謀事件説教を行った説教家であるからである。宗派の異なる両者がどのように火薬陰謀事件説教を行っているのか。そもそもなぜ二人は火薬陰謀事件説教をおこなったのか。様々な問題が浮かんでくるが、バーローとバージェス の説教を論じるにあたり、英国国教会派とピューリタンが直面していた問題点を考慮に入れ、論を進めていきたい。

　1605年11月5日は英国民にとっては1588年のスペインの無敵艦隊撃破同様記念すべき日である。その日英国民を恐怖のどん底に落とし入れた事件が起こったからである。それはカトリック教徒の一部過激派ジェズイットが国会議事堂爆破を計画した事件である。事件は未遂に終わったものの，この未遂事件がジェームズ一世を動揺させたのは明白だった。ジェームズ一世はスコットランド王であった1600年8月5日にも牢獄に幽閉されたことがあり，わずか5年後に再度生命を狙われた。ジェームズ一世はこの事件を機に国内のカトリック教徒に「忠誠の誓い」を課し，国内のカトリック教徒を「王に忠実なカトリック教徒」と「反抗的なカトリック教徒」に分けようとした[1]。この「忠誠の誓い」論争は英国のみならず，ヨーロッパの国々をも巻き込む「書物戦争」を引き起こすことになった。ジェームズ一世は，国内では火薬陰謀事件をきっかけとして法的手段によってカトリック教徒に「忠誠の誓い」を課す一方で，説教家には火薬陰謀事件記念説教を行わせた。それは事件の風化を防ぎ，併せて事件の残虐性，非合法性を説教という「マスメディア」を通して広く国民に訴える作戦であった。火薬陰謀事件は国会会期中のジェームズ一世を始めとして王妃，息子及び国家の要職にある者達を国会議事堂爆破もろとも殺害しようとした前代未聞の事件で、ジェームズ一世が最も恐れていた英国社会を根底から覆す事件であった。いわばジェームズ一世王朝の崩壊を招く大惨事であった。ジェームズ一世はそのような凶悪な事件を一般人に広く知らしめ、過激なジェズイットの危険な存在を国民に周知させるために説教家を積極的に利用した。なぜジェームズ一世は説教家を利用したのか。それは説教家が世論の代弁者で，現在で言うならば報道関係者のような立場を占めていたからである[2]。マスコミが現代ほど発達していなかった十七世紀初頭においては説教家の果たす役割は大きくかつ一般人への情報源としてその影響力は大きかった。ジェームズ一世がそのような説教家を利用しないわけはない。彼は説教家に火薬陰謀事件記念説教を毎年事件のあった11月5 日に行わせ、事件の重大性を国民に知らせることにした。その最初の説教家は アンドルーズ(Lancelot Andrewes)であった。彼は、ホワイトホールでジェームズ一世臨席の下ほぼ毎年1606年から1618年まで合計10編の火薬陰謀事件記念説教を行った。ア

ンドルーズはとりわけジェームズ一世により寵愛を受けた説教家で，いわばジェームズ一世の御用説教家と言える説教家である。しかしアンドルーズより一年前に火薬陰謀記念説教を行った説教家がいた。それがバーローである。バーローの説教は事件日の11月5日に行われた説教ではないが，彼の説教を取り上げる理由は二つある。一つは，火薬陰謀事件が発覚した4日後の1605年11月9日にジェームズ一世は国会で火薬陰謀事件を批判する演説を行っているが，バーローの説教はその翌日11月10日にセントポール大聖堂説教壇で行われているからである。ジェームズ一世の国会演説直後の説教でバーローはいかなる内容の説教を行っているのか。本論では最初にジェームズ一世の国会演説が火薬陰謀説教事件にいかに影響を及ぼしているのかを考察するためにジェームズ一世の国会演説を取り上げ，演説の内容を検討する。次に，ジェームズ一世の国会演説翌日に行われたバーローの火薬陰謀事件記念説教を取り上げ，バーローがいかにジェームズ一世の国会演説を意識して説教を行っているかを論じる。実はバーローは火薬陰謀事件の翌年1606年11月5日の火薬陰謀事件記念日に火薬陰謀事件説教を行っているが，それより一年前の1605年11月10日にジェームズ一世による火薬陰謀事件糾弾の国会演説に応えるかのようなバーローの説教がいかなる説教となっているかは興味深い。バーローの説教はジェームズ一世を擁護することがその使命であるゆえ，説教でバーローがどのようにジェームズ一世を擁護しているのかに着目したい。論点の二点目はピューリタンによる火薬陰謀事件説教である。ピューリタンは断食説教と称する説教を月に一回行っていたが，11月5日の火薬陰謀事件記念日に行われていた断食説教もある。ピューリタンによる断食説教日における火薬陰謀事件説教は バージェスが最初で，以後も11月5日にピューリタンによる火薬陰謀事件が行われている。私が注目したいのは英国国教会派とピューリタンの宗派の異なる火薬陰謀事件説教がどのような説教となっているかである。同じ火薬陰謀事件を扱いながらも体制派英国国教会派説教家による説教にはジェームズ一世擁護の姿勢が強く反映されていることは容易に推察できる。しかし，ピューリタンはどうか。彼らは本来王政打倒をその目標としていた。絶対王政打倒から共和制樹立が彼らの狙いである。事実ピューリタン革命はバージェスの説教の翌年1642年から本格化していくが，ピューリタン革命はまさにチャールズ一世の処刑によってその目標は遂げられた。体制派の説教と反体制派の説教，両者には当然のことながら説教の内容に差違があることは容易に理解できよう。本論では第二の論点としてのピューリタンによる最初の火薬陰謀事件記念説教を取り上げ，英国国教会派の説教との比較のなかでその内容に検討を加えることにする。素朴な疑問として反体制派のピューリタンがなぜ火薬陰謀事件説教を行ったのかという疑問が生じてくる。ピューリタンの説教がジェームズ一世賞賛の説教であるとはどう考えてもありえない。とすればピューリタンが火薬陰謀事件説教を行った目的は他にあったはずである。その目的とは何だったのだろうか。この問題を論ずるのが本論の第二の目的である。本論では最初にジェームズ一世の国会演説，次に英国国教会派のバーローの火薬陰謀記念説教，最後にピューリタンのバージェスの火薬陰謀事件説教を取り上げ，両者のジェームズ一世との関係及びバージェスの説教の真の狙いはどこにあったのかを中心にして論を進めていきたい。

## 1-2 ジェームズ一世の国会演説

### —Misericordia Dei supra omnia opera eius—

　バーローの火薬陰謀事件説教に入る前にジェームズ一世の国会演説を論ずることとしたい。なぜならジェームズ一世の国会演説は火薬陰謀事件の4日後の1605年11月9日に行われ、そこで王は火薬陰謀事件について自らの態度を表明しているかである。演説でジェームズ一世は事件の概要に触れ、国会爆破が未然に終わったことに対して神への感謝を表し、事件の残虐性を指摘し、王自らが事件発覚を未然に防いだと述べている。王は事件へ批判を向けるのみならず王自身の王観、カトリック教徒への考えも述べており、以後の火薬陰謀記念説教を考慮に入れると興味深い演説となっている。そしてバーローはこの演説の翌日11月10日に王を擁護する火薬陰謀事件説教を行っているのである。バーロー自ら王の演説を聞いているので、ジェームズ一世の国会演説がバーローの説教に影響を与えていることは疑う余地のないところである。

　ジェームズ一世の演説は火薬陰謀事件直後の演説であるだけに王の事件からの無傷の救出への思いが強く、王は演説のなかで特に「神の慈悲」のおかげで事件は未遂に終わったと神への感謝の念を強調する。「神の慈悲による危機からの救出」はジェームズ一世国会演説の基調である。ジェームズ一世が演説の中で "Misericordia Dei supra omnia opera eius" に触れるが、これは「詩編」145章9節に見られ、ダビデが主の慈悲を強調している一節である。ジェームズ一世の演説はとりわけ神の恵みを強調する。ジェームズ一世は演説の目的について以下のように明確に述べる。

So now my Subiect is to speake of a farre greater Thanksgiuing then before l gaue to you, being to a farre greater person, which is to God, for the great and miraculous Deliuery he hath at this time granted to me, and to you all, and consequently to the whole body of this Estate[3].

ジェームズ一世の演説の目的は「すばらしく奇跡的な救出」に対して「大いなる感謝」を語ることにある。火薬陰謀事件は事件直前にその全容が明らかになり、ジェームズ一世を始めとする要人は生命を救われた。事件が実行されていたならばジェームズ一世は国会議事堂もろとも命を落とすところであったが事件は間一髪未然に終わった。そのためにジェームズ一世は神への感謝の念を表し、以後毎年11月5日に火薬陰謀記念説教が行われるようジェームズ一世は示唆する。陰謀事件からの救出に際しての「神の慈悲」と「奇跡的救出」は演説のキーワードであり、以後火薬陰謀事件記念説教を行う説教家はすべてこの二つを取り上げることになる。神の慈悲についてジェームズ一世は演説の他の箇所でも言及し、"this his mercifull Delivery[4]"、"a divine worke of his Mercy[5]" と神の慈悲に触れている。次にジェームズ一世は自らの信心深さに言及する。神が罪故に世界を滅ぼそうとしたノアを例に挙げる。ノアは生き残ったがそれは神への敬虔な信仰を失わなかったためである。ノア同様神への信仰を失わないジェームズ一世は「火」によって殺害されることはありえない。ジェームズ一世はスコットランド王であったときにも同様に生命の危機にさらされた ガウリー兄弟による軟禁事件を体験したが、王はその難を逃れたことがあった。ジェームズ一世は二度にわたる陰謀事件による生命の危機を脱したわけである。なぜジェームズ

一世は二度も生命の危機を脱したか。それはジェームズ一世の神への深い信仰心による。ジェームズ一世はノアと同様信心深い人間で，それ故に神は王を生命の危機から救ってくれたのである。火薬陰謀事件とガウリー事件を比較していかに火薬陰謀事件が残虐極まりない事件であったかを強調する。

This [the Gunpowder Plot] was not a crying sinne of blood, as the former [the Gowrie Plot], but it may well bee called a roaring, nay a thundring sinne of fire and brimstone, from the which God hath so miraculously deliuered vs all[6].

ジェームズ一世はこのように神への深い信仰心を国会演説で強調し，王殺害を狙ったジェズイットを批判する。そもそも一国の王たるジェームズ一世は単なる王ではない。ジェームズ一世は，王は地上における神の代理人であるという王権神授説にも触れ、次のように述べる。

...Kings are in the word of God it selfe called Gods, as being his Lieutenants and Vice-gerents on earth, and so adorned and furnished with some sparkles of the Divinitie[7];

王は神の代理人であるという主張はカトリック教徒には通用しないが、ジェームズ一世からすれば王殺害を計画したジェズイットはまさに神の代理人を殺害することになる不遜な暴挙である。ジェームズ一世の信心深さ、神聖な王からしてもジェームズ一世に暗殺される理由は見あたらない。次にジェームズ一世が述べるのは火薬陰謀事件の残虐性である。火薬陰謀事件の残虐性も説教家がほとんどすべて取り上げるテーマである。事件の残虐性についてジェームズ一世は次のように言う。

First, in the crueltie of the Plot it selfe, wherein cannot be enough admired the horrible and fearefull crueltie of their device, which was not onely for the destruction of my Person, nor of my Wife and posteritie onely, but of the whole body of the State in generall; wherein should neither haue bene spared or distinction made of yong nor of old. of great nor of small, of man nor of woman: The whole Nobilitie, the whole reuerend Clergie, Bishops, and most part of the good Preachers, the most part of the Knights and Gentrie [8];

この一節は火薬陰謀事件の残極性について触れるのみならず，国会の参列者をも挙げているが、これも以後の多くの説教家が言及した点である。国会議事堂爆破計画は王，王妃，子息，国家の要職にある者，老若男女，貴族，聖職者，主教，説教家，ナイト及びジェントリー，これらすべてを爆破するものであった。実は バーローも参列者の一人であった。言うなれば火薬陰謀事件はジェームズ一世王朝の中枢が一瞬のうちに殺害されるという大事件であった。ジェームズ一世は殺害方法には人間，動物，それに「水」と「火」があるが，そのなかでも「火」による殺害は最も凶暴かつ残酷であると言い，火薬陰謀事件の残

4

虐性を非難する。

　次にジェームズ一世が論ずるのは事件の動機である。なぜジェズイットは王殺害を狙い，国会議事堂爆破を計画したのか。ジェームズ一世からすれば事件の動機は，「ささいな理由と言えない理由 (9)」である。事件の首謀者が王のために破産したり不満を抱いている者であればこの事件は復讐である。しかしジェームズ一世は彼らをそのような事態に至らせたことはない。それは，「単に宗教のみ (10)」が引き起こした事件であった。事件の首謀者ガイ・フォークス (Guy Fawkes) によれば火薬陰謀事件はカトリック教徒に対する「残酷な法律」のためであった。英国内におけるカトリック教徒への弾圧・抑圧が彼らをして王殺害という暴挙に走らせたのである。しかし，ジェームズ一世からすればすべてのカトリック教徒を弾圧したわけではない。彼は国内の平和・秩序維持のために一部反体制的な過激なカトリック教徒・ジェズイットを取り締まっただけで，王に対して忠実なカトリック教徒まで弾圧したことはなかった。ジェームズ一世は火薬陰謀事件の原因となるようなことは何もしておらず，忠実なカトリック教徒に対しては寛容な態度をもって接していたのである。ジェームズ一世がカトリック教徒を厳しく取り締まったとしたらそれは彼らが国内の秩序を乱すために他ならなかった。国内の秩序維持のためにジェームズ一世がとった法的手段の一つが「忠誠の誓い」であったことは言うまでもない。ジェームズ一世王朝維持のためには国状安定は不可欠である。ところが一部過激なジェズイットが国内を混乱に陥れようとしている。その第一歩が火薬陰謀事件であった。第三にジェームズ一世は火薬陰謀事件発覚の経緯について述べる。ジェームズ一世は事件についての謎めいた書簡を受けとり，即座にその真意を読み取ったのである。

...When the Letter was shewed to me by my Secretary, Wherein a generall obscure aduertisement was giuen of some dangerous blow at this time, I did vpon the instant interpret and apprehend some darke phrases therein, contrary to the ordinary Grammer construction of them,...to be meant by this horrible forme of blowing vs all by Powder ; And thereupon ordered that search to be made, Whereby the matter was discouerd, and the man apprehended(11):

これは事件の首謀者の一人のトレシャム (Francis Tresham) が，親戚のモントイーグル (Monteagle) 卿に国会議事堂爆破陰謀の全容を知らせるメモを送り，それをモントイーグルはソールズベリー (Salisbury) 伯爵に見せ，伯爵はその意味を読み取ったが，メモの解読をジェームズ一世に任せるために王にそのメモを見せたのである。意味のはっきりしない文面を即座に理解し，事件の真相を突き止めたのはジェームズ一世であった。火薬陰謀事件を未然に防ぎ，ジェームズ一世王朝を破壊から守ったのは他ならぬジェームズ一世自身であったのである。この以後の説教家たちはこぞってジェームズ一世自らによる手紙の解読に言及し，神憑り的なジェームズ一世を激賞し，王の神格化を吹聴する。このようにジェームズ一世は火薬陰謀事件からの奇跡的救出、神の慈悲、事件の残虐性、動機、及び事件発覚者としての自分について述べる。特にジェームズ一世は神の慈悲を訴える。信心深い王に対して神は事件直前に慈悲を示し、王の生命を危機から救ったことを強調する。ジェームズ一世は "this his [God's] mercifull Deliuery"、"Thanksgiuing to God for his great

5

Mercy", "deuine worke of his Mercy"[12] といった表現を演説の中で幾度も使用し，事件発覚の背後には神の慈悲があったことを繰り返す。そして"Misericordia Dei supra omnia opera eius"即ち，「神の慈悲は神のすべての御業を超える」と神の慈悲を讃えるのである。ジェームズ一世が国会演説で何よりも強調したかったのは火薬陰謀事件からの奇跡的な神による自らの救出であり，それに対する神への王の感謝であった。

　次にジェームズ一世は火薬陰謀事件に際し，王の臣民に「柔順な愛情」を表明することを期待する。

It resteth now that I should shortly informe you what is to bee done hereafter vpon the occasion of this horrble and strange accident. As for your part that are my faithfull and louing Subiects of all degrees, I know that your hearts are so burnt vp with zeale in this errant, and your tongues so ready to vtter your duetifull affections, and your hand and feete so bent to concurre in the execution thereof, (for which as I neede not to spurre you, so can I not but praise you for the same[13]:

ジェームズ一世は暗に臣民が火薬陰謀事件を非難する熱意に燃え，王に対する「柔順な愛情」を示すことを期待している。王への「柔順な愛情」とは火薬陰謀事件を非難し、王を擁護することである。ここでジェームズ一世は毎年 11 月 5 日の事件日に記念説教を行うようには指示していないが、王の胸中をいち早く察したのが直接王の演説を聞いた バーローであった。王への「柔順な愛情」を王は促しはしないがそれを行うことには賞賛せざるをえないとも述べている。王の「賞賛」とは具体的に何を意味するのかはここでは不明であるが、かつてジェームズ一世は「忠誠の誓い」論争で王を支持する者は何らかの「昇進」を期待できた。それと同様火薬陰謀事件で王の立場を擁護する者は某かのご褒美を期待しただろう。あるいは王支持に回ればいずれは何らかの昇進があるかもしれない。国会演説参列者は教会関係者だけではなく、国会議員その他政府の要人がいたと考えられる。宗教関係者であれば教会での要職、政府関係者であれば宮廷での出世である。ジェームズ一世は自らへの露骨な支持表明、事件関係者糾弾は要請しない。しかし、ジェームズ一世は巧みに臣民を自身への支持およびカトリック教徒批判へと誘導しているのである。ジェームズ一世は、カトリック教徒はすべて事件を起こすような人ではなく、事件関係者は「宗教における彼らの誤りへの唯一盲目的な迷信」により事件を引き起こしたと言い[14]、カトリック教徒に対して寛容な態度を示している。しかし、事件関係者には厳しい態度を採ることをジェームズ一世は忘れはしない。他国の王も「かくも卑劣で恥ずべき反逆」[15]に対して良い思いを抱くことのないようにと述べる。そしてジェームズ一世は自らの胸には「水晶の窓[16]"」があり、そこでは王の「最も秘密の思い[17]」をすべての人は見ることができるとも言っている。そして「この事件[18]」に対して王の心には以下の2点を除き変化を見ることはできないと決然と述べている。その2点とは

(1)"Caution and warinesse in gouernment, to discouer and search out the mysteries of this wickedenesse as farre as may be"
(2)"after due triall, Seueritie of punishment vpon those that shall beefound guilty of so

detestable and vnheard of villanie"[19]

である。この２点は一言で言えば事件の真相究明と事件関係者への厳重な処罰である。これら２点の徹底化により火薬陰謀事件のような事件の再発を防ごうという意図がジェームズ一世にはあったのである。しかしながら、ジェームズ一世とカトリック教徒の間には妥協は果たして存在するのであろうか。ヘンリー八世以来の英国とローマとの対立はもはや修復不可能な関係にまで至っている。英国在住のカトリック教徒にとって服従すべき相手は教皇であり、世俗的王ではない。カトリック教徒からすれば世俗的王は教皇に服従しなければならない。教皇からすれば世俗的な王が宗教に干渉することはありえない。同様に英国からすれば宗教的な首長が世事に関わることは本来の領分を越えた越権行為である。両者の主張は平行線をたどり、それが交わることはありえない。演説の最後でジェームズ一世は自らへの二度にわたる生命の危機を振り返り、どちらも王を迫害したのは悪魔であり、王を救出したのは神であったと述べている。そして王自らの幸福と繁栄を求め、それが国家全体の繁栄と一致するのだと付け加えることを忘れない。ジェームズ一世にとって王は国家である。王なくして国家なしという絶対王政に頑なに執着している。いずれにせよジェームズ一世の国会演説に飛びつき、翌10日に早速ジェームズ一世擁護の説教を行ったのはバーローである。そして翌年1606年火薬陰謀事件記念日の11月5日に最初の火薬陰謀事件説教を行ったのもバーローであった。ジェームズ一世の「柔順な愛情」表明要請は過激なカトリック教徒の蛮行を国民に知らしめ、事件が人々の記憶から消えることを極度に恐れたジェームズ一世が採った策であった。何よりも国民の意思統一を狙い、国家の安泰を望むジェームズ一世の強い決意の表れでもあった。ジェームズ一世の国会演説はまたジェームズ一世の過激なジェズイットへの処置が誤っていないことを示している。ジェームズ一世は国会演説で、このように火薬陰謀事件の究明と事件を未然に防いでくれた神の慈悲への感謝、事件の風化防止，カトリック教徒の実体を国民に周知させるべく事件に対する臣民の批判及び事件の真相究明と事件関係者への厳重な処罰にも言及する。ジェームズ一世は演説の中で国会の目的として「神の栄光と王と国民の確立及び富の促進[20]を(288)を挙げ，ジェームズ一世は国益に資することに神から命じられていると述べ，自らのカトリック教徒への政策に誤りはないことを強調する。そして聴衆に国内の潜在的な悪事の発見及び反逆者の横柄な行為鎮圧に励行するよう訴える。そして，王の繁栄と隆盛が国家の繁栄と一致するとも言う。王の繁栄なくして国家の繁栄はない。聴衆に悪への行動を促し、悪の除去を強く訴えるジェームズ一世の演説にはスコットランドから英国に来てわずか3年後に火薬陰謀事件に遭遇したジェームズ一世の強い決意が感じられるのである。

　ジェームズ一世の国会演説で王は「詩編」の "Misericordia Dei supra omnia opera eius" を引用していた。それは神の慈悲を訴えたかったに他ならないが、「詩編」の作者のダビデを考えるとこの「詩編」の一節をただ「詩編」の一節として見なすことはできない。なぜなら「神の慈悲は彼のすべての御業を越える」と言っているのはほかならぬダビデであるからである。ダビデはその生涯において数々の危機に直面し、そのたびに神に救出されている。つまりダビデはジェームズ一世と同じ危機に遭遇しているのである。ジェームズ一世は自らをダビデに重ね合わせているのである。確かに当時の説教家にはジェームズ一世をダビデ再来として賞賛している説教家もいる。タイポロジー的な聖書解釈によりジェ

ームズ一世を聖書の様々な人物に適応するのである。だからジェームズ一世はときにはダビデ、ときにはソロモン、ときにはキリストに適応され、神格化される。ジェームズ一世は「詩編」の一節を引用するが自らをダビデ再来とは言っていない。それを行うのはこの後の説教家たちである。彼らは火薬陰謀事件説教を行うに際し、聖書の一節を「詩編」からもってくる。それはなぜかと言えばタイポロジカルにジェームズ一世をダビデと解釈したいからである。それはまたジェームズ一世に対するこのうえない賛辞となることは言うまでもない。さらに言えば、ジェームズ一世後の説教家たちは聖書の一節をジェームズ一世に適応するが、ジェームズ一世はさすがに「詩編」を自らに適応することはしない。ジェームズ一世が聖書のなかでも特に「詩編」を愛読し、英訳もしていたことはよく知られている。自らの生命の危機に際し、「詩編」を引用したのはジェームズ一世がダビデと同じ体験をした人間であることを一般国民に示し、それにより自らの神格化の強化を計る意図がジェームズ一世にはあったと考えられる。いずれにせよジェームズ一世とダビデの関係をタイポロジカルに解釈するのは王以降の説教家たちであり、その最初がバーローであった。

　　ジェームズ一世にとってダビデが旧約聖書ではお気に入りの人物であったことは彼の『自由君主国の真の法』(*True Law of Free Monarchies*) (1588 年)や『王の贈り物』(*Basilikon Doron*) (1599 年)から読みとれるが、それはジェームズ一世がダビデを理想的な王として見なしているからである。つまりジェームズ一世は自らの王としての原型をダビデに見い出したのである。神によって王となったダビデは王権神授説を唱えるジェームズ一世にとって格好のモデルとなる。ダビデは神によって王として「聖油を塗られた」人物である。ジェームズ一世は「詩編」105 章 15 節の「わたしが油注いだ人々に触れるな」を王権神授説の証拠として用いている。特にジェームズ一世をダビデに引きつけたのはダビデによるイスラエルとユダの統一である。ジェームズ一世も同じくイングランドとスコットランドの統一を目指していた経緯がある。その他ゴリアトやアブシャロムへの勝利、自らの命を狙ったサウルを二度も助けたこと等によってダビデの武勇、慈愛の例には事欠かない。ダビデは理想的な王として賞賛されるが、ダビデに対する賞賛が彼のすべてではない。ダビデには負の側面もあることは疑いのない事実であるが、ジェームズ一世はそれについては一切言及しない。ダビデの負の側面としてはバト・シェバとの姦淫とバト・シェバの夫ウリヤ殺害がある。あるいはダビデに対する息子アブサロムの反乱、ダビデ家内での近親相姦、兄弟殺し、これらはすべてダビデは必ずしも名君ではなかったことを示している。英国国教会派としてのジェームズ一世はダビデを名君として崇拝するが、名君としてのダビデ像を破壊するのはピューリタンであり、その筆頭はミルトン(John Milton)である[21]。ジェームズ一世は国会演説でダビデの正の側面だけを取り上げ、彼の負の側面には全く触れない。ジェームズ一世が「詩編」の一節を国会演説で引用する理由は「詩編」にはダビデでの負の側面が見られないかである。そこではもっぱら主とダビデの密接な関係が描かれ、主に対するダビデの従順な理想化された姿が強調されている。人間ダビデの生々しい実像が描かれるのは「サムエル記下」であるが、ジェームズ一世はそれには言及しない。王としての行動の規範が見られるのは「詩編」なのである。ジェームズ一世にとっての「サムエル記下」のダビデは不要である。ジェームズ一世にとって自らの王観を裏付けてくれるのは「詩編」であり、それによってジェームズ一世は自らの地位を確立し、強化するのである。

バーローは、ジェームズ一世が国会演説で「詩編」にこだわった理由をよく知っていた。彼が国会演説直後の翌日に火薬陰謀事件説教を行ったのもジェームズ一世を「詩編」によって擁護したからにほかならない。それゆえバーローの説教は王に対する目に余る賞賛が顕著である。バーローはどのようにジェームズ一世の国会演説を意識して、火薬陰謀事件を行っているのだろうか。次にこの問題に論を移したい。

## 1－3　ウイリアム・バーローの火薬陰謀記念説教

ジェームズ一世の国会演説の翌日1605年11月10日、バーローはセントポール大聖堂説教壇で火薬陰謀記念説教を行った。セントポール大聖堂説教壇は旧セントポール大聖堂の境内に設置された屋外の説教壇で，著名な説教家が説教を行った場所である。火薬陰謀事件説教を行ったときバーローはロチェスターの主教であったが、その後リンカーンの主教となった。バーローはエリザベス女王付き主教であり、ジェームズ一世即位後は王からの信頼を受け、1604年のピューリタンとのハンプトン・コート会議の報告記ではピューリタンに対するジェームズ一世の一方的な勝利の報告書を書いたり、その他「忠誠の誓い」論争でもジェームズ一世を擁護したことでも知られている。その功労のためかバーローは欽定訳聖書翻訳委員会にも加わる。彼は典型的なジェームズ一世寄りの体制派説教家であった。バーローはエセックス伯の処刑に関して1601年に同じセントポール大聖堂説教壇でエセックス伯の罪の自白及び国家反逆罪への後悔告白をロンドン市民に周知させるようセシルから依頼を受け、説教したことがあった。バーローは11月10日に政府からの要請によりセントポール大聖堂説教壇で火薬陰謀記念説教を行い、火薬陰謀事件についての真相を一般の人々に明らかにすることとなった。その説教は火薬陰謀事件についての最初の真相解明であり、その説明はおおむね正確であると言われている内容である[22]。そもそもセントポール大聖堂説教壇で説教家は「誤りを示し、王の意志を宣言する」ために説教を命じられていた[23]。ダン（John Donne）もジェームズ一世から命じられ、王の議論を呼んだ「説教家への指示」を擁護するために1622年王から説教を命じられたことがあった。いわばセントポール大聖堂説教壇は政府の宣伝のために使用されていたのである。バーローは、ジェームズ一世の国会演説直後にその余韻も覚めやらぬうちに陰謀事件を非難する説教を行ったが、それはジェームズ一世の国会演説の内容をくみ取ったジェームズ一世擁護見え見えの説教であった。マクリューア（Maclure）はその説教を「この種の中で最も鼻につくお世辞表現[24]」と評しているようにジェームズ一世を褒めまくった説教である。バーローは、説教前日のジェームズ一世による国会演説の場に居合わせたが、バーローの説教はジェームズ一世の国会演説抜きでは考えられない説教である。以下、英国国教会派バーローの説教をジェームズ一世の国会演説との関連から見ていきたい。

バーローが説教に選んだ聖書は「詩編」18章50節の"Great Deliuerances giueth he vnto his King, and sheweth mercy to his anointed Dauid and to his seede for euer."「主はその王に大いなる勝利を与え，その油そそがれた者に、ダビデとその子孫とに，とこしえにいつくしみを加えられるでしょう」であった。バーローが「詩編」この一節を説教の冒頭に掲げたのはなぜだろうか。その理由は二点考えられる。第一点の理由はジェームズ一世が国会演説で「詩編」を引用し、自らに対する主の"mercy"に幾度となく感謝してい

たからである。ジェームズ一世が「詩編」を引用していたからバーローも「詩編」を引用し、ジェームズ一世の気を引こうとしたのである。第二の理由としてはバーローがダビデとジェームズ一世の類似性を訴えたかったことが挙げられる。バーローの最初の火薬陰謀事件説教はバーロー以後の火薬陰謀事件説教の模範となる説教であった。つまり以後の説教家たちは説教の冒頭に火薬陰謀事件と類似した一節を聖書から選び、それを基にして説教を進め、最終的にはその一節を火薬陰謀事件に適応することで説教を終える。それゆえ引用する聖書、それもほとんどが旧約聖書からの一節であるが、その一節に登場する人物とジェームズ一世は重ね合わされてくる。これはジェームズ一世にとってこのうえない賛辞となることは間違いない。上記の「詩編」18章50節を説教の主題にした バーローの意図は容易に理解できる。バーローは「詩編」18章50節を火薬陰謀事件に適応するのである。バーローは最初主とダビデの関係を述べ、次に主とジェームズ一世、ジェームズ一世とダビデの関係に論を移していく。始めに主とダビデの関係については、「詩編」18章43節で「あなたは民の争いからわたしを救い」とあるので、主はダビデを戦いから救出してくれたことがわかる。「詩編」の作者がダビデであるかは定かでないが、バーローは「詩編」の作者をダビデと見なし、ダビデは主によって戦いから救出されたと考えている。しかもその救出は一度限りの救出ではない。ダビデが逆境に直面すれば主は必ずやダビデを救出してくれるのである。バーロー にとって「詩編」は "Triumphing Song, after his [David's] many rescues and victories"[25]である。「詩編」は主が多くの救出と勝利をダビデに与えてくれたことに対す勝利の歌であり、感謝の歌である。主とダビデとの特殊な関係についてバーローは次のように言う。

...it seemeth that God and *Dauid* had entred a couenant each with other, Psalme 89.2, ratified on each parte with an othe, God for his parte took his oath, Psalme 89.35, *I have sworn by my Holines, that I will neuer faile Dauid*[26]:

主は自らが選んだ者、ダビデと契約を結び、ダビデの「子孫をとこしえに堅くし、あなたの王座を建てて、よろずに至らせる」（「詩編」89章3-4節）と言ったように、ダビデと主には特別な関係がある。更に「詩編」89章35節では「わたしはわたしの聖によって誓った。わたしは決してダビデを見捨てることはしない。」と述べられ、主とダビデの堅い結びつきが強調されている。冒頭に挙げた「詩編」18章50節はいわば主とダビデとの特別な関係とダビデへの主の永遠の加護を再度確約している箇所である。ダビデの背後には常に主がおり、主がダビデを見放すことはありえない。ダビデにとっては主からの強力な援護が絶えず存在する。"deliverances" と複数形であることから主の救いは一回切りではなく、救出は幾度も続き、"for euer" である。実際ダビデの場合多くの危機と同じくらいの主による救出があった。

For the first, his [David's] Rescew from the Beares pawe, the Lions iawe, Saules iaueline, Goliaths speare, Achitophels counsell, Docgs slaunder, Schemi his reuiling, the mouth of the sword, the murren of his people, the multiplicitie of his sinne, the rebellion of his sonne...is an euident demonstration,....[27]

ダビデは、「熊の足」「ライオンのあご」「サウルの投げ槍」「ゴリアテの槍」「アヒト
ペルの助言」「ドクグの中傷」「シェミーの悪口」「刀」「人々の疫病」「多数の彼の罪」
「息子の反乱」と様々な危機に直面した。しかし、ダビデはこれらの危機を主によって切
り抜けることができた。バーローは何度も主の mercy に言及し、いかに主がダビデに mercy
を示したかを述べる。主の mercy は多すぎて数えることはできないとダビデが述べる「詩
編」40 章 5 節をバーローは引用する。

Thy mercies exceede all account, I would declare them, and speake of them, but I am not
able to expresse them[28].

ダビデは主の mercy がいかに多いかを認め、"God had so many wayes deliuered him
[David],...as if hee intended nothing else but to deliuer him:"[29]と述べ、主とダビデの密
接な関係を強調する。更に、"Many are the troubles of the righteous, but the Lord
deliuered them out of all,..."[30]と「詩編」34 章 19 節に言及し、正しき者に災いは多いが、
主はその災いから救ってくれる、と正しい者に主の救いは限りがないことを述べる。バー
ローは説教の前半で主の mercy だけを論ずる。それも説教の冒頭に挙げた主がダビデを救
出してくれた一節をジェームズ一世に適応したいがためである。バーローにとっては主の
救出はまた主の mercy の表れでもある。ダビデへの主の mercy はダビデに多くの「光栄」
をもたらす。

...his [David's] Honours were as many as daungers, the favour with his Prince, the loue
of the people, the designed heritage of a Kingdome, the glorious wearing of a Crowne,
the triumphant victories ouer his enemies, the secure establishment of his Kingdome in
his sonne while he liued: these Salutes it pleased GOD to afforde him and with an othe
to assure him; I will make him my first borne higher than the Kinges of the earth[31]:

ダビデの王子からの好意，国民の愛，王国の継承，栄光の王就任，敵への勝利，息子にお
ける確実な王国創立，これらすべてを神はダビデに与え，更には「神の長子＝ダビデをこ
の世の王よりも高い地位につける」との誓約をも神からダビデは得ているのである。ダビ
デには主からの数々の加護があり，主とダビデはいわば一心同体的な関係にある。主から
これほどの加護を一身に受けたダビデにはもはや恐れるものは何もない。ダビデを主の長
子にするという主の誓約ほど力強い援護はない。バーローは「詩編」を引用し，主とダビ
デとの特別な関係を述べ，いかに主が正しい者をすべての災いから助け出したかを強調す
る。バーローの関心はいかにして「詩編」をジェームズ一世に適応するかである。バーロ
ーは、ジェームズ一世が特に好んだ「詩編」を説教の題材に使用したが，それをジェーム
ズ一世自身に適応し，ジェームズ一世には神の加護があることを主張したかった。いかに
してジェームズ一世の火薬陰謀事件からの奇跡的な救出を賞賛するかが説教家に課せられ
た任務であった。「詩篇」18 章 50 節を説教の題材に選んだことは、ジェームズ一世がダビ
デと同じ関係にあることを意味する。ダビデと主との関係はそのままジェームズ一世と主

の関係になる。火薬陰謀事件から奇跡的に難を逃れたジェームズ一世は同様の危機から脱したダビデとなる。バーローは、ジェームズ一世とダビデの親密な類似性について更に次のようにも言う。

It seemeth by his Maiesties speach yesterday; that his case & race hath bin the same with the Prophet ［David］,....For no sooner was hee conceiued in the wombe, but presentlie he was hazarded, no sooner deliuered from the wombe, but inuironed with daunger, and what perils he hath passed euer since he was borne, need not to be related, they are so manifest: dismissed from those parts with a dreadfull farewell of a desperate Treacherie and entertained among vs with  a Conspiracie vnnaturall & daungerous: heere Crowned with Thornes, before he could get on the Crowne of Golde(32).

"his Maiesties speach yesterday" からバーローが国会でジェームズ一世の演説を聞いたことがわかる。ジェームズ一世とダビデを比較するとジェームズ一世の事情と家系はダビデと酷似している。ジェームズ一世もダビデも誕生と同時に様々な危機に遭遇し、「黄金の冠」を身につける前に数々の「いばら」の冠を被らざるをえなかったほど幾多の困難・危機に直面した。母親の胎内に孕まれるや否やジェームズ一世は危険にさらされたとか生まれるや否や危険に包囲されたとか誕生後経験した危険にバーローは言及するが、それは以下のジェームズ一世の国会演説をふまえていると思われる。

...and I amongst all other Kings haue euer bene subiect vnto them [innumerable dangers], not onely euer since my birth, but euen as I may iustly say, before my birth: and while I was in my mothers belly: yet haue I bene exposed to two more speciall and greater dangers then all the rest(33).

ダビデが様々な危機から主によって救出されたようにジェームズ一世も神の慈悲により様々な危機から救出された。上記の "two more speciall and greater dangers" はジェームズ一世がスコットランドのジェームズ六世であったときのガウリー兄弟による軟禁事件と火薬陰謀事件を意味しているが、その軟禁事件と火薬陰謀事件からの脱出はジェームズ一世への主の特別な愛情の表れの結果であったのである。ジェームズ一世がいかなる困難・窮地にあっても主は王を見捨てることなく、いつも援助の手を差し伸べてくれた。それほど主のジェームズ一世への思いは強い。このようにジェームズ一世と主との密接な関係を背景にして バーロー は「詩編」をジェームズ一世に適応することによって、ジェームズ一世をダビデの再来と見なす。そしてキリストはダビデの家系を引き継いでいると言われていたが、バーローの図式に従えば、ジェームズ一世の息子がキリストになる。ジェームズ一世にとってこれほどの賛辞・称賛はない。しかもジェームズ一世の体験はダビデの数々の苦しみに勝るとも劣らないものである。

All these of Dauids were great indeed, but compared to this of our gracious King [James ll]:(the last, I trust, for a worse there cannot be) is but as a *minium* to a *large*, whether we consider therein, eyther the Plot it elfe, or the Con-comitance with it, or the Consequences of it⁽³⁴⁾.

火薬陰謀事件はその計画，付随事情，結果からしてダビデ以上の苦しみを体現した事件である。ジェームズ一世は神によって窮地を脱出したが、我々は何をなすべきか。ここでもバーローはダビデと神の関係をジェームズ一世と神の関係とする。

Hath GOD done great thinges for vs. Psalm, 126.3? Let vs with the Prophet ［David］ aunswere him in the same kinde, and say; Wee will giue great thankes vnto the Lorde. Dooth hee...poure out his benefites vpon vs, Psalm.68.19? Let vs againe...powre out our heartes before him, for God is our hope, Psalme 62.8. Doth hee giue vs cause to triumph, it is our parts as Dauid here to aunswere him....⁽³⁵⁾

主はダビデに「大いなること」をなしてくれた。「日々われらの荷を負われる」はほむべきである。同様ダビデと同じ境遇にあったジェームズ一世にも主は「大いなること」を成し遂げてくれたので主に対し「大きな感謝」を捧げなければならない。ダビデが主に答えたようにイングランド国民も主に対して答えるのが「我々の責務」である。ではイングランド国民は何をなすべきか。それは「詩編」でダビデが行ったことで，(1)勝利の言葉で主による救出を高らかに宣言すること　(2)貧者に勝利の施しをすること　(3)心からのお祈りを主に捧げること　(4)勝利の食事をし，並々ならぬ宴を催すことである。これは"straunge deliuerance"に際し「神の民」ユダヤ人が自ら行ったことである⁽³⁶⁾。　バーローは，ダビデをジェームズ一世に再現させるようとしているが，バーローのジェームズ一世を意識した態度に我々はバーローの王への強い追従の念を禁じ得ない。ジェームズ一世はいわば残虐極まる火薬陰謀事件という「死」から復活したのである。「死」からの復活，それは我々に否応なしにキリストを思い出させる。ジェームズ一世はキリストととも重ね合わされてくる。

Dead in the Cabinet of the Conspirators, dead in the intention of the Villaine in the Vault, dead in the preparation of false-hearted rebels, but...hee is aliue againe, escaping from manie daungers, Hee liued,...to bee brought in vnto vs, from Hebron vnto Ierusalem, from the Northerne climat to these Southerne parte, now...hee is aliue vnto vs...from the very gates of death, from the Iawes of the deuourer, from the lowest pit⁽³⁷⁾.

ジェームズ一世は陰謀者の小室で死に，地下納骨場での悪漢どもの計画の中で死に，偽りの心の反逆者の準備のなかで死んだも同然であった。しかし，彼は奇跡的にその難を逃れた。そのジェームズ一世はエルサレム帰還まで種々の危機に遭遇したダビデとオーバーラップされてくる。ジェームズ一世は「死の門」「むさぼり食う人のあご」「最も深き地獄」から帰還した人である。ここではジェームズ一世は生命の危機を脱したキリストとも重ね合わされてくる。バーロー は，爆破の危機を脱したジェームズ一世が満足し，国家が喜ぶ

13

まで，敵を困惑させ，福音を維持し，神の栄光へと至るまで英国民と共に生き，国民を支配することを願う。ジェームズ一世は英国及び英国民に平和と神の祝福をもたらすのである。それはまた英国の繁栄にも至る。国家の長としてのジェームズ一世に英国及び英国民のすべてが依存している。これほどまでの賛辞をジェームズ一世に捧げた バーロー は最後に説教の冒頭に挙げた「詩編」の一節の「主の王」の「王」と「油注がれたダビデ」の「油注がれた」に言及する。

...I might truely haue taken occasion, to haue shewed how these titles [his King and his annointed]doe agree to our dread Soueraigne [James I], both that hee is a King, and that hee is a *Gods King,* as having in him all the partes that may concurr either in a king or in a good King, to whom that title, first attributed to *Dauid,*...the *light of Israel,* principally appertaineth, as one from whose resplendent brightnesse, al the kingdomes of Christendom may receiue their light[(38)].

「王または良き王に集中する才能」を有するジェームズ一世はまさに「良き王」であり、「神の王」である。バーローは，「神の王」「油そがれた者」という呼びかけはジェームズ一世に一致していると言う。なぜかと言えばジェームズ一世は「王」であり、しかも「神に選ばれた王」であるからである。更にジェームズ一世には「イスラエルの光」という呼称がふさわしく、ジェームズ一世は、キリスト教界のすべての王国がその光を受けるまばゆいばかりの輝きを有している。「イスラエルの光」は元々ダビデを意味するが、バーロー はそれをジェームズ一世にあてはめている。神から選ばれ、神から油を注がれたダビデはまたジェームズ一世となってくる。ジェームズ一世もダビデ同様神から選ばれ、神権を現世で行使する神の代理人なのである。バーローは、ジェームズ一世の王権神授説を背景にダビデの再来としてのジェームズ一世を賞賛する。ダビデが様々な才能に恵まれていたように、ジェームズ一世も"pregnant wit"，"ready apprehension"，"sound iudgement"，"present dispatchh"，"impregnable memory"[(39)]を備えている。ジェームズ一世はいわばキリスト教界の希望の星である。神から油注がれたジェームズ一世は神聖な存在である。バーローの説教には徹底したジェームズ一世賛美、賞賛が頻出し、それがすべてダビデとの比較からなされる。バーローにとっていかに「詩篇」から火薬謀事件を糾弾し、いかにして「詩編」の作者と言われたダビデをジェームズ一世に適応するかが最大の関心事であった。それはジェームズ一世が特に「詩篇」を愛読し、自らダビデの再来と考えたジェームズ一世の胸中を十分に汲み取った結果でもあった。ジェームズ一世は，国会演説ではダビデについてそれほど多くは言及していないが、彼の著作には「詩篇」を扱ったものが多く、「詩篇」の英訳も試みたほど「詩篇」には特別な感情を抱いていた。バーローの火薬陰謀事件記念説教はいわばダビデ再来としてのジェームズ一世賛美なのである。聖書をある時代の特別な人物、事件に適応する方法は当時にあっては目新しことではなかった。以後多くの説教家が火薬陰謀記念説教を行うが、それはすべて聖書の一部を火薬陰謀事件に適応する手法を採っているのである。特にアンドルーズは10編の火薬陰謀記念説教をジェームズ一世臨席の下ホワイトホールで行っているが、それらはすべて聖書の一節を火薬陰謀事件に適応する手法によっている。火薬陰謀記念説教を行う説教家は以

後火薬陰謀事件にふさわしい一節を聖書から探し出すことになるが，いずれの説教家も同じ手法で火薬陰謀記念を行うので火薬陰謀記念説教はいささかマンネリの感も与えなくはない。裏を返せばいかにしてジェームズ一世の意向に沿って説教を行うかが説教家の関心事となってくるのであって，火薬陰謀記念説教は一種の「儀式」じみた説教となっていく。

　バーローは，ジェームズ一世の国会演説の翌日急遽火薬陰謀事件非難の説教を行った。バーローは，ジェームズ一世の国会演説を十分意識し，「詩編」の一節をジェームズ一世に適応することによってジェームズ一世を喜ばせようとした。神の慈悲，事件の残虐性，事件発覚者としてのジェームズ一世，王の神聖を王の演説と歩調を合わせるごとく忠実に踏襲している。そして旧約聖書のダビデをジェームズ一世と重ね合わせ，ジェームズ一世を十七世紀英国におけるダビデとして賞賛している。バーローの説教は，徹底したジェームズ一世賛美であり，御前説教家としての責務をバーローは十分に果たすことになる。そして，バーローの説教方法が以後の火薬陰謀記念説教のモデルとなっていく。以後の説教家はいかにして「詩編」の一節を火薬陰謀事件に適応するかに懸命とならざるをえなくなってくる。説教の成否はひとえに聖書の一節がいかに火薬陰謀事件と合致するか，いかにしてジェームズ一世を褒め称えるかにかかっている。その意味で火薬陰謀事件記念説教に関わる説教家は「聖書探し」に奔走せざるをえなくなってくる。ジェームズ一世自身も「詩編」を好み，自らをダビデと評し，また評されたことがあった。自他共に許すダビデ再来であったわけである。聖書にすべての行動の規範を見いだし，それにによって人々を説得し，人々に安堵を与える。ジェームズ一世後益々その勢力を増すピューリタンも聖書に彼らの行動の規範を見いだしていたことを考えれば，聖書の時代への適応がいかに一般化していたかが容易に理解できよう。御前説教家という立場上，バーローがジェームズ一世に時には追従と思われても致し方のない必要以上の賛辞を送ることは避けることのできないことだった。それに，説教家はその成否によって以後の地位が王から確約されるということもバーローは十分意識していたであろう。バーローは，この後ジェームズ一世が国内のカトリック教徒に課した「忠誠の誓い」論争に加わり，過激なカトリック教徒を批判することになるが，それは火薬陰謀記念説教同様王への追従に満ちた書であった[40]。そのためカトリック教会側からの反論を受けるが，そのバーローの反論の欠点を是正したのがダンの『偽殉教者』[41]であったことを考慮すると，バーローに王への追従的な姿勢が見られるのは当然のことであった。いずれにせよ，バーローの Paul's Cross での説教は手法と主題において以後の火薬陰謀記念説教の先駆けとなっているという点では無視できない説教となっている。

　バーローは，「詩篇」18 章 50 節を火薬陰謀事件に適応し，ダビデと同じかそれ以上の困苦をジェームズ一世は体験したと言う。「詩篇」18 章 50 節は，その内容が火薬陰謀記事件に符号する。バーローの火薬陰謀事件記念説教は最初からバーローの意図が読みとれる内容の説教である。バーローはジェームズ一世をよく知っていた。特に聖書では何をジェームズ一世が好んでいたかをバーローはあらかじめ知っていた。それゆえにバーローは意図的に「詩篇」を説教に選んだのである。また，バーローは説教前日のジェームズ一世の国会演説を聞いており，ジェームズ一世の火薬陰謀事件への態度を知っていた。事件への非難は当然である。要はそれをいかに行うかである。幸いにも説教前日ジェームズ一世は国会演説を行った。そこからバーローはどのように説教を行えばよいかをバーローは察した。

15

それは最初に mercy と関係のある一節を「詩編」から選び出し、ダビデと主の関係からジェームズ一世と主の関係に移り、ダビデ同様ジェームズ一世への主の mercy を訴えるのである。この方法によりジェームズ一世の神格化は一層強化され、それはジェームズ一世の王権神授説擁護にもつらなる。

　バーローは，ジェームズ一世を第一にダビデと重ね合わせて扱うことを説教の重要なテーマにした。それもバーローがジェームズ一世の国会演説をしていたからである。事件からの奇跡的救出、神の慈悲、事件の残虐性、ジェームズ一世の手紙の解読、これらすべてはジェームズ一世が国会演説で述べたことで、バーローはそれらを熟知していた。そしてジェームズ一世の発言に呼応するかのように演説直後の説教でバーローはジェームズ一世の発言を繰り返した。それは余りにもジェームズ一世を意識した印象が強すぎ，第三者には典型的なジェームズ一世賞賛説教の感を与えかねない。ジェームズ一世の国会演説翌日の説教ということもあり，バーローの冷静な火薬陰謀事件分析からくる抑制のきいた事件への批判というよりはむしろジェームズ一世をいかに喜ばせ，いかに王から気に入れられるかに精力を注いだ説教となっていると言えよう。火薬陰謀記念説教の主題はあらかじめ聴衆にはわかりきったことであった。いかにして事件とその首謀者を非難し、そしてジェームズ一世を賛美するかが説教のテーマであった。その意味ではバーローの説教は聴衆の予想通りの説教であったであろう。マクリュアーは、バーローの説教における "sycophantic flattery" を指摘しているが[42]、それもバーローの説教を読めば一目瞭然である。マクリュアーは更に「長くはなばなしい王への賞賛が続く」と言い、バーローの説教が以後の火薬陰謀事件説教の決まった方法を示したとも言っている[43]。つまりバーローの説教がこれ以後の火薬陰謀事件説教のモデルになったのである。その意味ではバーローの説教は火薬陰謀事件説教史においてはきわめて重要な位置を占めている。以後の火薬陰謀事件説教家は説教で使用する聖書の一節を「詩編」から選び、ジェームズ一世とダビデの比較からジェームズ一世を賞賛し、さらには事件への批判を向けるが、これはすべてバーローが出発点となっている。説教において事件の首謀者を批判するのは当然のことであるが、それよりもバーローはジェームズ一世の神格化に熱意を注ぎ、ジェームズ一世へ最大の賛辞を与える。英国民は 1588 年のスペイン無敵艦隊撃破と 1605 年の火薬陰謀事件回避からますますイスラエル人同様神から選ばれた民という意識を強くする。火薬陰謀事件はジェームズ一世への神の特別な mercy によって阻止される。ジェームズ一世はまさしく「神の選民」なのである。

## 1 − 4 "this late Tragi・comical treason"

　バーローは説教の序文で火薬陰謀事件を「この最近の悲劇的喜劇的反逆[44]」と言っている。その意味は、恐ろしい意図の点で悲劇的で、幸運な時宜にかなった事件の発覚という点において「喜劇的」である。「悲劇」としての事件観は事件の残虐性であり、「喜劇」としての事件観はジェームズ一世の奇跡的な事件からの救出である。これはジェームズ一世の国会演説を意識した言葉である。上記 3 ではバーローがジェームズ一世の国会演説で引用した「詩編」の一節からいかにダビデの mercy をくみ取り、ダビデ再来としてのジェームズ一世観を論じたが、ここではジェームズ一世の国会演説での火薬陰謀事件観にバー

16

ロー がどのように反応しているかを立証していきたい。

　ジェームズ一世の火薬陰謀事件への態度はいかにそれが残虐であったかである。ジェームズ一世は火薬陰謀直後の国会演説で陰謀事件の残虐性に再三触れ，事件は悪魔が引き起こした事件以上であるとその陰謀を非難していた。ジェームズ一世の火薬陰謀事件の残虐性についてはすでにふれたので(45)，ここでは繰り返さないがによれば火薬陰謀事件は陰謀事件は英国の歴史上未だかつて記録されたことのない事件である。火薬陰謀事件は歴史上それに匹敵する事件はないという表現は以後の説教家たちが必ずと言っていいほど使用する表現である。バーローは，自らジェームズ一世の国会演説を聞いた一人であったが，ジェームズ一世の演説を汲み，最初に事件からの神の慈悲による救出を述べ，次に王が力説していた事件の残虐性に移る。バーロー は次のように言う。

First in the *Plot*, observe I pray you, *a cruell Execution, an inhumane crueltie, a brutish immanities, a diuelish brutishnes, & an Hyperbolicall*, yea an *hyperdiabolicall diuelishnes*(46).

火薬陰謀事件は，「残虐な実行，非人道的な残虐，残虐な残忍性，悪魔的な残酷さ，大げさな，超悪魔的な極悪さ」である。火薬陰謀事件は残虐性，悪魔性においてその限度を超えている。否，事件には悪魔以上の残虐性がある。なぜならば悪魔は人の肉体の死にのみ満足するが，火薬陰謀犯は魂の死をも行うからである。爆破事件は一瞬の内に実行されるから人々は自らの罪の悔い改めの余裕がない。肉体と魂を同時に破壊する火薬陰謀事件はまさに悪魔以上の仕業で，それは「比類のない反逆」，「比類のない大量殺戮」であり，過去の歴史や聖書を見てもそれに匹敵する残虐な事件はない。事件の首謀者ガイ・フォークス(Guy Fawkes) は生き残り，国会議事堂と肉体が天高く舞い上がるのを見て，笑っていたかったとバーローは言う(47)。火薬陰謀事件は，「国家のすべてを完全に破壊する矯正できない惨事であり，極めて忌まわしい計画」(48)なのである。火薬陰謀事件が国家の機能を完全に停止させるほどの壊滅的な状況を国家にもたらすことを評してバーローは次のように言う。

...in this designe　［the Gunpowder Plot］...with one blast, at one blow, in one twinkling of an eye, should haue bin crushed together, the Gouernment, the Councell, the wisdome, the Religion, the Learning, the strength, the Iustice, of the whole land(49).(19)

英国の「政府」「評議会」「英知」「宗教」「学識」「強さ」「正義」が一瞬のうちに吹き飛ばされればいかなる結果が国家に生ずるかは自明である。バーローは国家の消滅を防ぐためにこれらの必要性を聖書から擁護するが，何と言っても最大の問題は王を失うということである。王を失うことは何を意味するか。「川の源が止められれば，川は水が流れなくなる。同様に指導者が取り除かれればその代理は何もできない」(50)ジェームズ一世王朝にとって王を失うことは王朝の消滅を意味する。バーローは Jame 1 世が英国にとって不可欠な存在であることを強調する。英国の存続は偏にジェームズ一世にかかっている。事件の残虐性を指摘し，その結果を憂慮し，併せてジェームズ一世王朝の擁護の姿勢を強く打

17

ち出す バーローに我々はいかにバーローがジェームズ一世を意識していたかを知る。バーローはジェームズ一世とピューリタンとの間で行われた Hampton Court Conference 報告記で王を激賞し、その結果ロチェスターの主教を与えられていた。そのような経緯を知るバーローにとって火薬陰謀事件記念説教で彼が何をなすべきかはわかっていた。トレヴァー・ローパー(Trevor-Roper)はバーローを初めとするジェームズ一世へつらった説教家たちを評して "worldly, courtly, talented place-hunting *dilettanti*, the ornamental betrayers of the Church, the Bishops of King James" [51]と言ったが、まさしく彼らは「地位さがしの好事家」であった。

　ジェームズ一世は国会演説でもう一つ重要な点に触れていた。それは陰謀事件の発覚者としての王自身である。これについては上記でジェームズ一世の言葉を引用したが、ジェームズ一世は自ら火薬陰謀事件を未然に防いだと自負していた [52]。ジェームズ一世は事件の計画を記した謎めいた書簡を部下から受けとり、即座にその謎を解読した。事件発覚者としてのジェームズ一世についてはこの後の多くの火薬陰謀事件記念説教を行った説教家が必ずと言っていいほど言及した説教のお決まりのテーマの一つである。それもジェームズ一世の特別な才能を賞賛することになるからである。バーローも事件発覚者としてのジェームズ一世について触れることを忘れはしない。

...for the discouery of the danger [of the Plot], we must needs adde with the same Prophet, Psal. 17.7. *Mirificasti misericordias*, thy mercies thou hast made *maruellous*; for surelie, there were wonders in the disclosing thereof [of the Plot]: As first by a letter written without a name, in a diguised hand...to a Noble Gentleman (affected that way in Religion) who hath therin discharged the part both of a loyal and honourable Subiect; his dutie hee shewed, in reuealing what was written fearing some danger might be intended, his honour appeared in the detestation of such a horrible intention [53].

事件はその実行犯フランシス・トレシャム(Francis Tresham)が義兄のモントイーグル卿(Lord Monteagle)に国会出席を見合わせる内容の手紙を送ったことから発覚した。モントイーグル卿が事の重大さの気づき、その手紙をもってソールズベリー伯(Salisbury)へ行き、ソールズベリー伯が手紙を読み解き、火薬による国会爆破を見破った。ソールズベリー伯は、しかし、手紙の解読をジェームズ一世に任せた。文中の "a Noble Gentleman" とはモントイーグル卿であり、彼はカトリック教徒であった。手紙を読んだジェームズ一世については次のようにバーローは述べる。

By his Maiesties *apprehension*, who though he walketh securely, in the sinceritie of his Conscience, and innocency of his carriage (which makes him less ielous and suspitious of daunger) yet his heart gaue him (by some wordes in that letter) that there might bee some fiery Engine, perhaps remembering his Fathers Case, who was blowne vp with powder....This *solertia and ingeniositie of spirit* (which in his Maiestie I haue before obserued) makes mee to thinke that speech of the heathen man to be true, *Nullus vir magnus sine afflatu diuino*, and that in Kinges there is a diuine inspiration [54].

バーローのジェームズ一世への追従的な賞賛が顕著な文章であるが、ジェームズ一世の良心の誠実さ、純潔な身のこなしから始まり天与の霊感によって手紙の解読を行ったという言葉はジェームズ一世に対するこのうえない賞賛となる。バーローはジェームズ一世が火薬陰謀事件を解決したことをさらに述べる。

And blowne out should they [the attendants at the Lower House] haue bin vnless the father of lightes had caused light to shine out of darknesse, by discouering and reuealing this worke of darknesse: so that we may truely now conclude with Dauid, Psal.97.11....Light is sprung vp for the Righteous, and ioy vnto them that are true hearted[55].

「光の父」たる神が「暗闇のこの業」＝火薬陰謀事件を発見し、明らかにすることによって暗闇から光が輝き出さなければ国会列席者は吹き飛ばされただろうとバーローは言う。そして「詩編」を引用し、「光は正しい人のために現れ，喜びは心の正しい者のために現れる」という。神は正しい者を顧み、導いてくれる。火薬陰謀事件が失敗に帰したのは神のお陰であるが、それはまたジェームズ一世の謎の書簡解読のせいでもある。バーローは、火薬陰謀事件はジェームズ一世によって未然に防がれたと言いたいのであるが、「光の父」＝神とジェームズ一世はここでは同一視されている。ジェームズ一世の謎めいた手紙の解読へのバーローの言及は明らかにジェームズ一世の国会演説を反映している。バーローによるジェームズ一世のあからさまな神格化である。主の慈悲によるジェームズ一救出、事件の残虐性、事件を未然に防いだジェームズ一世の手紙解読、これらはすべてバーローがジェームズ一世の国会演説を強く意識した結果である。

## 1－5　むすび

バーローは典型的な体制派説教家である。彼が頭角を現したのはジェームズ一世とピューリタンとの間で行われたハンプトン・コート会議であった。バーローはこの会議の報告を表すにあたり徹底的にジェームズ一世を擁護した。その報償としてバーローは新たな主教職を得ることになる。これに味をしめたわけではあるまいが、バーローは以後ジェームズ一世擁護の説教を行う。その典型が 1605 年 11 月 5 日の火薬陰謀事件説教であった。その前日にジェームズ一世が国会で行った火薬陰謀事件批判の演説直後の説教であるだけにバーローの説教にはジェームズ一世の演説の影響が少なからず見られる。否、バーローの説教はジェームズ一世の国会演説がなければありえなかった説教であった。そしてバーロー以後の火薬陰謀事件説教はすべてがジェームズ一世の国会演説とバーローの説教を基づいているのである[56]。説教で用いられる聖書の一節はもっぱら慈悲（および救出）、感謝および祝福に関係している。ジェームズ一世の救出、事件からの救出に対する神への感謝そして救出されたジェームズ一世祝福、これが以後の火薬陰謀事件説教の枠組みとなる。バーロー以後の火薬陰謀事件説教はほとんどがこの流れに従っているのである。もちろんそれらの火薬陰謀事件説教はすべてが英国国教会派説教家による説教である。体制派説教家

であるがゆえにジェームズ一世支持は当然のことであり、ジェームズ一世体制支持は説教家に課せられた義務である。火薬陰謀事件説教は以後毎年事件日の 11 月 5 日に様々な説教家によって行われることなる。ここで一つの問題が起こってくる。それは火薬陰謀事件説教を行う説教家である。英国国教会派の説教家が火薬陰謀事件説教を行うのは当然のことであり、カトリック教会派の説教家が火薬陰謀事件説教を行わないのはこれもまた当然すぎることである。ところがもう一派の説教家がいる。それはピューリタン説教家である。彼らは革命が始まり，王党派との戦いが激しさを増すにつれてさかんに断食説教と称する説教を次々行った。その断食説教のなかでピューリタン説教家が何度か火薬陰謀事件説教を行っている。英国国教会派説教家の説教はバーローの説教を見るまでもなくおおよそその内容は想像できる。ところがピューリタンは反体制派の集団である。もちろんピューリタンのなかにも様々な宗派があり、そのなかでも最大の宗派が独立派と長老派である。後者は王政支持の立場に回る穏健派であり、チャールズ一世処刑には反対していた。それゆえピューリタン説教家といってもその宗派が問題であることは確かである。それでもピューリタン説教家による火薬陰謀事件説教は興味深い。第 2 章ではピューリタン説教家による火薬陰謀事件説教を取り上げ、英国国教会派説教家の説教との類似点、相違点に着目し、論じていくことにする。

**注**

(1) ジェームズ一世の「忠誓の誓い」弁明については以下を参照。ジェームズ一世, *Triplici Nodo, Triplex Cuneus, or Apology for the Oath of Allegiance* in *The Political Works of* ジェームズ一世 ed C. H. McIlwain (New York: Russell & Russell, 1965), pp. 71-109. 「王に忠実なカトリック教徒」と「王に反抗的なカトリック教徒」については p. 71 参照。
(2) W. F. Mitchell : *English Pulpit Oratory from Andrewes to Tillotson*(London: Society for Promoting Christian Knowledge, 1932), p. 3.
(3) McIlwain, p. 281.
(4) Ibid., p.284.
(5) Op. cit.
(6) Ibid., p.282.
(7) Ibid., p.281.
(8) Ibid., p.282.
(9) Ibid., p.284.
(10) Ibid., p.283.
(11) Ibid., pp 283-4.
(12) Ibid., p.284.
(13) Ibid., p.285.
(14) Op. cit.
(15) Op. cit.
(16) Op. cit.
(17) Ibid., p.286.

(18) Op. cit.

(19) Op. cit.

(20) Ibid., p.288.

(21) Daniel Fischlin and Mark Fortier eds., *Royal Subjects: Essays on the Writings of James VI and I* (Detroit: Wayne State University Press, 2002), p.438.

(22) Joel Hurstfield, "Gunpowder Plot and the Politics of Dissent" in Haward S. Reimuth ed., *Early Stuart Studies* (Minneapolis: University of Minnesota Press, 1970), p.110.

(23) Miller MacLure, *The Paul's Cross Sermons 1534-1642* (Toronto: University of Toronto Press, 1958), p.20.

(24) MacLure, p.24.

(25) William Barlow, *The Sermons Preached at Paules Crosse, the tenth day of Nouember, being the next Sunday after the Discouerie of this late Horrible Treason* (Londn, 1606), B. なお旧約聖書の日本語訳については以下を使用した：『旧約聖書』（東京：日本聖書協会，1962 年）。また，『聖書新共同訳』（東京：日本聖書協会，1992 年）をも参照した。その他『旧約聖書略解』（東京：日本基督教団出版局、1975）も参照した。

(26) Barlow, B.

(27) Ibid., C.

(28) Ibid., B2.

(29) Ibid., B3.

(30) Ibid., C.

(31) Ibid., B3.

(32) Ibid., D3.

(33) McIlwain, p. 282.

(34) Ibid., C.3.

(35) Ibid., E2.

(36) Ibid., E-E2.

(37) Ibid., E2.

(38) Ibid., E.3.

(39) Op. cit.

(40) Barlow, *An Answer to a Catholike English-Man* (London, 1609)参照。

(41) John Donne : *Pseudo-Martyr* (New York : Scholars' Facsmiles & Reprint, 1974) 参照。

(42) MacLure, p. 89.

(43) Op. cit.

(44) Barlow, A3.

(45) Ibid, pp. 3-4 参照。

(46) Barlow, C3.

(47) Ibid., D.

(48) Op. cit.

(49) Ibid., D2.

(50) Ibid., D3.

(51) Trevor-Roper, "King James and His Bishops," *History Today*, Sept., 1955, p. 581.

(52) P.5 参照。

(53) Barlow, E.

(54) Op. cit.

(55) Op. cit.

(56) Mary Morrissey, *Politics and the Paul's Cross Sermons 1556-1642* (Oxford: Oxford University Press, 2011), p.148.

## 第2章　コーネリゥス・バージェス の火薬陰謀事件記念説教

### 2－1　はじめに

　バージェスは、1640年11月17日に断食説教 "The First Sermon" を行い、神との契約を結ぶべきこと庶民院で熱っぽく訴えたが、翌年1641年11月5日、庶民院で火薬陰謀事件説教を行った。バージェスの説教は火薬陰謀事件説教史から見ると特筆すべき説教である。バージェス以前火薬陰謀事件説教は英国国教会派説教家による説教が多く、ピューリタンによる記念説教はバージェスの説教が最初であるからである。バージェスの説教を論じるにあたり我々は次の二点に特に注意する必要がある。その一点目は英国国教会派説教家との比較を考慮に入れ、ピューリタンの説教方法がいかなるものであるかである。二点目はバージェスの説教が断食説教に一環として行われていることである。この問題の解明は最終的にバージェスの火薬陰謀事件説教の真の狙いはどこにあるのかという問題に行き着く。特に後者の問題はバージェスが説教を行った1641年の英国の社会情勢を考える必要があるが、その点にも着目し、問題点の解明にあたりたい。

　バージェスはピューリタンでは長老派に属する説教家である。しかもピューリタンは反体制派の集団である。なぜ彼らが火薬陰謀事件説教を行うことになったのか。彼らの真の意図は火薬陰謀事件を論じることではなく、他にあったのではないだろうか。本論を進めるにあたり最初バージェスの説教の内容および説教方法を論じ、次にバージェスの説教の真の目的は何だったのかについて論じることにする。

### 2－2　バージェスとバーローの火薬陰謀事件説教

　最初にピューリタンバージェスと英国国教会派バーローの火薬陰謀事件説教を比較してみたい。第1章でみたようにバーローの説教は明らかにジェームズ一世の国会演説に呼応した説教であった。それは説教前日のジェームズ一世の国会演説を十分に意識した説教で、ジェームズ一世が演説で述べていた内容をバーローは繰り返し、述べていた。ジェームズ一世の国会演説の要点は事件からの奇跡的な救出は神の慈悲の表れであることで、慈悲の強調はジェームズ一世の演説の根幹である。神の慈悲についでジェームズ一世は事件の残虐性に言及した。最後に事件発覚者としてのジェームズ一世である。バーローはこれらを論じることによりジェームズ一世の神格化を強化していた。バーローはこれらを論じ、併せてジェームズ一世とダビデの類似を強調し、ダビデの再来としてジェームズ一世を賞賛した。バージェスはどうであろうか。バージェスがジェームズ一世の国会演説を読んでいたどうかははっきりしないが、ジェームズ一世が演説で触れ、バーローが繰り返した上記の3点をバージェスも説教で触れている。たとえば事件における神の慈悲についてバージェスは次のように述べる。

the God of our Mercies hath prevented them [the traitors], broken the snare, given us an escape, and hurl'd them out of the *Land of the Living*, as *out of midst of an Sling*. (1)

バージェスは、神の慈悲によって反逆者が未然に阻止され、罠を砕き、事件から脱出でき、反逆者をこの世から放り出したと述べている。また次のようにも慈悲について言及する。

Take this with you too, that this great *Deliverance* was a mercy altogether unexpected. (For, who apprehended any danger?) The work was so strange, as wee could hardly credit when we saw it done. It was with us, as with *Zion*, *When the Lord turned her Captivitie* by *Cyrus* the *Persian*; Wee were *like men that dreame*: we could scarce trust our owne eyes to behold it, or our tongues to proclaime it. Men gazed on each other, as eople amazed. And when the thing was found to be so indeed, oh how our hearts glowed! our affections fired! our hayre stood upright! our eyes sparkled! our joyts trembled! our spirits even failed with us to behold the wonder! And then, oh what might not God, at that time, have had from us! Let him therefore goe away now with lesse; seeing *his Mercy*, even that *Mercy endures for ever*, to our benefit and comfort. (2)

事件からの救出は全く予期せぬ慈悲であり、きわめて不思議な救出であった。だから人々は人間の理解を超える神の慈悲のなした結果に驚くのである。このようにバージェスは火薬陰謀事件で果たした神の慈悲について触れるが、それはこれだけである。ジェームズ一世がさかんに触れていた慈悲についてバージェスはバーローのようにしつこく述べようとはしない。事件の残虐性についてはどうか。バージェスはこの問題については慈悲以上に長く触れている。たとえばバージェスは事件はどんな時代も国もこれまで汚された最も恐ろしい試みを越え、古今東西の残酷極まる卑劣漢も火薬陰謀事件計画者と比べると穏和で穏やかな人たちであると言う。

　　This [the Gunpowder Plot] therefore was every way Transcendent, beyond all the most horrid Attempts wherewith any age, or Nation was ever stained. A fact that speaks the *Actors,* and *Accesseries*, not *men*, but *Tiger*; not *Beasts*, but *Devills*. The *Hunnes,* the *Heruli,* the *Turciliugi*(all branded for inhumane Caiteifs in the height) were mild and temperate creaturers, in comparison of these. (3)

更にバージェスは言葉を続けて物語も悲劇にも事件に匹敵するものはなく旧約聖書の「ノエル記」に記されている最後の審判の「地と火と煙の柱」も事件には匹敵できないと言う。

Not the fablest Stories, or Tragedies ever presented such a desperate *Scene*. No high flowne Poet ever reach such a Plot in a fiction. In a word, *Ioels* Day of *blood, and fire, and pillars of smoke*, was unable to match it. (4)

バーローは事件は歴史上類を見ない凶悪な事件であると言っていたが、表現こそ違え，バージェスも同じように火薬陰謀事件には匹敵する事件はないと事件の残酷さを述べている。このほかにも事件が成功した場合の被害者について "King, Queen, Prince all the Nobles, Judges, Knights, Citizens & Burgesses of Parliament" (5)を挙げているが、こ

れもバーロー同様である。しかも国会列席者は一瞬のうちに死に追いやられるという表現もバーローと変わりはない(6)。火薬陰謀事件の残虐性、犠牲者、一瞬のうちに終わる爆破により大量の死傷者、これらはバーローも指摘していたことである。

　それでは事件の発覚に至ったジェームズ一世による謎の手紙の解読についてはどうか。これについてバージェスは次のように言っている。

　　But the Lord did it himselfe, causing one of them (who had taken three *Oaths* to conceale it, and kept touch with his *tongue*) by a *writing* to reveile it; verifying that of the Wisest King, that, *that which hath wings shall tell the matter*; and, affecting the King with a spirit of jealousie (who ordinarily offended rather on the other hand) and leading him to an interpretation of the *Letter*, quite contrary to the common sense. And not onley so, but by sharpning the edg of all mens spirits against the *Traitors*, in the Countries where they wandred, to kill some of them, and to apprehend the rest, even before any *Proclamation* could overtake them, and before the people who seised on them, knew any thing of this particular *Treason*. (7)

　"one of them"とは義兄のモントイーグル卿に国会開会式当日出席をしないようにとの手紙を送ったフランシス・トレシャム であり、"the Wisest King"は言うまでもなくジェームズ一世である。そのジェームズ一世が謎に満ちたトレシャムの手紙の真相を突き止めたことにバージェスは言及している。このようにバージェスはバーロー同様、ジェームズ一世が国会演説で強調した神の慈悲、事件の残酷性、ジェームズ一世による手紙の解読をそれぞれ説教で述べている。以上の他にもジェームズ一世が国会演説で述べていたことにバージェスが触れている点がある。それは火薬陰謀事件を引き起こすきっかけとなったとカトリック教徒が主張する英国内におけるカトリック教徒に対する厳しい法律である。英国内のカトリック教徒は自らへの厳しい取り締まりのために火薬陰謀事件を引き起こしたとの主張にジェームズ一世は言及し、次のように言っていた。

And as the wretch himselfe which is in the Tower, does confesse, it [the Plot] was purposely deuised by them, and conclued to be done in this house; That where the cruell Lawes (as they say) were made against their Religion, both place and persons should all be destroyed and blowne up at once(8).

これと関連してバージェスは、カトリック教徒への厳しい法が反乱を生み出しているとのカトリック教徒側の主張に触れて次のように言っている。

　If it be said, that the only Reason of their Conspiracies at home and abroad, hath been the strictnesse of the Lawes made against them for the faults of a few, whom they condemn as much as wee: and that if those Lawes (now that the occasions of them cease) were but repealed, they could, and would be as Loyall as any, notwithstanding their Religion(9).

カトリック教徒のなかにはジェームズ一世の厳しい法律が撤回されれば、王に対して忠実になるだろうと言う者もいるが、バージェスのカトリック教徒への不信感は根強く、バージェスはカトリック教徒の言うことは信じようとしない。バージェスは、ジェームズ一世の法律が厳しいとは言え、反逆罪を除いて死刑に処せられたカトリック教徒は英国内にはいないと反論する。

I answere, that for the Lawes made against them, they may thank themselves, that have so much abused Royall Clemencie and Goodnesse. But what ever the Lawes bee, none have been put to death, save only for Treason[10].

ジェームズ一世はカトリック教徒に対して慈悲と寛大さを示してきており、彼は決してカトリック教徒を残酷に扱ったことはないというのである。また処罰の対象になったカトリック教徒は追放されたり、罪を犯した者も助命されたりした。カトリック教の法律がプロテスタントには厳しかったジェームズ一世の法律はカトリック教徒に対しては決して厳しかったり、厳しく施行されたりしたことはなかった。カトリック教徒が支配的であった地域では頻発していたような虐殺をカトリック教徒が受けたことはなかった。

Neither have our lawes been so rigid, nor so rigidly executed against *Papists* here, as theirs have been against *Protestants*. Nor have Papists been exposed to such Butchery, as is too too frequent where Papists domineir[11].

バージェスは、ジェームズ一世の法律は決してカトリック教徒に対しては厳しくなかったと言い、逆にジェームズ一世はカトリック教徒に対しては穏便な態度を示していたことを強調している。更にはカトリック教徒はジェームズ一世にも近づけたし名誉ある地位を与えられさえしていたことをも指摘している[12]。ジェームズ一世はなぜカトリック教徒が火薬陰謀事件を起こしたかに疑念を投じるが、それも王自身はカトリック教徒に対して厳しい態度を採ったことはないとの確信からである。英国内のカトリック教徒の処遇には実際ジェームズ一世は手を焼いていた経緯がある。「忠誠の誓い」論争も結局は国内のカトリック教徒はジェームズ一世に忠誠しなけれならないという趣旨の誓いで、裏を返せばいかにカトリック教徒がジェームズ一世に忠誠を誓っていなかったかを示している。現にジェームズ一世体制に異を唱えたカトリック教徒はいたが、彼らはどちらかといえば過激なジェズイットが主流であった。王政打倒を叫ぶ彼らは確かに反逆罪を問われても致し方なかった。彼らに対してはジェームズ一世は厳しい態度を採ったが、そのほかの温厚なカトリック教徒に対してジェームズ一世が厳しく取り締まることはなかった。バージェスがジェームズ一世のカトリック教徒への態度を国会演説から知っていたのかは定かでない。カトリック教徒へのジェームズ一世の態度は周知のことであり、バージェスが説教でカトリック教徒へのジェームズ一世の態度に触れることはたやすいことであったのかもしれない。しかし、それにしても火薬陰謀事件があったにもかかわらずカトリック教徒へのジェームズ一世の態度には煮え切らないものがある。なぜジェームズ一世はカトリック教徒に対して徹底した強硬な態度を示さなかったのか。その理由の一つは大国スペインの存在である。

なにしろジェームズ一世は息子チャールズの結婚相手にスペイン王フェリペ三世と王妃マルガリータの次女マリア・アナ・デ・エスパーニャを考えていた。ジェームズ一世はマドリードへチャールズと寵臣バッキンガム公を送り求婚させるが、チャールズ自身の堅物な性格とバッキンガム公の横柄な態度が原因で、婚約は失敗した。1620年代のことである。反カトリック教的空気が強かった英国でこともあろうにカトリック大国スペインから息子の后を迎えるとは大胆極まる国民感情を逆撫でする愚行であった。それも大国スペインを敵に回した場合の英国への不利益を考えての計算がジェームズ一世にはあったからであった。なんとかスペインとの友好関係を維持できればジェームズ一世体制も安泰に維持できる。ジェームズ一世のカトリック教徒への態度はどちらと言えば寛容的である。バージェスはジェームズ一世を意識してかカトリック教徒に対するジェームズ一世の態度には厳しさはなかったと繰り返すが、火薬陰謀事件はそれでも歴史的事実として存在する。これまで見てきたようにバージェスとバーローの説教には確かに類似点はある。両者とも同じトピックスを説教で扱っている。しかし、どちらかと言えばバーローのほうがジェームズ一世に密着している。それはバーローがジェームズ一世の国会演説を直接聞いていた結果であった。ジェームズ一世の事件からの奇跡的救出が神の慈悲によること、事件の残酷性、ジェームズ一世による事件の発覚に至った手紙の解読、これらすべてがバーローとバージェスによって論じられている。しかし、驚くべきことはこれらは以後の説教家が火薬陰謀事件説教で必ずと言っていいほど扱っていることなのである。バージェスがジェームズ一世の国会演説を読んだかははっきりしない。バージェスは説教の中でバーローとは異なりジェームズ一世の国会演説には一度も言及していないからである。ただバージェスがバーローの説教を見る機会があったことは十分想像される。なぜかと言えばバージェスは他の説教家の火薬陰謀事件説教を読んでいたからである。それは1616年11月5日に行ったアンドルーズの火薬陰謀事件説教と1636年11月5日に行ったジョン・プリドーの説教であり、バージェスは両者の説教の一部を直接引用しているのである[13]。歴代の説教家の火薬陰謀事件説教を後世の説教家は閲覧が可能であったようである。だから最初のバーローの火薬陰謀事件説教をバージェスは読み、バーローが説教で何を論じていたかをバージェスは知ることができた。バーローがジェームズ一世寄りの説教家であることもバージェスは知っていたであろう。このように考えるとバージェスとバーローの説教の間に類似点が見られるのは当然と言える。ただバージェスとバーローの説教には大きな違いがあることも確かである。それは バージェスはバーローほどジェームズ一世を神格化していないということである。バーローの場合、ジェームズ一世が説教で引用した「詩篇」から「詩篇」の諸々の事件をジェームズ一世に適応し、ダビデとジェームズ一世を同一視して、ダビデ再来としてジェームズ一世を賞賛していた。ジェームズ一世を褒めちぎった感の強いバーローの説教である。ところが バージェス はジェームズ一世とダビデを重ね合わせることはしていない。聖書の人物をジェームズ一世に適応することもしていない。非常にあっさりとジェームズ一に言及している。すでに指摘したが、バージェスはピューリタンのなかでも長老派である。長老派は独立派と並び、ピューリタン内部では二大勢力であった。長老派は独立派と違い、王政支持派であり、チャールズ一世の処刑には反対していた経緯がある。だからバージェスはどちらと言えば右よりのピューリタンであったと言える。ところがバージェスはジェームズ一世を"our Religious King"[14]、"King James"[15]と呼ぶく

27

らいで、それほどの賛辞をジェームズ一世には送ってはいない。それではなぜバージェスは火薬陰謀事件説教を行うことになったのか。火薬陰謀事件で首謀者のカトリック教徒を非難するのは当然であるが、それは単に火薬陰謀事件に関わったカトリック教徒を非難するための説教ではない。バージェスには火薬陰謀事件を引き起こしたカトリック教への批判を通してカトリック教会及びカトリック教徒の実体を人々に明らかにする意図があった。火薬陰謀事件をステップにしてバージェスはさらなるカトリック批判を試みるのである。バーローの火薬陰謀事件説教は主に火薬陰謀事件にだけ焦点を合わせ、事件の真相、事件関係者糾弾、及び事件を生き延びたジェームズ一世への神の慈悲の強調によって王の神格化を図った。ところが バージェスの説教は火薬陰謀事件だけを論ずるのではなく、カトリック教会・カトリック教徒の変わることのない英国への陰謀、反逆の実体を明らかにしようとしている。カトリックの英国への脅威は バージェスが説教を行った 1641 年 11 月現在でも依然として存在し、英国民を恐怖に陥れている。その最も身近な例はアイルランド反乱である。この問題については後述するが、カトリック教徒は火薬陰謀事件を引き起こした 1605 年から 1641 年まで、否 1605 年以前からも英国に陰謀、反逆を続けていた。バーローの説教はジェームズ一世賞賛に走った感が非常に強く、王政支持派のバージェス にもジェームズ一世賞賛の説教を期待するが、それは稀薄である。逆にバージェスの説教で突出しているのは彼のカトリック教徒への徹底した不信感、嫌悪感である。バージェスは火薬陰謀事件によりカトリック教への不信感を募らせたが、彼はまたカトリック教会の数々の反逆、陰謀の実体を明らかにし、カトリック教会の実像を聴衆に見せる。バージェスにとってカトリック教徒は反逆、陰謀の輩である。バージェスの火薬陰謀事件説教は事件そのものよりも事件を引き起こしたカトリック教徒及びカトリック教会の反逆性を論じることに主たる目的があったと思われる。しかし、これはバージェスにとって厄介な問題となる。なぜならカトリック教会批判はジェームズ一世の考えに反することになるからである。またジェームズ一世の息子のチャールズ一世の機嫌を損ねることにもなりかねない微妙な問題である。それでもあえてバージェスはカトリック教会・カトリック教徒批判を止めることはしない。それはいかなる理由によるのか。次にこの問題に論を移したい。

## 2－3　神と英国

　説教で扱う内容としてバージェスは以下の5点をあげている。

(1) A List of the Popish Traytors in England
(2) That their Treasons were not occasioned by our Laws, but from Principles of their owne Religion
(3) That their Priests are bound to infuse such Principles into them
(4) The courses taken by their Priests and Iesuites to animate them into Treasons
(5) An Experimentall Prognostication [16]

(1)は英国におけるカトリック教徒反逆者一覧表であり、(2)はカトリック教徒の反逆が英国の法によって生じたのではなく、カトリック教の信条から生じたこと、(3)はカトリック

教の司祭が反逆の信条をカトリック教徒に吹き込む義務があること、(4)は司祭やジェズイットがカトリック教徒を反逆へと駆り立てていること、(5)は実験的予言、である。説教全体を通してのバージェスのカトリック教徒への反感は終始一貫しており、バージェスの反カトリック教への嫌悪は変わることはない。何が彼をそんなにまでカトリック教徒嫌いにせしめているのか。それは過去における英国内のカトリック教徒と彼らの反逆を見れば容易に理解できる。その原因はすべてカトリック教会側にあることをバージェスは主張する。その典型的な反逆が火薬陰謀事件であった。バージェスは、カトリック教徒がいかに反逆心に富む一派であるかを過去の歴史的事実に即して説明し、今後の予想を行うのである。バージェスが説教に選んだ聖書の一節は「詩篇」76章10節の "Surely the rage of man shall praise thee, the rest of this rage shalt thou restraine." である。この一節からカトリック教徒の反逆はすべて失敗に終わることが予想される。火薬陰謀事件説教では扱う聖書の一節は理解しやすい一節であるのが普通であるが、この一節は幾分理解しずらい。後半の「この怒りの残りをあなた[神]は抑えるであろう」はよしとしても前半の「ひとの怒りはあなたをほめたたえるであろう」は火薬陰謀事を考えた場合には疑問が生じてくる。火薬陰謀事件の場合、人の怒りはカトリック教徒の怒りの結果としての事件そのものを意味するが、事件実行者の怒りが主をほめたたえるとはどういう意味なのであろうか。この一節は人間の怒りが神に対して全く意味のないことを述べた一節である。バージェスの説教は一言で言えばこの「ひとの怒り」といかに神が「ひとの怒り」を静めるかについての説教であると言える。いくらひとが怒ってもそれは神によって無とされる。バージェスが「詩篇」76章10節から得た 'observation'（教訓）は以下の3点である。

1. The rage of the wicked against God and his people is bottomlesse and endlesse.
2. Let the rage of the Wicked men be what it will, it shall onely raise that Glory to God, and benefit to his people, which the Wicked never intended, and ever shall fall short of that issue, which they chiefly projected.
3. The experience of Gods over-ruling, and mastering the rage of man in times past, is an undoubted assurance of the like, for all times to come[73].

1と2の 'observation' は、神と神の人への悪しき人の怒りには限界がないこと、人間の怒りに好きなようにさせても結局その怒りは逆に神の栄光を高め、悪しき人が意図しなかった恩恵が神の民に高められ、怒りは悪しき人が計画する結果には達しないと述べているが、3番目の 'observation' はピューリタン説教家 バージェスの根幹に関わる極めて重要な問題を提示している。なぜならそれは過去に神が人間の怒りを抑えたことは将来においても必ず同様なことの保証となる、と言っているからである。そのための論証としてバージェスが挙げるのが聖書である。聖書特に旧約聖書に神への人間の怒り、反乱の事例を見つけ、それらがすべて神により失敗に終わっていることから バージェスは同様なことが今後も生じうると確信しているのである。これはピューリタン説教家の特徴をよく表している。ピューリタンと言えば特に聖書を重視した人たちで、"sola scriptura" は彼らのモットーである。彼らにとって聖書は個人的社会的行動の規範の源泉である。バージェスはピューリタンらしく聖書から問題の解決を図ろうとする。だからバージェスは上記 2 で

29

過去の英国におけるカトリック教徒による反逆の数々を列挙し、それがすべて無に帰したことを述べるのである。バージェスの論証はすべてが聖書を基にして行われる。聖書からの事例により自分の論点を実証し、その結果を火薬陰謀事件に適応する。英国国教会派は適応を"application"と称したが、ピューリタンは"use"と呼んでいる。このピューリタンの論証方法を3の論点について検証したい。

　バージェスは聖書に悪人の成功が記されたことはないと言う。彼らはすべてが滅びる運命にあることは Cain と Abel, Esau と Jacob, エジプト人とイスラエル, Saul と David, Absolom と David, Babylon と Daniel, Pilate と Christ の対立からも明白である[18]。Cain, Esau, エジプト人, Saul, Absolom, Babylon, Pilate はすべて敗者となり、彼らの悪が繁栄したことはない。アッシリア王 Sennacherib にも言及する。Sennacherib はユダの王 Hizekiah に降伏をせがみ、エルサレムの引き渡しすら要求したが、最後に二人の息子によって殺害されている。興味深いのは バージェスがキリストへのパウロの怒りにも言及していることである。パウロは改宗前にキリスト教徒を迫害したことで知られているが、パウロのキリストへの怒りは最終的には失敗し、彼はキリスト教徒になっていく。彼の場合は怒りの失敗が彼をキリスト教徒へ再生させるという点では他の悪人とは質が異なっている。このようにバージェスは旧約・新約から悪しき人を例に出し、彼らが成功した試しはなかったことを強調する。次に バージェスは、怒りについて(1)怒りは悪人すべての特質であること (Psalm, 37：12, 32)(2)怒りは信心深い人への怒りであること (Isa, 59：15, 「2 Tim., 3：12）(3)怒りはその対象者の信心深さのためであること （John, 15：25, Psalm, 59：3, 4)」(4)悪人が外面的に怒りを発しないときは心の中でより多く怒りを抱えていること(Esther, 5：9, 10, Prov., 16：24)(5)怒りには限度がないことを述べ(Psalm, 5：9, Isaiah, 57：20, Prov., 26：25)、更には怒りの理由についても述べる。怒りの理由とは(1)悪を行うのは悪人の本性である (Prov., 4：16)(2)古い敵意が悪人を悪へ扇動する (Gen., 3：15, Ezek., 25：16)(3)会話の不一致が憎しみを増加させる(1 John, 3：12, Isa., 59：15)(4)信心深い人への神からの名誉と幸福が悪人のねたみとなり、それが悪人の怒りに油を注ぐ(Psalm, 112：10, Rev,. 12：13, 16, 17)(5)悪人は神を憎んでいる(Psalm, 73：9, Rom, 1：39, John, 15：18, 20, Psalm, 16：1, 2)である[19]。バージェスの説教で重要なのは以上の記述が火薬陰謀事件にどのように適応されるかである。バージェスは、悪人の成功は聖書には記されていないことと怒りの特質及び怒りがなぜ生じるのかを聖書に基づいて指摘する。バージェス は以上の記述が火薬陰謀事件に適応されると言う。

　　And first, Behold this Truth, abundantly fullfilled, this day, in your eares, through the implacable rage of the *Popish* faction, inventing, contriving, and bringing to the very birth, this day 30. yeeres, the most barbarous, execrable, hellish Treason that ever came within the hopes of the most savage and unnaturall Assasinates, to bring forth, or conceive[76].

　「カトリックの徒党のなだめがたい怒りをとおしてあなたの耳の中でこの真実が十分にこの日に実現されるのを見よ」と言うが、この日が「11 月 5 日」、「カトリックの徒党のなだめがたい怒り」が火薬陰謀事件であることは言うまでもない。「この真実が実現される」

とは上記の聖書からの記述が火薬陰謀事件に適応されることを言う。火薬陰謀事件は悪人が起こした怒りの最たる例で、それは計画の当初から失敗する運命にあった事件である。悪人が引き起こす事件が成功することは聖書にはない。だから火薬陰謀事件は成功しなかったとバージェスは考えるのである。バージェスにとって現在の出来事は聖書を参照すればすべて解決できる。聖書のみの姿勢がピューリタンバージェスにははっきりと見て取れる。問題は火薬陰謀事件のような事件がカトリック教会からは合法的と見なされていることである。バージェス は "the Act[of assassinators], being against Hereticks, is not onely justifiable, but commendable and glorius." [21]言うが、まさしく王殺害はカトリック教徒にとっては「正当化され、賞賛に値し、輝かしい」行為となる。バージェスはその王殺害を推奨する首謀者がローマ教皇であるとし、歴代のローマ教皇がエリザベス女王やジェームズ一世に対して異端決定を行い、それに基づきいかにしてカトリック教徒が英国内で王殺しに奔走しているかを指摘する。英国王対教皇の確執が詳細にに論じられるが、一方は教皇の王破門を盾に王の殺害に走るが、教皇の破門権を認めない王にとって王殺害は単なる殺人にすぎない。バージェスにとってカトリック教徒は悪の集団である。それも彼ら独自の理論で武装した確信犯である。その確信は過去、現在、未来おいて変わることはないというのがバージェスの持論である。バージェスのカトリック教徒への強硬な姿勢にはいささか驚きの念を禁じ得ないところがある。バージェスのカトリック教徒への強硬な姿勢は彼らに対して決して寛容になるなというバージェスの言葉にも窺われる。

I urge this the rather at this time, not only because the very Deliverance, which wee this day celebrate, rings loud in your eares, neither to trust nor tolerate them any longer, and strongly moves for a Ne admittas, against them; but because also, even during this very Parliament, you find the old spirit of rage and trechery, walking too openly, and boldly among them, and too often pressing too neere upon you[22].

国会会期中でもカトリック教徒の「怒りと裏切り」が巷を闊歩しているとカトリック教徒への警戒心を バージェスは表している。更には寛容を訴えるカトリック教徒にはより警戒すべきである。バージェス はカトリック教徒について記憶すべき４点を列挙する。

1. They have never been quiet, but continually contriving of Treasons, ever since the Reformation of Religion.
2. this practice is not from the Lawes made against them, but their very Religion it selfe leades  them unto it.
3. their Priests are bound to infuse these principles of their Religion into them, and to presse the use of them upon all occasions.
4. to induce their Disciples to swallow those Principles, and accordingly to act them when occasion serveth, they propound great rewards and glory to such as shall attempt them, and defend and maginifie those who have formerly miscarried in them[23].

ここにはカトリック教徒が絶えず反逆をたくらんでいること、彼らの宗教そのもが反逆の

宗教であること、カトリック聖職者が信者へ反逆を教えていること、反逆を実行した者への報酬と栄光、失敗した者への擁護、称賛の実体が挙げられている。これらは具体的には教皇教書、異端破門、教皇によるカトリック教徒解放、教皇への絶対服従を意味しているのであるが、イングランドとローマ・カトリック教会との過去の関係を見ると、確かに教皇はヘンリー八世とエリザベス女王を破門し、カトリック教徒はそれに乗じて反逆を行ってきた。彼らは報酬や栄光をえさにして反逆を試みさせ、人々の良心や感情を腐敗させた。だからカトリック教徒に寛容であってはならず、彼らを信用してはいけない。カトリック教徒への不信を激しい口調で述べるバージェスは英国国教会派の説教家と変わりはない。火薬陰謀事件から得た教訓は（１）敵への警戒（２）悪人の悪は終わる。神が悪人と悪人の腕を折ることを神に祈る。（３）神との平和。神とつつましく歩むことである(24)。ここで重要なのは最後の「神との平和」である。ピューリタンバージェスのピューリタン的な特徴は何かと問われれば、それはすでに指摘したが聖書への全面的な依存である。前年の断食説教でも顕著に表れていた聖書からの問題解決がこの説教にもはっきりと見られるのである。聖書への全面的依存とは神を全面的に受け入れることに他ならない。事件予防のために聖書に即した生き方を行わねばならい。説教においてバージェスが強調したかったのはカトリック教会・カトリック教徒の反逆性である。それを避けるために英国民は神に対して敬虔な態度を示さなければならない。逆に神に対する反逆は神からの怒りを招く。神の怒りを回避するためには神への従順な態度が必要である。火薬陰謀事件を起こしたカトリック教徒は神の代わりに教皇崇拝に奔走し、本来キリスト教徒がとるべき神への敬虔さを欠いていた。それはバージェスはすれば「悪しき人」のとるべき態度である。そしてその「悪しき人」は必ずや滅びる運命にあることは聖書が立証している。神の民イスラエル人も神に不従順なときがあった。そのときには３千人のイスラエル人はわずか36人の敵に屈してしまった(25)。逆に神との平和を維持できた場合には１万人の敵に包囲されても敵を恐れる必要はない(26)。バージェスは、イスラエルが神への反抗故に敗北を喫した例を挙げ、すべてに秩序をもたらす神がいるから敵の怒りによって失敗することはありえないことを強調する。

We can never miscarry by all the rage of all the enemies in the world, so long as we betray not our selves into their hands. For, there is a God that sets and orders all, as we shall see(27).

バージェスは神の力が人間の怒りを止めさせ、それを破る例として「出エジプト記」のパロを取り上げる(28)。パロがエジプトを脱出するイスラエル人を捕らえる直前に神が介入し、パロはその計画は頓挫する。旧約聖書を見ても人間の怒りがその目的を達したことはない。いかに悪人が激しく怒ろうとも彼らは死へと走るだけである。悪人が怒っても神は彼らをあざけり笑うだけである。また悪人が使う武器をすべて神は破壊する。これらは単に旧約聖書で起こっただけではない。またバージェスは次のようにも言う。

How strongly was their plot laid! how secretly, carried! How neer, the execution! how probable, the successe! ...How boldly did they vaunt, that they had gotten God himself into Conspiracie! ... Yet even then, we see how admirably God turned all this rage to his praise, by preserving of those that were appointed to die, and by giving them up as a prey to death who had destinated so great a sacrifice to Death of so many at once. Insomuch as the greatnesse of the danger did not more smite the world with a just amazement, than the extraordinarinesse of the deliverance took all men with high admiration[29].

秘密裏に計画され、もう少しで実行されるところであった火薬陰謀事件は神の介在により未然に終わったが、神は逆に犯人たちの怒りを神への賞賛に変えている。それは死ぬべく定められていた人たちを救い、犯人たちを死のえじきとして引き渡すことによってである。いかなる陰謀も最後には神の目にとまり、神によって阻止される。バージェスは聖書に類似の事件を見い出し、いかにして神が悪を滅ぼしたか、そしていかに神が信心深い人を助けたかを例に出し、問題の解決にあたる。聖書特に旧約聖書でのイスラエル人の数々の窮地からの神による救出はすべて神の摂理である。同様に火薬陰謀事件の発覚は神の摂理による。

Thus, He that sitteth in the Heavens, laughs them, their rage, and Counsels, to scorne; compelling them, at length, to acknowledge the finger of God in their Discovery, and his arme in their most deserved Destruction. O wonderfull Providence! O admirable Jusitice upon them, and Goodnesse to his People [30].

事件直前の発覚はまた神の慈悲による救出でもあった。

... the God of our Mercies hath prevented them, broken the snare, given us an escape, and hurl'd them out of the Land of the Living, as out of the midst of a Sling. Therefore rejoyce in the Lord, and againe I say rejoyce[31]:

事件からの救出に際しての神の慈悲はジェームズ一もバーローも強調したところであるが、せっかく神が救出してくれたのに最近は神への感謝が薄れている。至る所で人々の感謝が薄れ、冷ややかな態度が見られるとバージェスは不満を漏らす。記念日をおろそかにする人もいるし、聖職者の中には救出をあざける者もいる。さらには火薬陰謀事件日を"Saint Gunpowder Day"と呼ぶ者さえいる[32]。立派な人でも記念日を守ることに無頓着な人もいる。このような事態は決して許されるべきことではない。なぜならば火薬陰謀事件救出は神の偉大な御業で神だけしか行えなかったものであるから、その神に対して感謝の意を表すのは当然のことである。断食説教でバージェスは神との契約を盛んに説いたが、それも神の加護がなくては何事も成すことは不可能でああったからであった。それと同じように、神の慈悲への感謝なくしては再び同様な事件を体験することもありうる。だから神への感謝を表明し、神の加護を絶えず味方にしなければならない。火薬陰謀事件阻止は「神の御業」[33]であった。事件を未然に防いだ神は慈悲を受けるに値しない人々を救出してくれたという意味でも感謝すべきである。悪を行う者の子孫であるにもかかわらず神は

手を広く広げてくれた。そしていかなる国家も英国ほど神の「愛する親切と慈悲」で報われたことはなかった。神の英国への慈悲は英国民が「神の選民」である証拠である。神の救出は全く予期せぬ慈悲の結果であり、神の慈悲は今なお続いている。ところが神の手になる救出に対する神への称賛は十分ではない。それをダビデを例に挙げて次のように言う。ダビデがアブサロムの反乱から解放された後ユダの長老たちがダビデをその館に連れ戻す最後の者となったことはユダの長老たちにとっては「邪悪な汚点」であった。長老たちにアブサロム支持者が多かったためでもあったが、それでも長老たちはダビデをもっと早く館に連れ戻すべきであった。それを行わない長老たちはダビデに対して非礼を示した。しかし神への感謝をないがしろにしている英国人にとってその汚れと罪はもっと大きい。

But much greater would the staine and the sinne be in You the Elders of our Israel, unto whom the Lord himselfe (upon the same grounds that he hath elsewhere said, Yee are Gods(Psal.82.6))now saith, Yee are my brethren, yee are my bones and my flesh, should have cause to adde, Wherefore then are yee the Last to bring the King back?[34]

「わがイスラエルの長老」とは庶民院議員たちであるが、彼らもイスラエルの長老と同じく神を称える最後の者となっている。バージェスは、神への感謝を怠ったがために神からの怒りを受けたヒゼキアやユダを例に挙げ、英国も火薬陰謀事件からの奇跡的な救出に対して神への感謝を怠ると神の怒りが降りかかると警告する[35]。バージェスの独自の説教方法は火薬陰謀事件と類似した事件を旧約聖書から選び、そこから将来を予測するものである。ピューリタンにとって聖書は絶対的な神の書である。その神の書の中に火薬陰謀事件と似た事件を見いだし、そこから将来の行動の指針を読み取る。バージェスは次のように言う。

The Experience of Gods over-ruling and mastering the rage of man in times past, is an undoubted assurance of the like for all to come[36].

過去における人間の怒りへの神の反対とその怒りへの勝利の体験は来たるべくすべての人にとって同様なことが生ずる疑いえない保証であるとバージェスは言うが、この言葉こそがバージェスの説教の根幹を形成している。神の過去の行動から将来を結論するのは普通であるとバージェスは言うが、旧約聖書からバージェスが過去の体験として取り上げるのはダビデである。バージェスにとってダビデはことのほかお気に入りの人物で、英国人にとってダビデは格好の見本となる。

David, even in his youth, could be confident of this, The Lord that delivered me out of the paw of the Lyon, and out of the paw of the Beare, he will deliver me out of the hand of the Philistine. (1 Sam. 17.37)[37]

ダビデは若いときの経験から将来の神の救出を確信する。だからアブサロムの反乱のときでもダビデは神の救出を確信し、"I will not be afraid of ten thousand of people that

have set themselves against mee round about"(Psal.3.6.)と言った。ダビデはさらに
"Though I walk through the vally of the shadow of death, I will feare no evill
(Psal.23.4)"と述べ、"Surely goodnesse and mercy shall follow mee all the dayes of
my life."(Psal.23.6)と将来への自信と確信を語る[38]。ダビデにとって過去の苦境からの
救出はその後の彼に自信を与える。すべての慈悲はより多くの慈悲の保証となる。バージ
ェスがダビデから得た教訓は、我々に与えられた救出のみならず世界の始めから他の人た
ちに与えられた救出は苦境と困難にあるすべての神の民に同様の結果を保証する疑いえな
い論拠となることである[39]。バージェスは神の救出の例をダビデだけに求めるのではない。
パウロやモーゼやイサクにも同様な神の救出を認めている。ヨシュアへ対しても神はいつ
も彼と共にいると言った。それでヨシュアは"The Lord is my helper. I will not fear what
man shall do unto me."(Heb.13.5.6)と言うことができるのである[40]。ヨシュアと同じ苦
境にあるすべての神の民にヨシュアと同じことがなされる[41]。バージェスはなぜかくも自
信に満ちているのか。それは神の本性にある。神は「変わることがない」[42]からである。
神の慈悲は消滅することはなく、火薬陰謀事件からの救出は更に多くの神の祝福の前兆で
ある。

That great Deliverance [from the Gunpowder Plot] we now celebrate, was not as a dead
bush to stop a present Gap onely, nor a merry expiring wth that houre and occasion;
but, intended for a living, lasting, breeding Mercie that hath been very fertile ever
since. It was an in-let to further favours, and an earnest of many moe blessings[43]:

神は多くのすばらしい、計り知れない程貴重な慈悲を示してきている。火薬陰謀事件から
の神の救出は何を語っているか。それは今後も神は英国人を救ってくれるということであ
る。

...this [the deliverance from the Gunpowder Plot] will be enough to asure you of like
protection and preservation for ever. For every one of Gods servants are entitled
to all the mercies and glorious works that ever the Lord wrougfht for any of the people
from the beginning of the world[44].

火薬陰謀事件からの救出は永遠に続く神の保護を確約するものである。しかし、火薬陰謀
事件は見事に敗北したのに英国人は神への感謝を忘れている。我々に必要なのは同じ慈悲
を受けることが出来るよう努力することである。神を信じ、神と共に歩み、神のために戦
わねばならない。神への敬虔な信仰心の欠如は神から見捨てられることになる。この例と
してバージェスはエルサレムに神の宮殿の建設が41年遅れたことを挙げている。ユダヤの
民は自らの家には雨露を防ぐ家を建てながら神の家には何もしなかった。神の家建設に奔
走したのはハガイであったが、これをふまえてバージェスは次のように言う。

Try that Course, and see what a blessing will follow; how soone, how strangely God
will turne all things about, remove all difficulties,...[45]

神に尽くせば神は必ずやその労に報いてくれる。これをバージェスは幾度も繰り返す。神への十分な感謝を表さなかったバビロン捕囚後のイスラエル人は神から激しく非難される。彼らはエルサレムに神殿を築くことを遅らせ、神への十分な感謝の気持ちを表さなかった。それで神は絶えず彼らを傷つけ、すべての祝福を呪うことになった。ところがイスラエル人が神殿の建設を始めるや、今度は神の祝福が注がれた。

They set upon the *building* of the *Lords House*. And the next news was; *Then spake Haggai the Lords Messnger the Lords message unto the people; I am with you, saith the Lord*. That is, now they should find him with *them* to purpose, in carrying up the *building*,...which...had been forty-two years, at severall times, laboured in, and yet not finished[46];

神は突然態度を変え、神との契約によってすべてイスラエル人を一体化させ、新しい事態が生じた。神は約束通りで神殿を楽しむだけではなく神殿を建設した人々をも楽しみ、しかも今後神はイスラエル人を祝福するとまで言った。

　　　Nor did God thus prosper them [the Jews] in his own Work only but blessed them in all things else they took in hand for themselves. And whereas before, there was nothing but sidings and factions; some complying with the Great Officers of the Persian and Medish Emperours that then ruled over them, others opposing, and all thwarting one another, and thriving in nothing, afterwards, God did on the sudden turne the streame, knit them together in a *Covenant with God*, and thereby united them also one to another; so as, not onely a new face, but a new state of things presently appeared; and God was as good as his word, not onely in *taking pleasure in his house*, but in those that *built it*; For, so himselfe tells them; *From this day will I blesse you*[47].

バビロン捕囚後のイスラエル人が神殿建設後に神の祝福を受けたように、英国人も火薬陰謀事件からの脱出に対して神へ感謝を示さなければならない。英国人は一つとなって神を祝福しなければならない。

To put all men into a course of *Order* and *Uniformity*, in Gods way, is no to *force the Conscience*; but to set up God in his due place, and to bring all his people into the paths of righteousnesse and life[48].

秩序と均一性へと人々を追いやることは良心の強制ではない。むしろそれは神をしかるべく地位に立ち上げることであり、神の民すべてを正義と生命の道にもたらすことなのである。この意味するところはピューリタンに対しての一致した団結心である。心を一つにして神へ感謝の念を表し、その見返りに英国人は神からの祝福を受けることになる。ピューリタンの宗教改革はまだその途上にある。改革のためにまだやるべきことが多くある。だ

から教会と規律の点において正常でない多くのものを更に改革し、長年手をつけないままにしてあったものを完成させる必要がある(49)。だがそれは人の手だけではなしえない。その実現には神の援護が必要である。ここでバージェスは再度ダビデを援用する。ダビデが神殿を建てることを決意したときに彼には絶えず神の援護があった。

When this was once seriously and sincerely setled in hbis heart, to *build God an House*, God took it so kindly, that thoughnhe resolved to reserve that Work for *Solomon*, yet he sent a message to David, that he would *build him an house*, and establish both his *house* and *kingdome* upon him.
 And not onely so, but, when so ever David had need of extraordinarie help, God never failed to go out with him whither soever he went. And it is very remarkable, that most of the Great Victories which David atchieved, fell to him after his *resolution* of building the *Temple*. For the Text saith it expresly, that *After these things*, David smote the *Philistines*; and after that, the *Moabites*; then, *Hadadazer*; and then, the *Syrians*, and others, none being able to stand before him(50).

ダビデが神殿建設後、彼は多くの勝利を納めることになる。これもダビデが神に対して十分な感謝の気持ちを捧げたからである。とすればダビデと同じ事をすれば神から同じ祝福が注がれることになる。だから英国人はダビデの例にならう必要がある。

And thus would it be with you, when, in zeal for God, you follow his [David's] steps. What ever the difficulties and discouragements be, when *Zorobabet* fals close to work, what *mountains*, so *great* and high, that shall not *bcome a plain*?(51).

ゼルバベルが神殿建設に着手するとどんな山も丘になる。それと同じように英国人もダビデにならえばどんな陰謀も地獄の力も英国人には勝利することはない。神の仕事を行えば今度は神が英国人の仕事を行ってくれる。神への真摯な態度をとる人を神は決して裏切ることはしない。

No plots, no power of hell should prevail against you,. Do you carry on Gods work, he will be sure to carrie on yours, and make you the honour and strength of the King and Kingdome in all the Kings Noble designes for the good of his subjects. Those unnatural Rebels that now *rage* so desperately, should be *but bread for you*; and all your enemies should be compelled to lick the dust of your feet. I shall therefore close all with that of the same David to *Solomon* his sonne, touching the building of the Temple. *Arise, and be done, and the Lord be with you.* [1 Chro. 22. 16] (52).

「今絶望的に荒れ狂っているあの残酷極まる反逆者たち」とはアイルランド反乱への言及であるが、アイルランドのカトリック教会ですら英国人にとっては「パン」にすぎなくなってくる。「立って行いなさい」というダビデの息子ソロモンへの神殿建設を促す言葉は

**37**

アイルランドで反乱を起こしているカトリック教徒制圧をピューリタンに促す言葉となる。ダビデにならえば、山も丘になり、どんな計画も地獄の力にも屈することはない。神の仕事を行えば、必ず神も我々の仕事を行ってくれる。バージェスの説教は聴衆に対する激励の言葉で終わる。バージェスが説教の最後でアイルランドのカトリック教徒による反乱を論じていることは看過できない重要な問題点を我々には投げかけている。それはバージェスにとっては 1605 年の火薬陰謀事件よりも 1641 年のカトリック教徒の問題がより重要であったということである。アイルランド反乱は 3 千人ものプロテスタントがカトリック教徒によって殺害されたと言われていた反乱である。プロテスタントのバージェスにとってこの反乱は英国内のカトリック教徒にも波及しかねない大事件である。バージェスの説教は 1641 年 11 月の英国が直面した難局を乗り越えることを聴衆に強く促した説教でもあったのである。バージェスは最初火薬陰謀事件を扱っていたが、徐々に彼の時代のカトリック問題に説教の焦点が移行し、時代の危機を克服するためにアイルランドのカトリック教徒を鎮圧しなければならないことを訴えるのである。火薬陰謀事件のカトリック教徒からアイルランドのカトリック教徒へと論が展開していることがバーローの説教との大きな違いである。

## 2－4　むすび

　これまでバージェスの火薬陰謀事件記念説教を見てきた。その趣旨は神に対してもっと敬虔な態度を示せ、ということである。そうすれば今の英国の窮状の打開の糸口は必ずや見つかる。人間の力だけでは大きな仕事はできない。どうしても神の援助が必要となってくる。それでは神の援助を得るために人は何をなすべきか。それはひたすら神へ奉仕することである。バージェスの説教は従来の英国国教会派説教家の説教と比べるとその内容には類似点がある。聖書からの事件に類似した一節を選び、それを事件に適応する。事件の凶悪さ、事件からの奇跡的な救出、事件を事前に防いだジェームズ一世称賛、そして救出に対する神への感謝、これが英国国教会派説教家の手順であった。バージェスの説教もほぼこの手順に従っているが、大きな違いはある。その一つは事件発覚の糸口を開いたジェームズ一世への賛美が見られないことである。確かにエリザベス女王やジェームズ一世への言及はあるが、両者を賞賛することはしていない。かといって両者を批判することもしない。バージェスはピューリタンでも長老派に属する説教家である。長老派はチャールズ一世処刑に反対したように王政支持派であった。バージェスが女王やジェームズ一世に対してそれほど強硬な姿勢をとっていないのは理解できることである。むしろバージェスはエリザベス女王に対してはローマ側からの破門や女王殺害計画に触れ、ローマ側を批判している。ローマ側がいかに反逆、陰謀をエリザベス女王に対して企んでいたかを長々と述べて、英国各地でのローマ側が主導した反逆にも触れている。火薬陰謀事件でも事件の張本人カトリック教徒の反逆性に批判が向けられている。バージェスの説教の意図は火薬陰謀事件を引き起こしたカトリック教徒糾弾であり、しかも事件は失敗に終わる運命にあったことを聖書の記述から立証することであった。だからジェームズ一世賛美に走ることはない。火薬陰謀事件説教は当然のことながら事件の批判が説教の目的である。ただバージェスの場合はカトリック教徒批判からジェームズ一世賞賛へと説教が移行しないところが

英国国教会派説教家との違いである。バージェスは英国国教会派説教家のように奇跡的な
ジェームズ一世救出を大々的に描くことはしない。奇跡的な王の救出を全面に打ち出すこ
とによって神の慈悲を強調するのがこれまでの説教の常套的な方法であった。長老派ピュ
ーリタンのバージェスにとってジェームズ一世をどのように扱うかは大きな問題であっ
た。王政打倒を叫ぶ他のピューリタンからすればジェームズ一世賛美は考えられない。そ
れでバージェスはジェームズ一世については差し障りのいない描き方で片づけ、その批判
をカトリック教徒へ一方的に向けることにしたのである。バージェスの説教の大きな特徴
は聖書、それもほとんどが旧約聖書を援用しながらの説教であることである。バーローの
ようにジェームズ一世をダビデ再来と激賞することはない。バージェスもダビデに触れて
はいるが、バーローのような描き方はしない。バージェスの説教は旧約聖書における神の
選民イスラエル人を英国人に適応し、英国人を神の選民として強く意識した説教でもあっ
た。火薬陰謀事は神の選民英国人に対する歴史上類を見ない凶悪な事件であった。バージ
ェスの説教は火薬陰謀事件からカトリック教徒批判へと全面的に移っていく。カトリック
教徒が多くの陰謀、反逆を引き起こした理由は彼らに敬虔な信仰心が欠如していたからに
他ならない。そのような人間が企む陰謀は必ずや神の罰を受ける。これをバージェスはし
つこく述べる。説教の冒頭に掲げた「詩編」の一節「人の怒りはあなたをたたえる。怒り
の余りをあなたは抑制する」はいかにカトリック教徒の反逆が無意味であるかを如実に示
している。人が怒り、陰謀事件を企てても、怒った人は最終的に神を称えることになる。
そして神は人の怒りが再度起こることを阻止してくれる。これを実証してくれたのが火薬
陰謀事件であった。

　バージェスの1640年11月17日の断食説教と1641年11月5日の火薬陰謀事件記念説教
はどちらも「救出」"deliverance"に関わっている説教である。断食説教でのバビロン捕
囚からのイスラエル人のエルサレム帰国はバビロンからのイスラエル人の「救出」である。
バビロン捕囚から帰国したイスラエル人は神殿建設により神からの祝福を受け、国家は繁
栄する。イスラエル人のバビロン捕囚からの帰国はタイポロジカル的にはイスラエル人→
ピューリタン、バビロン→チャールズ一世体制となる。火薬陰謀事件は文字通り事件から
のジェームズ一世を初めとした政府の要人の救出である。いずれの説教でもバージェスは
徹底的に旧約聖書を利用する。バージェスは英国・英国人を古代イスラエル・イスラエル
人として、イスラエル人の体験を英国人の体験の基とした。この説教方法は実は英国国教
会派説教家の常套手段で、彼らも旧約聖書及び新約聖書から一節を選び、それを英国に適
応した。バージェスは新約聖書に依拠することはほとんどなく、もっぱら旧約聖書によっ
て直面する問題の解決を図った。なぜバージェスを初めとしてピューリタン説教家は旧約
聖書にあれほどまで固執したのか。それはやはり「神の民」としてのイスラエル人に自ら
を重ね合わせ、「神の民」としての英国人を強調したかったからに他ならない。これはウ
ィルソン(John F. Wilson)の言うところの「規範的先例としての聖書」観である[53]。それ
はまた停滞しつつあったピューリタン革命が「神の民」によって完成されるのだから、そ
の革命に失敗はありえないことを他のピューリタンに確約するためでもあった。1641年11
月5日の火薬陰謀事件記念説教日の3日前の11月2日にはアイルランド、アルスターで農
民の一揆が生じている。多くの英国人入植者が虐殺された。そのアイルランド反乱はカト
リック教徒による反乱で、ローマ・カトリック教会が背後で糸を引いていたと思われてい

39

た。英国内ではチャールズ一世とロード大主教による国教会のカトリック教化に危惧を覚えるピューリタンが多かった。そのような状況の下での火薬陰謀事件説教である。事件はカトリック教徒の過激派ジェズイットによって引き起こされた事件であった。それも事前に計画が漏れ、ジェームズ一世は奇跡的に救出された。火薬陰謀事件を扱うことによってバージェスは二つの点を訴えた。その一つは事件の首謀者のカトリック教徒がいかに危険な存在であるかであった。バージェスはそのカトリック教徒の危険な反逆性はいまだに英国内に存在し続けていることを訴える。その最も身近な例がアイルランド反乱であった。バージェスの説教の狙いの二点目はロード大主教体制への弾劾である。チャールズ一世とロード大主教は国教会のカトリック教化を目論んでおり、監督制の徹底化によって国王と英国の強化を図っていた。チャールズ一世とロード大主教は英国国教会派教会におけるカトリック教の残存の一掃を目論むピューリタンにとってはどうしても排除しなければ人物であった。カトリック教徒を糾弾する火薬陰謀事件説教は見方を変えればチャールズ一世とロード大主教の支配体制からの英国の「救出」をも想起させる説教でもあった。いずれにしてもピューリタンは国を変えることに奔走した人々である。彼らの革命が成功するにはピューリタンの強固な団結心が必要であった。バージェスがそのために利用したのが旧約聖書であった。ピューリタン説教家がいかに旧約聖書に頼っていたかは既に引用したヒルの数字が物語っている。そしてとりわけ説教家のお気に入りはバビロン捕囚からのイスラエル人の帰国であり、彼らの神殿建設であった。新約聖書に基づく説教もあるが、それらは「黙示録」が主で、ローマ教会の終焉を扱っている。チャールズ一世やロード大主教体制派も旧約聖書に依拠していた。しかし体制派の旧約聖書使用はピューリタンと異なり、ソロモン時代の国の繁栄、栄光を扱ったものが多い(54)。ピューリタン説教家がバビロン捕囚とその後のネヘミアによる神殿建設に大きな関心を寄せていたことは体制派と異なりいかに彼らが国政の改革を強く望んでいたかの証左である。ピューリタン説教家からすればピューリタンの行動は先行きが極めて不透明である。彼らはなんとかして不透明な先行きに明るい見通しをつけたかった。そのためにピューリタンは徹底して聖書を利用した。ピューリタンは神の書たる聖書にイスラエル人が直面していた事件を見つけ、それを英国人も体験していると彼らは考えた。聖書ではイスラエル人は時には神に逆らい、時には神に対して不従順な冒とく的な態度を示した。それでもイスラエル人が自らの罪を悔い改めると神は彼らを助けてくれた。ならば同じ神の民である英国人をも神が助けないことはない。ピューリタンは狂信的なまでに聖書を信じ、彼らの行動のお手本を聖書に見い出した。しかし、よく考えてみるとピューリタンの聖書依存は一つの大きな問題を投げかけているように思われる。それは神の救いは神の選民だけを対象にしているのではないかということである。神によって選ばれた人のみが神との契約を許され、救出される。その意味ではピューリタンの宗教は一部のものにしか適応されない普遍性を欠く宗教であり、特定の人のみが神の恩恵に授かることができる宗教になる。バージェスの説教は断食説教にしろ火薬陰謀事件説教にしろ神の選民だけが対象の説教である。これはピューリタン革命の今後を占ううえで看過できない点を示唆している。ピューリタンの行動がわずか短命で終わったのはピューリタンが神の選民であることとも関係があるのかしれない。いずれにせよ バージェスの説教は聖書特に旧約聖書を全面的に利用し、ピューリタンが直面する問題の解決を図っている点でその後のピューリタン説教家に与えた影響は大きな説教であった。英国

国教会派バーローはただ火薬陰謀事件だけを扱い、ジェームズ一世を大々的に褒めちぎった。しかし、ピューリタンのバージェスは火薬陰謀事件を扱いながらもそれだけで終わらず、説教の行われた英国の宗教、政治をも論じ、英国社会及びアイルランドにまで暗躍するカトリック教会全体の変わることのない反逆性を痛烈に批判した。と同時に反逆するカトリック教徒の敗北を聖書から予測し、英国社会の安泰を願っている。バーローの説教とは異なり、バージェスの説教は英国の将来をも見え透いた説教となっている。「ひとの怒り」は英国には無意味である。なぜなら英国には神が味方しているからである。

　前章では英国国教会派説教家、本章ではピューリタンによる火薬陰謀事件説教を取り上げ、両者の説教を論じることによって両説教の類似点および相違点を明らかにした。両説教を論じる前にジェームズ一世の国会演説に注目し、演説直後のバーローの説教がいかにジェームズ一世の演説に呼応しているかを論じた。バーローの説教はジェームズ一世の演説の腹話術的な説教であると言う者もいるくらいに (55) ジェームズ一世の国会演説をなぞった説教であったと言える。それはバーローのジェームズ一世からの報酬目当ての説教であったが、英国国教会派説教家としては当然すぎるジェームズ一世への反応であった。体制派説教家による体制擁護の説教、それがバーローの説教であった。これに対しバージェスの火薬陰謀事件の説教はどうであろうか。バージェスは最初はチャールズ一世常任司祭を務めたこともあることからも明らかなように、王政支持者であった。だから彼は 1649 年のチャールズ一世の処刑には激しく反対し、処刑反対の説教まで行っている。しかし、バージェスはその後長老派に属し、王政復古後は説教家としての影響力を急激に失っていく。バージェスが火薬陰謀事件計画者のカトリック教徒を糾弾するのは自然なことである。王殺害というカトリック教徒の行為がバージェスの王政支持の立場と著しく異なってくるからである。バージェスの火薬陰謀事件に関わったカトリック教会への非難、不信感は説教を通して変わることはない。バージェスにとってカトリック教徒は陰謀、反逆精神をカトリック教会から教え込まれた「悪しき人」に他ならない。それにしてもバージェスのカトリック教徒への憎悪は根深い。私はバージェスのカトリック教徒への憎しみを助長させたのはバージェスの説教の直前に起こったアイルランドでのカトリック教徒農民の反乱であると思っている。バージェスの火薬陰謀事件説教は説教が進むにつれて、アイルランドのカトリック教徒への反感が中心となってくるのである。アイルランド反乱では数千名のプロテスタントが殺害されたと言われていた。バージェスは説教で "the unspeakable persecutions, and butcheries of the poore *Protestant* Party therte [in Ireland]" (56) と言っているのはこのアイルランド反乱のことである。バージェスにはアイルランド反乱を例に挙げるまでもなくカトリック教徒への不信感が強かった。1605 年 11 月 5 日の火薬陰謀事件、そして 1641 年 11 月 2 日のアイルランド反乱、いずれもカトリック教徒の仕業である。古くは 1588 年のスペイン無敵艦隊による英国襲撃、これもカトリック大国スペインの仕業であった。バージェスにとってカトリック教会・カトリック教徒は陰謀を張り巡らせ、隙あらば反逆を起こし、英国のカトリック教化を画策する悪の集団であった。そのカトリック教徒の「怒り」が神によって阻止されることをバージェスは聖書を盾に確信を持って述べたのである。バーローと異なり、バージェスがジェームズ一世の国会演説を読んでいたかその確証はない。ただバージェスはバーロー同様ジェームズ一世が演説のなかで述べていたことを説教で取り上げてはいる。しかし、それは特にジェームズ一世の演説に

41

目を通していなければ知り得ないことではなかったことはすでに指摘した。火薬陰謀事件に対してジェームズ一世がどのような態度をとっていたかはそれまでの火薬陰謀事件説教を見ればおおよそ見当のつくことである。現にバージェスは 1616 年 11 月 5 日のアンドルーズとジョン・プリドーの 1636 年 11 月 5 日の火薬陰謀事件説教は読んでいた[57]。バージェスの説教の 2 ヶ月前の 1641 年 9 月 7 日のステーブン・マーシャル(Stephen Marshall)の説教 "A Peace Offering to God" もバージェスは読んでいた[58]。だからバージェスは火薬陰謀事件で何を論じるべきは事前にわかっていたと思われる。それにバージェスが説教を行った 1641 年はジェームズ一世が逝去して 16 年が経過している。この世にいないジェームズ一世をいくら褒め称えても何も報償は期待できない。チャールズ一世即位 16 年後の説教で父親を賞賛することによってバージェスは息子から何を期待できたか。チャールズ一世の常任司祭をも勤めたバージェスではあるが、そのチャールズ一世も徐々にカトリック教化への道を歩み始める。アイルランド反乱もチャールズ一世がアイルランドのカトリック教徒と手を組んでいたと言われるくらいチャールズ一世はカトリック教会へ傾倒し始める。何よりもチャールズ一世王妃ヘンリエッタ・マリアがカトリック教徒であることもチャールズ一世への不信を一層募らせることになる。バージェス が最終的にピューリタンの長老派に属するようになったのはチャールズ一世のカトリック教会への傾倒に不信感を抱いたからであろうか、その理由ははっきりしない。プロテスタント国家となった英国が再度カトリック教国となったら英国の宗教改革はいかなる意味を持つのか。形骸化し、腐敗したカトリック教会と手を切ることによって真の意味での宗教改革を成し遂げようとした英国人の信仰心はどこに向かうのか。バージェスはカトリック教化へ突き進もうとしていたチャールズ一世を敵視している様子は見られない。"You might soon command the hearts, and purses, and lives of all good Christians in the publique service of the King and kingdome, without regrett, or gain-saying;[59]" とバージェスは言うが、ここでの "the King" がチャールズ一世であることは言うまでもない。理解しがたいのはアイルランド反乱においてチャールズ一世がアイルランドのカトリック教徒と手を組んでいたという風評からチャールズ一世へのバージェスの態度が一変する可能性はあったがバージェスは依然としてチャールズ一世へは忠誠心を抱いていることである。1649 年のチャールズ一世処刑にバージェス が反対していたことからもそれは理解できよう。カトリック教徒憎し、されど我王を愛す、といった複雑なバージェスの心境である。しかしチャールズ一世王妃のマリアは熱心なカトリック教徒であった。彼女に倣いカトリック教徒に改宗した人が多くあったと言われている。チャールズ一世も妻のマリアの影響を受けているとさえ言われていた。しかし、バージェスのチャールズ一世への忠誠心は変わることはない。1641 年の火薬陰謀事件説教でバージェスがチャールズ一世を敵対化している形跡は見られない。英国の宗教改革はまだその途上にある。"the further *Reformation* of the many things out of order in our *Church and Discipline*, and the perfecting of that which hath so many yeers lain unpolished."[60] をバージェスは国会議員に実行してもらいたいと言う。「教会と規律で乱れている多くのものの更なる改革と長年磨かれないままになっているものの完成」とは英国内における宗教界の不統一を意味している。ピューリタン内部の対立、議会と王との対立も激化していくなかで教会統治と規律を確固たるものにしなければ英国は完全にカトリック教化していく。バージェスは、神と神の儀式の制定を強く求め、そのため

に宗教会議を招集することを提案している[61]。英国の宗教改革を真の意味で完成へ導くのはピューリタンの使命である。しかしピューリタン内部には対立があり、思う通りに宗教改革が進行しない。更にその宗教改革の障害となっているのがカトリック教徒である。その意味で火薬陰謀事件を引き起こしたカトリック教徒と宗教改革の妨げとなっているカトリック教徒は同一視される。バージェスは説教の後半で説教の行われた英国の時代にはびこる「潰瘍」(the Ulcers of the Time)を治癒しなければならないと言うが[62]、その「潰瘍」とはカトリック教徒である。英国社会を混乱に陥れているのは他ならぬカトリック教徒である。バージェスの説教は表向きは火薬陰謀事件説教であるが、実はピューリタンが直面していた難局をいかにして切り抜けたらいいのかの指針を明示した説教であるとも言える。

## 注

(1) Cornelius Burges, *Another Sermon Preached to the Honorable House of Commons now assembled in Parliament, November the Fifth, 1641.*, p.46. 本論では以下 *Another Sermon* と略記する。

(2) Ibid., pp.48-9.

(3) Ibid., p.14.

(4) Op. cit.

(5) Op. cit.

(6) Op. cit.

(7) Ibid., p.46.

(8) C. H. McIlwain ed., *The Political Works of James I* (New York: Russell & Russell, 1965), p. 282.

(9) Burges, p.24.

(10) Op. cit.

(11) Op. cit.

(12) Ibid., p.25.

(13) Andrewes については pp. 28-9, Prideaux については p. 29 参照。

(14) Burges, p.17.

(15) Ibid., p. 27.

(16) Front page of Another Sermon.

(17) Burges, p.9.

(18) Op. cit.

(19) Ibid., pp.12-3.

(20) Ibid., p.13.

(21) Ibid., p.32.

(22) Ibid., p.39.

(23) Ibid., p.40.

(24) Ibid., p. 41.

(25) Ibid., p. 36.

(26) Op. cit.

(27) Ibid., p.42.

(28) Ibid., p.43.

(29) Ibid., p.44.

(30) Ibid., p.45.

(31) Ibid., p.46.

(32) Ibid., p.47.

(33) Ibid., p.47.

(34) Ibid., p.50.

(35) Op. cit.

(36) Op. cit.

(37) Ibid., p.52.

(38) Ibid., p.53.

(39) Ibid.,p.54.

(40) Op. cit.

(41) Ibid., p.52.

(42) Ibid., p.55.

(43) Ibid.,p.56.

(44) Ibid., p.57.

(45) Ibid., p.62.

(46) Op. cit.

(47) Ibid., p.63.

(48) Ibid., p.64.

(49) Ibid., p.61.

(50) Ibid., p.64.

(51) Ibid., p.65.

(52) Ibid., p.63.

(53) John F. Wilson, *Pulpit in Parliament: Puritanism during the English Civil Wars 1640-1648* (Princeton: Princeton University Press, 1969), p.144.

(54) Achsah Guiborry, "Israel and English Protestant Nationalism: 'Fast Serrmons' during the English Revolution"in David Loewenstein and Paul Stevens eds., *Early Modern Nationalism and Milton's England* (Toronto: University of Toronto Press, 2008), p.115.

(55)Lori Anne Ferrell, *Government by Polemic* (Stanford: Stanford University Press, 1998), p.74.

(56) Burges, pp. 61-2.

(57)第 1 章注 69 参照。

(58) Burges, p. 113.

(59) Ibid., p. 41.

(60) Ibid., p.64.
(61) Op. cit.
(62) Ibid., p. 63.

## 第3章　コーネリウス・バージェスの断食説教と火薬陰謀事件説教
### ― this was the Gods doing―

### 3－1　はじめに

　1640年11月17日ピューリタンのコーネリウス・バージェスは断食説教を庶民院で行った。バージェスは約1年後の1641年11月5日には慣例に従い、火薬陰謀事件記念説教を庶民院で行うことになる。バージェスが断食説教を行った1640年11月17日は長期議会が開催されて2週間後であった。1641年と言えば前年11月3日に招集された長期議会が1年目を終えようとしていた年で、ピューリタンがチャールズ一世との対立を徐々に深めていった年でもあった。国外では1641年10月23日にアイルランドで反乱が起こった。アルスターのカトリック教系農民が多数のプロテスタント植民者を殺害したのである。バージェスの説教はこのアイルランド反乱から間もない説教であった。1641年のバージェスの説教はピューリタンによる最初の火薬陰謀事件記念説教であった。筆者はこれまで国教会派の説教家による火薬陰謀事件説教を論じてきたが、ピューリタンという国教会とは異なる宗派の説教がそれまでの火薬陰謀事件説教と異なるところがあるとすればそれはどこにあるのかという大きな問題が生じてくる。本章では バージェスの二つの説教を取り上げ、彼のピューリタンとしての特徴がどのように表れているかを論ずることを目的とする。本章では両説教は「救出」と密接な関係にあり、その「救出」を論ずるためにバージェスは徹底して旧約聖書を使用したが、なぜ彼は旧約聖書に頼らなければならなかったのか、この問題の解明と次に両説教とも1640年代初期のピューリタンが直面していた問題を抜きにしては行われなかったことを究明し、最終的にバージェスの両説教はピューリタン革命を後押しする説教であったことを論じる。

### 3－2　バージェスの The First Sermon における「救出」

　バージェスは1641年11月5日に火薬陰謀事件記念説教を行ったが、前年1640年11月17日に断食説教と称する記念説教を行っている。この断食説教は火薬陰謀事件説教と内容的に密接な関係があるので、最初に断食説教について論じたい。
　断食説教の聖書の一節は「エレミア記」50章5節で、それはバビロンの没落とバビロン捕囚からのイスラエル人の帰国の預言である。なぜ主はバビロンの没落とイスラエル人の帰国を預言したのか。それはユダヤの民が「永遠に忘れることのない契約」を主と結んだからである。なぜイスラエル人がバビロンに捕囚されたのか。それはイスラエル人が主に対する敬虔な態度を忘れたからである。それではなぜイスラエル人はバビロンから帰国できたのか。それはイスラエル人が主への信仰心を改めたからである。バージェスが断食説教を行ったのは1640年11月17日であるが、それはピューリタンが徐々に勢力を獲得し、革命が本格化する2年前である。しかしピューリタンが勢力を得たとは言え、彼らはその目的を達成するにはまだ意志の統一が不十分だった。それで国家の罪を嘆き、神の恩寵を願う目的で断食説教を行うことになった。断食によって人々がへりくだり、神の許しを願う試みであった。ヒル (Christopher Hill) は言う。

46

National fasts and days of national humiliation were attempts to appease God. For month after month from November 1640 the two Houses duly listened to denunciations of idolatry, profanation of the Sabbath, contempt for ministers, sectarian preaching, etc.: and to prayers to God to continue his favour to England. But it soon became clear that outside Parliament the fasts were not taken seriously as might have been wished[1].

断食は我々の罪に怒りを発する神をなだめ、許してもらう一つの方法であった。ピューリタンの改革が実現するようには神の許しが必要だったのである。いわばピューリタンの革命の成功の後押しを神に求めたのである。バージェスが「エレミア記」を持ち出したのはイスラエル人が英国人にとって神の加護の前例となるからである。バージェスが説教に使った「エレミア記」50 章 5 節は「かれらは顔をシオンに向けて、その道を問い、「さあ、われわれは、永遠に忘れられることのない契約を結んで主に連なろう」と言う」である。ピューリタンが革命に勝利を納めるには「永遠に忘れられることのない契約」を主と結ぶ必要がある。バージェスの The First Sermon 全体は英国人が主と契約を結ぶ必要性を説き、その結果としてのピューリタンの勝利、英国の繁栄が約束されることを聴衆に訴える。国教会派説教家の火薬陰謀事件記念説教も聖書を十分利用していたがピューリタン説教家の聖書重視は国教会派説教家をはるかにしのぐ。ピューリタンはすべての行動の規範を聖書に求める。バージェスの断食説教における断食と主との契約についてもバージェスは旧約聖書の中にその前例を見いだす。バージェスは次のように言う。

Consider that it is the proper and chiefe businesse of a *Fast*, to enter into *Covenant* with God. You see it to be the practise of the Church in *Nehemia's* time. And where this has been omitted, the *Fast* hath been lost[2].

そして、断食の結果として彼らは繁栄を見ることになる。

...they [the people who returned from Babylon] were never in a thriving condition, till *Nehemiah*, by the good hand of God, lighted upon this course. Some *Fasts* they had kept before, yea very many; but they never thrived, till he added to their publique and solemne *Fasting*, the fastening of them to God by a *solemne Covenant*. Then, the worke of Reformation, and establishment, went on merrily, then they prospered[3].

断食を行い、神との契約を結ぶことによる繁栄は既に旧約聖書に見られることである。だからピューリタンも断食を決行し、そして神との契約に入るのである。それは「永遠に忘れられない契約」であり、永遠に神からの加護があることの証となる。ネヘミアはバビロン捕囚から帰国したのであるが、バージェスはバビロンからのイスラエル人の帰国を神による救出の原型の一つと考えている。なぜユダヤ人はバビロンから帰国できたか。それは単なる帰国ではなく神による救出である。バビロンはいつも「教会がこれまでに感じたなかでもっとも傲慢な、重大な、憎い、残忍な敵」で、バビロンの暴力は支持できず、傲慢

さは耐えられず、血の飢えは飽くことを知らないものであった[4]。なぜイスラエル人は救出
されたか。それは「エレミア記」でそれが預言されているからである。主はイスラエル人
に主を知り、帰国し、主の民となる心を与えたのであり、それは契約なしではありえない
ことである[5]。旧約聖書では他にもイスラエル人の救出が預言されているが、「エレミア記」
31章31節で主はイスラエル人を幽囚から帰国させると約束したあとで「見よ、わたしが イ
スラエルの家とユダヤの家とに新しい契約を立てる日が来る。この契約はわたしが彼らの
先祖をその手をとってエジプトの地から導き出した日に立てたようなものではない。わた
しは彼らの夫であったのだが、彼らはその私の契約を破ったと主は言われる。しかし、そ
れらの日の後にわたしがイスラエルの家に立てる契約はこれである。すなわちわたしは、
わたしの律法をかれらのうちに置き、その心にしるす。わたしは彼らの神となり、彼らは
わたしの民となると主はいわれる[6]。」と付け加えている。主は怒りのあまり民を敵に渡し
ても再び救ってくれるが、それは主の慈悲のためである。イスラエル人の捕囚はイスラエ
ル人の主への不信であるが、そのイスラエル人ですら主は再度救ってくれる。 バージェス
がバビロン捕囚を主の救出の原型と考えるのはその救出には主の無限の愛、慈悲が反映さ
れていると考えたからである。ピューリタン革命を推進する バージェスにとって思うよう
に革命が進行しないのは理解できない。バージェスからすればバビロンは革命前の英国と
なり、捕囚から帰国するイスラエル人はピューリタンとなる。旧約聖書ではイスラエル人
が神との契約を結んだ結果として、バビロンから帰国できたように、英国人も神との契約
を結べば、チャールズ一世を打倒し、新しい神の国の建設が可能である。 バージェスはピ
ューリタン革命がうまくいかないのはピューリタンが神をおろそかにしているからだと考
えた。ピューリタンはもっと真剣に神を考える必要があり、軽々しく神を考えるべきでは
ない。ピューリタンの革命が足踏み状態なのはピューリタン一人一人の神への熱意が失せ
ているからである。だから神との契約が何よりも重要で、この契約がなくてはピューリタ
ン革命は失敗に終わる。バビロンからの帰国はいわば「バビロンからの救出」である。バ
ージェスは断食説教で幾度となく「救出」を強調するが[7]、その「救出」はまた火薬陰謀事
件からの救出にもつながるものなのである。バビロンからの救出において神がイスラエル
人に期待したものは "the firme and solemne tying and engaging of themselves by a formall and
effectuall Covenant to him, and remembring and keeping of it better than formerly they had
done[8]." であった。それは神との契約とその契約を忘れないことである。神との契約を忘
れずにいるということは絶えず神に対して敬虔な態度をとることで、この謙虚な神への姿
勢なしでは神は恩寵や慈悲を垂れることはしない。チャールズ一世王政を打破し、新しい
神の国を作るには人間の力だけではどうにもできない。神の援助なくしては何事も達成で
きない。バビロンでイスラエル人は「神との厳粛な契約[9]」に入ったから救出されたのであ
る。それでは契約とは何か。バージェスによれば契約とは二人もしくはそれ以上の人との
間の同意または協定に他ならない。

A Covenant is nothing else but an agreement or bargaine between two or moe persons, and ratified
(ordinarily) by some externall solemnitie, or rites that may testifie and declare the agreement, and
ratifie it, whereby it becomes unalterable[10].

契約は儀式によって承認される必要があり、バージェスの場合は断食という儀式のなかで神へのへりくだりを示すことによってなされる。この神との契約は一回限りのものではない。いかなる救出を受ける際に神との契約を新たに行う必要がある。そして神はその契約を覚えており、救出を行うのである。それは神の無限の愛によるものであるが、それはまた神の "fidelity" "mercy" 変わらぬ愛でもある。いうなれば救出は "a thread drawne out of the bowells of his Covenant[11]" なのである。人が神との契約を守り、敬虔な姿勢を神に示す限りは何度も神は救出を行ってくれる。逆に神に対して傲慢な態度をとり、神をないがしろにする場合神はその人を見捨て、救出を行うことはしない。バビロンが滅びたのはまさしくバビロンの神への不遜の結果に他ならない。バビロン以外にも神への敬虔な姿勢を失ったがために滅びた人や国は多々ある。バージェスの言わんとすることはピューリタンがもっと神に対してへりくだりの態度を示さねばならないということなのである。この神へのへりくだりがあって初めてピューリタンの革命は勝利が確約される。バージェスは今一度ピューリタン引き締めを訴え、一人一人の意志の統一を図ったのである。そのためにピューリタン必要されるものは神への信仰と自らのへりくだりである。断食はこれら二つをピューリタンに自覚させる絶好の機会であったのである。

## 3－3 "Old Babylon" と "New Babylon"

バージェスにとってバビロンは象徴的な意味合いを持つ。バビロンは言うまでもなく新バビロニアのネブカドネザル二世が、イスラエルの南王国ユダを滅ぼしその住民を強制移住させた地である。バビロン捕囚は故国を追い出されたイスラエル人にとってはその後の苦難の歴史の始まりであったが、バビロン捕囚期の精神的労苦は逆にイスラエル民族の団結心を強化し、彼らの信仰を更に深める契機ともなった事件である。バージェスにとってバビロンはイスラエル人にとっての苦難の土地であり、神を冒涜し、物質的繁栄をひたすら追い求めた悪徳の土地である。イスラエル人にとってバビロンがいかに傲慢で、血に飢えた土地であったかを バージェスは次のように言う。

Because *Babylon* (after once the Church was put under her power) had always been the most insolent, heavy, bitter, bloudy enemy that ever the Church felt. The violence of *Babylon* was unsupportable, her insolence intolerarble, her bloud-thirstinesse insatiable[12].

バビロン捕囚はイエスの十字架上での苦しみと匹敵する苦難をイスラエル人に体験させた。バビロンはイスラエル人にとっては屈辱の隷属の場であったが、それが新約聖書・黙示録では "Babylon the Great, the Mother of harlots and abominations of the earth[13]" （大いなるバビロン、淫婦どもと地の憎むべきものらとの母）と徹底的に悪徳の象徴として描かれる。イスラエル人は「鉄のくびき」のもとにあり、「溶鉱炉」の中に投げ込まれた。なぜイスラエル人はそのような過酷な状況に追いやられたのか。それはイスラエル人が神を忘れたからである。イスラエル人は神との契約を破棄し、そのためにイスラエル人はバビロンの力に屈服せざるをえなかった。いうなればイスラエル人は神との結婚を解消した結果がバビロン捕囚をもたらしたのである。

49

It was for such a fault as dissolved the very marriage knot between God and his people: it was for *going a whoring from him*. For this it was, that God first *put away Israel*, giving her a Bill of Divorce, *Ier*.3. 8. And for this it was, that he afterwards cast *Iudah* also out of his sight, 2 *King*.17. 19, 20. And as it was in former times, so in later Ages of the world[14].

イスラエル人の神への忘恩が彼らをバビロンへと追いやることとなった。いわばバビロン捕囚はネブカドネザルによるイスラエル人の強制的なバビロンへの移住ではなくその元はと言えばイスラエル人の神への冒涜であった。上記の引用文の最後の一文はバージェスの考えを端的に示しものとして興味深い。「過去の時代にそうであったから、世界の後世の時代にもそうである。」これはバビロン捕囚を経験したイスラエル人と同じ事が英国に起こるであろうことを示唆している。エルサレム征服後にバビロンに偶像崇拝が蔓延し、人々は "whoredomes" と "filthinesse" に身をさらすことになった[15]。しかしバージェスからすればバビロンのエルサレム征服はチャールズ一世下の宗教状況と比べると「ノミにさされた」くらいである。

　　Most of you are well sene in the History of the Church, and can soone point with your finger to the times wherein *Babylon* began to besiege *Hierusalem*, and *Anichrist* began to pull of his vizzard, in the Churches of Christ: even then, when *Pictures* and *Images* began first to be set up in *Churches*, for *remembrance*; then, for *ornament*, then, for *instruction* too; and at last, for *adoration* and worship. Then, God suffered her to be over-run, and over-spred by *Babylon*, as by an hideous *opacum* or thick darknesse, and to be exposed and prostituted to all manner of whoredomes and filithinesse;: so as the slavery of the Jewish Church in old *Babylon*, was scarce a flea-biting, in comparison of the miseies of the Church Christian under the *New* [Babylon], which maks havock and merchandise not of the *bodies* only, but even *of the soules of men*, Revel.18. 13[16].

　バージェスは 1640 年代前の国教会がカトリック教化していた状況をバビロン征服下のエルサレムと見なし、チャールズ一世統治の英国を「新しいバビロン」と述べている。それはロード大主教の下での国教会の現状をも示す表現で、バージェスの説教時の英国は「新しいバビロン」なのである。英国国民は「新しいバビロン捕囚」の下にある。しかし「新しいバビロン捕囚」から英国人はかならず救出される運命にある。なぜなら「古いバビロン捕囚」からのイスラエル人救出が神の書で実証されているからである。「古いバビロン」ではイスラエル人は神との契約を忘れ、異教的な偶像崇拝の罪を犯し、神の怒りを買った。それが結局は彼らをバビロンでの苦境へと追いやった。しかし、バビロン捕囚はイスラエル人を試練の場へと送り出し、彼らの神への真なる姿勢を試す場ともなった。イスラエル人は神への冒涜のためにバビロン捕囚の苦渋を飲まされたが、バビロンはイスラエル人以上に神を冒涜した。なぜイスラエル人がバビロン捕囚から帰国できたかと言えばそれは神冒涜に対するバビロンの罰のためである。それにバビロン捕囚の苦難の体験からイスラエル人が再び真なる神を求めたからに他ならない。そしてイスラエル人は再び神と契約を結ばなければ、彼らは救われないと考えたからである。

Now then, when God pleaseth to deliver a people from such bondage, and to awaken them effectually to look up, and to respect even with astonishment upon those great and gastly sins of theirs, which had cut asunder the cords of the Covenant between God and their Soules, and provoked God to subject them to so much bondage; and that they must either renew Covenant, or to be obnoxious to more wrath, and be laid open to more and greater temptations and sins; this cannot but exceedingly work upon their souls, causing their hearts to melt, and their very bowels to yearne after the Lord, to enter into a new, *an everlasting Covenant that shall never be forgotten*[17].

バビロン捕囚はイスラエル人の神への背反の結果であり、捕囚に追いやられたイスラエル人が再度神との和解を試みた捕囚でもあった。バビロンから帰国したイスラエル人は自らの罪を悔い改め、神との契約を結ぶことを忘れなかった。イスラエル人が栄えたのは彼らが「決して忘れられない永遠の契約」を神と結んだからである。バージェスがバビロン捕囚を重視するのは捕囚の原因がイスラエル人の神からの離反であり彼らのバビロン捕囚の苦境からの脱出は神との和解以外に救済はないことをイスラエル人が再認識したことにある。バビロン捕囚は言うなればイスラエル人が生まれ変わる契機ともなったのである。苦難の道を歩まざるをえなかったイスラエル人がその苦難の故に真の神を求めるきっかけをこの捕囚から学びとったである。その意味ではバビロン捕囚は無意味な捕囚ではなかった。イスラエル人再起の、イスラエル人目覚めの捕囚であり、イスラエル人復興のかけがえのないチャンスの到来でもあったのである。

　バージェスにとってバビロン捕囚は単に歴史的な過去の事件であっただけではない。バージェスにはバビロン捕囚は神の英国「救出」の先駆けともなるべく救出であった。この説教が行われた 1640 年はピューリタンにとっては彼らの改革が順調に進まない困難な時期であった。その理由の一つはチャールズ一世と側近ロード大主教のピューリタンとの対決姿勢であった。チャールズ一世とロード大主教はピューリタンが主張する国教会におけるカトリック教的な儀式、偶像崇拝撤廃に対して逆流する姿勢を示していた。そのような状況をバージェスは「新しいバビロン捕囚」と呼んだ。ピューリタン革命の遅れの二番目の理由はピューリタンの信心の薄弱化にあるとバージェスは考えた。ちょうどイスラエル人がバビロン捕囚に陥った理由が彼らの神への背信行為であったように、ピューリタン改革が予期したとおりに進まない「新しいバビロン捕囚」に陥ったのはピューリタンの神を求める気持ちに油断があるからだとバージェスは考えた。だからバージェスは断食をピューリタンに求め、神へのへりくだりの姿勢を見せ、自らの罪を悔い、新たに神との契約を結ぶ必要性を説いたのである。彼にとって神との契約なしでは何事もなしえない。逆に神との契約を結べばすべてが順調にいく。それは民族を、国家を繁栄へと導く。なぜバージェスはかかる神との契約を強調するのか。それはすべて聖書に書かれているからである。つまりピューリタンが歩むべき行動の指針が聖書に既に見られるのである。だからバージェスは幾度となく繰り返し聖書を持ち出し続け、ピューリタンは聖書に従って生きなければ彼らに将来はないことを言い続けるのである。1640 年 11 月 17 日の *The First Sermon* は以上のようなバージェスの主張をピューリタンらしく述べている説教で、神との契約がピューリタンの、英国の将来を保証してくれるのである。

バージェスにとってバビロンは単なるバビロンではない。バージェスは救出を「個人的な救出」と「全国家とともに神が我々に与えた公的な際だった光栄ある救出」を挙げる。後者の救出は 1588 年のスペイン無敵艦隊による英国襲来と 1605 年の火薬陰謀事件事件に代表されるが、バージェスは更に「特に何年か前に我々の間で始まった神の恵みを受けた宗教改革によるバビロンからの我々の幸せな救出[18]」と述べている。バージェスの最後の言葉から我々は バージェスがバビロンを 1640 年以前の英国として捉えていることが理解できる。旧約聖書ではバビロンは悪徳の巣であったがバージェスはチャールズ一世の英国はそのバビロンに匹敵する悪徳の国であると考えている。ピューリタンはその悪徳の国家からの救出に奮闘し、新しい英国建設を図っているのである。ところがピューリタンによる宗教改革は遅々として進まない。それはなぜか。人々の神への信仰心が薄らいできているからである。たとえば火薬陰謀事件である。英国は過去の歴史に類を見ない残虐事件から救出されたが、その後人々の事件への関心は弱まり、断食やへりくだりによって真摯に神を求める姿勢は見られない。バージェスが主張する神との契約が無視されつつあるのが英国の現状である。かくして人々はまた罪へと陥っていく。

This is the end of all who make not the *Goodnesse* of God, a prevailing motive thus *to joyne themselves to the Lord*; they fall into moe, and greater sinne, and abominations; and so adde daily to that great heape, and to those Sea's of divine wrath that hang over their heads, to overwhelme and confound them foe ever[19].

ピューリタンの改革が前進しないのは英国人がまさにバビロンと同じ状態にあるからである。バージェスはなぜ神はバビロンからの完全な救出を我々に与えないのかと次のように述べるが、そこでもバビロンは英国の現状を意味している。

Why God hath not yet given us so full a deliverance from *Babylon*; why there have been so many ebbings and flowings in matters of Religion, yea, more ebbings and flowings[20];

ここでバージェスはピューリタン改革の停滞を嘆くが、それはまさしくイスラエル人がバビロンにいたときと同じ状況である。なぜ改革は進まないのか。人々の不満は最高潮に達し、現状の悪の治療法が現れるとすぐそれは消滅する。神が王に国会召集へと心を動かしているのに次から次へと分裂が様々な方面から生じてくる。だからキリストの王国と布告をより純粋な形で樹立する代わりに教義や崇拝において相反する混合やら腐敗が出現しているのが現状である。"*Arminianisme, Socinianisme* and *Popish Idolatry*[21]" が洪水のごとく英国に侵入している。英国にこのような混乱を引き起こしたのは何が原因か。まさに英国は真の宗教を忘れたバビロンの名にふさわしい。このバビロンを打破し、英国人を真の故国へと連れ戻さねばならない。真の故国への帰国によってピューリタンの改革は勝利を得る。バージェスはこのように考えた。バージェスはチャールズ一世下の英国をバビロンにたとえた。彼以前の英国国教会の説教家が盛んに利用した「適応」の手法である。聖書の記述を現在の英国に適応することによって、英国の行動行の前例、見本を聖書に見い出し、それによって自らの行動の正当化を目指したのである。バージェスにとってバビロンは彼ら

が打破すべきチャールズ一世の英国国家である。ところがピューリタンによる国家改革はいっこうに日の目を見ない。バビロンからの救出は完全に終わってはいない。バージェスは改革の遅延を英国人の神への祈りと断食が不十分であったからだと結論づける。

What is a chiefe cause of all this? Have we not *prayed*? have we not *fasted*? Have we not had more *Fasts* at *Parliaments* of late, than in many yeares before? Yea, hath not there been, generally among Gods people, more frequent humiliations, more frequent seeking of God, notwithstanding the malice and rage of some men to discountenance and suppresse it, than in former times? Why then is Deliverance, and Reformation so slow in comming[22]?

　バージェスにとってバビロンは単にチャールズ一世下の英国だけでなく、チャールズ一世下のピューリタンの現状をも意味する言葉となる。ピューリタンにとってチャールズ一世は悪王であり、悪王は打倒の対象である。それはバビロンにおけるイスラエル人の窮状であった。イスラエル人はバビロンにおいてネブカトネザル王打倒は行わなかったが、新バビロニアを征服したペルシア王キロス二世によって帰国を許されることとなったが、イスラエル人の神への従順な姿勢が故国帰国をもたらした要因であった。それと同様チャールズ一世下の英国人も神への姿勢を断食と祈りによって示さねばならない。ピューリタンの改革が遅々として進まないのは彼らの緩慢な信仰心に原因があった。ピューリタンが断食と祈りを行いながらも彼らは神との契約に入らなかったことがピューリタンの窮状をもたらした。ピューリタンは「宗教的断食の最も重要な部分」をおろそかにしていた。

You come, *Fast* after *Fast*, to seek God in his House: You forbeare your victuals, afflict your soules, endure it out a long time; you pray, heare, confesse your sins, and freely acknowledge that all is just that God hath brought upon us, and that we suffer lesse than we deserve. All this is well. But here is the error, and the true Cause of the continuance of all our evils, and of their growing greater, namely, that all this while we have never, in any *Fast*, or at any other time, entred into such a solemne and publique *Covenant* with God, as his people of old have often done upon like occasion and exigents[23].

「宗教的断食の最も重要な部分」とは上記の引用からも明らかなように「神との厳粛な公の契約」である。バージェスはピューリタンが置かれた状況を"Mystical Babylon[24]"と呼ぶが、バビロン捕囚後イスラエル人は帰国し、主のために神殿の建設にとりかかった。しかし、ペルシアの反対もあり、その建設は進まず、それと共に「残虐、抑圧、不貞、異国女性との結婚及び他の大きな醜悪[25]」が残った。しかし、ネヘミアの登場と共に本格的な宗教改革が始まり、断食と共に神との契約も結び、神殿建設も順調に進み、教会も多くの醜悪を取り除かれることとなった。ネヘミアが国をうまく治めることに成功したのは神との契約のためであった。このようにバージェスは国家の繁栄の基を神との契約が絶対に必要であると考える。ところが英国はどうかとバージェスは疑問を投ずる。英国国内における「バビロン」救出の始まりをバージェスはヘンリー八世のローマ・カトリック教会からの離脱とする。メアリー女王下でのカトリック教復活はあったが神が女王を解職し、人々を

53

救出してくれた。そしてエリザベス女王の下での宗教改革が本格化し、ローマ・カトリック教会の儀式、迷信、偶像崇拝を根絶することになった。ところがバージェスが最も危惧するのはその後のジェームズ一世を経たチャールズ一世下の英国が再びバビロンに逆戻りしつつあることである。丁度ヨシアの時代にヨシアの心は神に向いていたにもかかわらず多くの腐敗した聖職者、人々が現れ、彼らは信仰を主張したが実は偶像に明け暮れたように、バージェスの時代の英国人も同様な道を歩み、バビロン復活を試みている。

...we begin to fall quite back again; and, not only to coast anew upon the brinks of *Babylon*, from whence we were happily delivered, but even to launch out into her deepest Lakes of superstition and Idolatry, under pretense of some extraordinary *pietie of the times,* and of some *good work in hand*[26].

バージェスは、英国人が「バビロンの縁を新たに航行し始めるだけでなく迷信と偶像崇拝の最も深い湖へ乗り出そうとしている」ことを嘆いているが、これはチャールズ一世と側近のロード、カンタベリー大主教の宗教政策への不満である。彼らの暴走を許しているのは英国人が神との契約に入らなかったためである。結果として英国人は神との真の関係を維持できないでいる。

...[we] have sate loose from God, and so have not joyned together as one man, zealously to propugne his trueth and Ordinances, and to stand by him and his Cause, as becomes the people of God, in all just and warrantable wayes, against all opposers and gainsayers[27].

神の真実、布告を守るべく神との一体化を目指すべきなのに逆に神から離反しているのが実状である。それは「神の民」にはふさわしくない。英国人は神の選民である。だから神の選民にふさわしく神と契約を結ぶべきであるというのがバージェスの主張である。神との契約なしではいたずらに「誤った事柄を矯正することへの無駄な希望[28]」を抱いているだけである。バビロンから帰国したイスラエル人は全国民に神との契約入るように訴えたが、それと同じようにピューリタンもチャールズ一世下の「バビロン」からの脱却を願うならば今こそ神との契約に入るべきだとバージェスは庶民院議員に説くのである。英国人はイスラエル人と同じ道を歩んでいると考えるバージェスにとって旧約聖書のイスラエル人の行動の軌跡はそのまま英国人にもあてはまる。モーゼのエジプト脱出後の荒野での神との契約、ヨシュアのカナンでの契約はいずれも難局を切り抜けた後の神との契約である。英国もこれまで多くの難局に遭遇した。その代表的なものがスペインの無敵艦隊襲来と火薬陰謀事件で、その他にも多くの悪や恐怖があり、すべてが神との契約を人々に求めていた。同様に今ピューリタンが直面している宗教改革に際しての多くの困難な状況のなかで何が彼らに求められているかと言えばそれは神との和解、神との契約以外にはない。神との契約によってピューリタンは神の「力」「英知」「配慮」を獲得し、神を味方にすることができる。だから「神自らに十分な力、英知、配慮があるとすれば、あなた方が失敗することはありえない。あなた方に対して向けられるどんな武器も成功はせず、どんな陰謀も地獄の門もあなた方に打ち勝つことはない[29]。」ピューリタンが成功しないのは神との

契約がないからである。バージェスの *The First Sermon* はピューリタン革命が行き詰まりを見せている中での説教であった。ピューリタンは英国社会を建て直し、新しい国家建設に燃えていた。しかし、その熱意は空を切っている。それはなぜかと幾度となくバージェスは疑問を投げかける。彼が到達した結論はピューリタンの神への姿勢である。改革が道半ばであるのはピューリタンの信仰心の薄さである。これをバージェスは指摘する。ではその薄い信仰心を強化するにはどうしたらよいのか。それには旧約聖書を見本とするのが最善である。とにかく英国人は神の民である。神から特別に選ばれた民である。その同じ神の選民であるイスラエル人に解決の糸口を見いだそうというのがバージェスの説教の狙いである。バージェスがピューリタンの原型を旧約聖書のイスラエル人に求めていたことは確かである。彼らの行動の指針は旧約聖書のイスラエル人である。そのなかでもバージェスが最も取り上げたかったのはバビロンからのイスラエル人の帰国であった。なぜイスラエル人はバビロンに捕囚されたのか。なぜイスラエル人が再びエレサレムへ帰国できたのか。このイスラエル人のバビロン捕囚とバビロンからの帰国からバージェスは 1640 年の英国を見ようとした。イスラエル人がバビロン捕囚という苦難・労苦へ追いやられたのはイスラエル人の神への不従順が原因であるとバージェスは考えた。そのイスラエル人が再び帰国できたのは彼らが神に対して祈りと断食によって従順な態度を取り戻もどしたからに他ならない。イスラエル人のバビロン捕囚と帰国をバージェスは 1640 年にピューリタンが直面していた難局打開のために利用した。バージェスが説教を行った 1640 年 11 月 17 日は長期議会が 11 月 3 日に開催されているので長期議会開催 14 日後である。チャールズ一世による議会無視の「専制の 11 年」の後、議会は王に対する不信感を強め、まずは教会改革の必要性を訴えた。その手始めがチャールズ一世側近のストラフォード伯と宗教界の大物ロード、カンタベリー大主教の逮捕である。彼らは結局処刑されるが、1640 年 11 月前後の英国はまだ混乱の時期にあった。ピューリタンが主導する改革がうまくいかないこともあって、彼らには焦りと不満があった。そこで議会は「断食説教」を行い、もう一度神への敬虔な姿勢を表し、神の加護の下で改革を成功に導こうと試みた。その最初の説教がバージェスの説教であった。説教において神の言葉が読まれ、聞かれて、人々が悔い改め、神へ戻れば、人々の罪は許されるだろうと議会は考えた[30]。それで議会は断食説教を行い、神へ従順な態度を表し、神からの援助を基に改革を成功へと導くことを計画したのである。バージェスはピューリタンの苦境をバビロン捕囚のイスラエル人にたとえた。バビロン捕囚のイスラエル人と 1640 年の英国人は同じ境遇にあるというのがバージェスの説教の背後にあった。英国人が現在の苦境から逃れる術は旧約聖書に記されている。バビロン捕囚から無事故国へ帰国できたイスラエル人と同じように、ピューリタンも今の苦境から逃れることができる。それは神への真摯な態度を今一度取り戻し、そして神と契約を結ぶことによってである。バージェスは説教で何度も神との契約を強く述べるが、この神との契約があってイスラエル人はバビロンから帰国でき、故国再建を成し遂げた。同じようにピューリタンも神との契約によって直面する難局を乗り越え、国家を繁栄へと導くことができる。バージェスの説教はいわば神との契約によってピューリタンが現在の難局を打破することができるのかを説いた説教であると言える。ピューリタン説教家によるピューリタンのための説教が バージェスの説教であった。この説教はピューリタンの特徴を伝えるに十分な説教でもある。その一点目は「神の選民」としての英国人が強く訴えられていること、二

点目は一点目と関連してくる旧約聖書重視の態度である。これは数字にも表れている。1640年11月から1645年10月までの説教のうち123編は旧約聖書からで26編が新約聖書からそれぞれ説教の題材を選んでいる[31]。新約聖書も「黙示録」がほとんどで終末論的なテーマが説教の主題で、これも大淫婦バビロン、ローマ・カトリック教会の終焉を預言する書である。これらの事実はピューリタンがいかに旧約聖書のイスラエル人と同一視しているか、いかに彼らが古代イスラエル人にたとえて国の再建に奔走しているかを如実に示している。英国国家の再建はピューリタンによるチャールズ一世打倒によって初めて行われることになるが、それが実現するのはこの説教の9年後であるが、バージェスの断食説教後王党派との激しい戦いがピューリタンを待ち受けることになる。

### 3－4　バージェスの火薬陰謀事件説教

　バージェスは断食説教を行った約1年後の1641年11月5日、庶民院で火薬陰謀事件記念説教を行った。それまでは国教会派説教家による火薬陰謀事件説教が多く、ピューリタンによる記念説教はバージェスの説教が最初である。断食説教でバージェスは旧約聖書を全面的に利用し、ピューリタンの改革を援護したが、火薬陰謀事件記念説教でもバージェスは旧約聖書を盾に火薬陰謀事件を非難する。
　バージェスが説教に選んだ聖書の一節は以下の「詩編」76章10節である。

　　Surely the rage of man shall praise thee, the rest of this rage shalt thou restrained.

この一節は人間の怒りが神に対して全く意味のないことを述べた一節である。この「人間の怒り」が火薬陰謀事件で示されたカトリック教徒の残虐性であることは明白である。バージェスの説教は一言で言えばこの「人間の怒り」といかに神が「人間の怒り」を静めてきたかについての説教である。バージェスが「詩編」76章10節から得た'observation'は以下の3点である。

1. The rage of the wicked against God and his people is bottomlesse and endlesse.
2. Let the rage of the Wicked men be what it will, it shall only raise that Glory to God, and benefit to his people, which the Wicked never intended, and ever shall fall short of that issue, which they chiefly projected.
3. The experience of Gods over-ruling, and mastering the rage of man in times past, is an undoubted assurance of the like, for all times to come[32].

1と2の"observation"は、神への人間の怒りには限界がないこと、人間の怒りに好きなようにさせても結局は神の栄光を高め、失敗に終わり、人々への利益を起こすだけであることを述べているが、3番目の"observation"は極めて重要なピューリタン説教家バージェスの根幹に関わる問題を提示している。なぜならそれは過去に神が人間の怒りを抑えたことは将来においても必ず同様なことが生じる、と言っているからである。そのための論証としてバージェスがあげるのが聖書である。聖書特に旧約聖書に神への人間の怒り、反乱の

事例を見つけ、それらがすべて神により失敗に終わることからバージェスは同様なことが今後も生じうると確信しているのである。これはピューリタン説教家の特徴をよく表している。ピューリタンと言えば特に聖書を重視した人たちであるがバージェスは聖書から問題の解決を図ろうとする。すべては聖書によって解決できるという強い確信をバージェスは抱いている。だからバージェスは 2 で過去における英国におけるカトリック教徒による反逆を列挙し、それがすべて無に帰したことを述べる。その最も顕著な例は 1588 年のスペイン無敵艦隊の英国襲撃と 1605 年 11 月 5 日の火薬陰謀事件である。両事件ともすべて失敗に終わったのは聖書の人間の怒りとその失敗の記述から十分に予想されたことであった。バージェスは次のように言う。

That wicked men shall be so farre from attaining those ends, which in their rage they drive at, that they shall be sure to meet with a stop, where they made themselves most sure of going on, and be occasion of promoting the good of Gods party, which they meant to destroy[33].

悪人は怒りにまかせて目指す目的を達成することはできず、彼らは必ず阻止される。彼らは目的を達成できないばかりか逆に彼らの破壊の対象である神の一味の幸福を促進する機会を提供するこになる。聖書が悪人の成功を記したことはない。彼らはすべてが滅びる運命にあることはカインとアベル、エサウとヤコブ、エジプト人とイスラエル、サウルとダビデ、アブサロムとダビデ、バビロンとダニエル、ピラトとキリストの対立からも明白である[34]。カイン、エサウ、エジプト人、サウル、アブサロム、バビロン、ピラトはすべて敗者となり、彼らの悪が繁栄したことはない。それでは火薬陰謀事件はどうか。事件の凶悪さを指摘するバージェスは従来の説教と変わらない。従来の国教会派説教家による火薬陰謀事件説教は(1)火薬陰謀事件と類似した事件を聖書から選ぶ(2)事件の凶悪さ(3)ジェームズ一世の事件からの奇跡的な救出(4)聖書の一節を事件に適応する(5)事件を未然に防いだジェームズ一世称賛(6)ジェームズ一世救出に対する神への感謝、から成っている。バージェスの説教はこの手順によっているがすべてがこの手順通りではない。(1)については問題はない。(2)についても事件の凶悪さを指摘するバージェスは従来の説教家と変わりはない。事件は "the most barbarous, execrable, hellish Treason that ever came within the hopes of the most savage and unnatural Assasinates[35]" で、古代ローマのカリグラですら計画しなかったと事件である。バージェスは事件の計画者のジェズイットの不正を指摘するが、「ルカ伝」のサマリア人焼却をイエスに提案する弟子たちを引用し、イエスを侮辱したサマリア人に対してすらイエスは復讐をしなかったと言う。サマリア人事件も火薬陰謀事件と同様宗教の違いが原因だった。イエスの弟子の言うように宗教が異なるからサマリア人を焼却できるのかが問題であったが、イエスはそれに強硬に反対した[36]。イエスは破壊の人ではなく救いの人であるとういうのがイエスの反対の理由だった。事件は実行されたら実行犯の一人のガーネット自身も事件を嫌ったであろう程の死者をもたらす事件であった。事件は "a cruell and outragious Villany[37]" で "Nothing but rage and wrath, Conspiracie and crueltie, Teason and Rebellion[38]" である。バージェスの説教で最も注目すべき点は事件を引き起こしたカトリック教徒への激しい非難である。カトリック教徒による反逆の一覧とカトリック教徒による陰謀の歴史を詳細に記載するほど バージェスはカトリック教徒の反逆性を警戒して

いる。バージェスは強い口調でカトリック教徒を信用したり、寛容な態度を示したりしないように訴える。

I urge this the rather at this time, not only because the very *Deliverance*, which wee this day celebrate, rings loud in your eares, neither to trust nor tolerate them any longer, and strongly moves for a *Ne admittas*, against them; but because also, even during this very Parliament, you find the old spirit of *rage and trechery*, walking too openly, and boldly among them, and too often pressing too neere upon you[39].

国会会期中でもカトリック教徒の「怒りと裏切り」が巷を闊歩しているとカトリック教徒への警戒心をバージェスは表している。更には寛容を訴えるカトリック教徒にはより警戒すべきである。バージェスはカトリック教徒について記憶すべき4点を列挙する。

1. They have never been quiet, but continually contriving of Treasons, ever since the Reformation of Religion.
2. this practice is not from the Lawes made against them, but their very Religion it selfe leades them unto it.
3. their Priests are bound to infuse these principles of their Religion into them, and to presse the use of them upon all occasions.
4. to induce their Disciples to swallow those Principles, and accordingly to act them when occasion serveth, they propound great rewards and glory to such as shall attempt them, and defend and maginifie those who have formerly miscarried in them[40].

ここにはカトリック教徒が絶えず反逆をたくらんでいること、彼らの宗教そのもが反逆の宗教であること、カトリック聖職者が信者へ反逆を教えていること、反逆を実行した者への報酬と栄光、失敗した者への擁護、称賛の実体が挙げられている。これらは具体的には教皇教書、異端破門、教皇によるカトリック教解放、教皇への絶対服従を意味しているのであるが、英国とローマ・カトリック教会との過去の関係をみてみると、確かに教皇は破門を行い、カトリック教徒は宗教にかこつけて反逆を行ってきた。彼らは報酬や栄光をえさにして反逆を試みさせ、人々の良心や感情を腐敗させた。だからカトリック教徒に寛容であってはならず、彼らを信用してはいけない。カトリック教徒への不信を激しい口調で述べる バージェスは国教会派の説教家と変わりはない。火薬陰謀事件から得た教訓は(1)敵への警戒(2)悪人の悪は終わる。神が悪人と悪人の腕を折ることを神に祈る。(3)神との平和。神とつつましく歩むことである[41]。ピューリタン、バージェスのピューリタン的な特徴は何かと問われれば、それは聖書への全面的な依存であると言わねばならない。前年の断食説教でも顕著に表れていた聖書からの問題解決がこの説教にもはっきりと見られるのである。バージェスの火薬陰謀事件記念説教は、最初に事件の凶悪さの指摘、次に事件実行犯カトリック教徒及カトリック教会への不信へと続き、事件失敗を聖書から例証し、最後に事件予防のために聖書に即した生き方を励行することで終わる。すべてを聖書によって解決しようとする バージェス の姿勢は断食説教と同じで、他のピューリタンの説教

家と同じである。説教の手順のうち(3)のジェームズ一世の事件からの奇跡的な救出について は神の慈悲強調に言及されるが(5)の事件を未然に防いだジェームズ一世賛と(6)のジェームズ一世救出に対する神への感謝については記述がない。これはピューリタンが反王制の立場をとっており、王賛美はできなかった。仮にジェームズ一世を賛美する立場を取れば、現国王のチャールズ一世に対してはどうなるか。ピューリタンはそもそもチャールズ一世体制打破を改革の最大目標に掲げていた。(5)と(6)についてバージェスが言及しないのはピューリタンとしては当然すぎることであった。説教においてバージェスが強調したかったのはカトリック教会・カトリック教徒の反逆性である。バージェスがその反逆性を特に激しく攻撃するのは説教直前の 10 月にアイルランドおけるカトリック教徒農民による反乱と関連している。この反乱でプロテスタントは数千名殺害され、しかも反乱にはローマ・カトリック教会が関わっていたと思われていた。火薬陰謀事件の実行犯とアイルランドの反乱農民は同じカトリック教であるゆえに バージェスは彼らの反逆性を激しく非難するのである。 バージェスの説教は従来の説教家の説教とほぼ同じ手順で進められるが、一つだけ異なる点がある。それは上記 3 番目の "observation" である。これは断食説教にも通ずる聖書の記述からの将来の予測である。これはバージェスがいかに聖書に全幅的な信頼を寄せているかの表れであり、それはまた聖書抜きにしてはピューリタンを考えることはできないことを明白に示している。

### 3－5　火薬陰謀事件と旧約聖書

　火薬陰謀事件の最大の奇跡は事件が未然に終わったことであり、英国人はそこに神の介在を認め、説教家はこぞって神が英国を救ってくれたと神の慈悲を称えた。バージェスは、イスラエルが神への反抗故に敗北を喫した例を挙げ、すべてに秩序をもたらす神がいるから敵の怒りによって失敗することはないことを強調する。

We can never miscarry by all the rage of all the enemies in the world, so long as we betray not our selves into their hands. For, there is a God that sets and orders all, as we shall see....[42]

バージェスは神の力が人間の怒りを止めさせ、それを破る例として「出エジプト記」のファラオを取り上げる[43]。彼はエジプトを脱出するイスラエル人を捕らえる直前に神が介入し、ファラオはその計画を実現することはできなかった。旧約聖書を見ても人間の怒りがその目的を達したことはない。神の力はその助言を実行することにある。いかに悪人が激しく怒ろうとも彼らは死へと走るだけである。悪人が怒っても神は彼らをあざけり笑うだけである。また悪人が使う武器をすべて神は破壊する。これらは単に旧約聖書で起こっただけではない。これらの神の悪への介在は火薬陰謀事件でも実行されている。

How strongly was their plot laid! how secretly, carried! How neer, the execution! how probable, the successe! ...How boldly did they vaunt, that they had gotten *God* himself into Conspiracie! ...Yet even then, we see how admirably *God turned* all this *rage to his praise*, by *preserving of those that were appointed to die*, and by giving them up as a prey to death who had destinated so great a sacrifice to *Death* of so many at once. Insomuch as the greatnesse of the danger did not more smite the world with a just amezement, than the extraordinarinesse of the deliverance took all men with high admiration [44].

火薬陰謀事件の発覚はすべて神の摂理による。

Thus, *He that sitteth in the Heavens, laughs them*, their *rage*, and *Counsels,* to scorne; compelling them, at length, to acknowledge the *finger of God* in their *Discovery*, and his *arme* in their most deserved *Destruction*. O wonderfull *Providence*! O admirable *Jusitice* upon them, and *Goodnesse* to his People! [45]

事件直前の発覚はまた神の慈悲による救出でもあった。

...the God of our Mercies hath prevented them, broken the snare, given us an escape, and hurl'd them out of the *Land of the Living*, as *out of the midst of a Sling*. Therefore rejoyce in the Lord, and againe I say rejoyce [46]:

ところが最近は神への感謝が薄れている。至る所で人々の感謝が薄れ、冷ややかな態度が見られると バージェスは不満を漏らす。記念日をおろそかにする人もいるし、聖職者の中には救出をあざける者もいる。さらには火薬陰謀事件日を "Saint Gunpowder Day" と呼ぶ者さえいる。立派な人でも記念日を守ることに無頓着な人もいる。このような事態は決して許されるべきことではない。なぜならば火薬陰謀事件救出は神の偉大な御業で神だけしか行えなかったものであるから、その神に対して感謝の意を表すのは当然のことである。断食説教で バージェスは神との契約を盛んに説いたが、それも神の加護がなくては何事も成すことはできないからであった。それと同じように、神の慈悲への感謝なくしては再び同様な事件を体験することもありうる。だから神への感謝を表明し、神の加護を絶えず味方にしなければならない。火薬陰謀事件阻止は「神の御業 [47]」であったのである。事件を未然に防いだ神は慈悲を受けるに値しない人々を救出してくれたという意味でも感謝すべきである。悪を行う者の子孫であるにもかかわらず神は手を広く広げてくれた。そしていかなる国家も英国ほど神の「愛する親切と慈悲」で報われたことはなかった。神の英国への慈悲は英国人が「神の選民」である証拠である。神の救出は全く予期せぬ慈悲の結果であり、神の慈悲は今なお続いている。ところが神の手になる救出に対する神への称賛は十分ではない。神への称賛が十分でない現状をダビデを例に挙げて次のように言う。ダビデがアブサロムの反乱から解放された後ユダの長老たちがダビデをその館に連れ戻す最後の者となったことはユダの長老たちにとっては「邪悪な汚点」であった。長老たちにアブサロム支持者が多かったためでもあったが、それでも長老たちはダビデをもっと早く館に連れ戻すべきであった。それを行わない長老たちはダビデに対して非礼を示した。しかし神への感謝をないがしろにしている英国人にとってその汚れと罪はもっと大きい。

But much greater would the staine and the sinne be in You *the Elders* of our *Israel*, unto whom the

Lord himselfe（upon the same grounds that he hath elsewhere said, *Yee are Gods*（Psal.82.6））now saith, *Yee are my brethren, yee are my bones and my flesh,* should have cause to adde, *Wherefore then are yee the Last to bring the King back*[48]?

「わがイスラエルの長老」とは庶民院議員たちであるが、彼らもイスラエルの長老と同じく神を称える最後の者となっている。バージェスは、神への感謝を怠ったがために神からの怒りを受けたヘゼキアやユダを例に挙げ、英国も火薬陰謀事件からの奇跡的な救出に対して神への感謝を怠ると神の怒りが降りかかると警告する。バージェスの独自の説教方法は火薬陰謀事件と類似した事件を旧約聖書から選び、そこから将来を予測するものである。ピューリタンにとって聖書は絶対的な神の書である。その神の書の中に火薬陰謀事件と似た事件を見いだし、そこから将来の行動の指針を読み取るのである。バージェスは次のように言う。

*The Experience of Gods over-ruling and mastering the rage of man in times past, is an undoubted assurance of the like for all to come*[49].

過去における人間の怒りへの神の反対とその怒りへの勝利の体験は来たるべくすべての人にとって同様なことが生ずる疑いえない保証であるとバージェスは言うが、この言葉こそがバージェスの説教の根幹を形成している。神の過去の行動から将来を結論するのは普通である鳥羽は言うが、旧約聖書からバージェスが過去の体験として取り上げるのはダビデである。バージェスにとってダビデはことのほかお気に入りの人物で、英国人にとってダビデは格好の見本となる。

David, even in his youth, could be confident of this, *The Lord that delivered me out of the paw of the Lyon, and out of the paw of the Beare, he will deliver me out of the hand of the Philistine.*（1 Sam. 17.37[50]）

ダビデは若いときの経験から将来の神の救出を確信する。だからアブサロムの反乱のときでもダビデは神の救出を確信し、"I will not be afraid of ten thousand of people that have set themselves against mee round about"（Psal.3.6.）と言うほどである。ダビデはさらに "Though I walk through the vally of the shadow of death, I will feare no evill（Psal.23.4）" と述べ、"Surely goodnesse and mercy shall follow mee all the dayes of my life."（Psal.23.6）と将来への自信と確信を語る[51]。ダビデにとって過去の苦境からの救出はその後の彼に自信を与える。すべての慈悲はより多くの慈悲の保証となる。バージェスがダビデから得た教訓は、我々に与えられた救出のみならず世界の始めから他の人たちに与えられた救出は苦境と困難にあるすべての神の民に同様の結果を保証する疑いえない論拠となることである[52]。バージェスは神の救出の例をダビデだけに求めるのではない。聖パウロやモーゼやイサクにも同様な神の救出を認めている。ヨシュアへ対しても神はいつも彼と共にいると言った。それでヨシュアは "The Lord is my helper. I will not fear what man shall do unto me."（Heb.13.5.6）と言うことになる。ヨシュアと同じ苦境にあるすべての神の民にヨシュアと同じことがなされる。

61

バージェスはなぜかくも自信に満ちているのか。それは神の本性にある。神は「変わることがない[53]」からである。神の慈悲は消滅することはなく、火薬陰謀事件からの救出は更に多くの神の祝福の前兆である。

That great Deliverance [from the Gunpowder Plot] we now celebrate, was not as a dead bush to stop a present Gap onely, nor a merry expiring wth that houre and occasion; but, intended for a living, lasting, breeding Mercie that hath been very fertile ever since. It was an in-let to further favours, and an earnest of many moe blessings [54]:

神は多くのすばらしい、計り知れない程貴重な慈悲を示してきている。火薬陰謀事件からの神の救出は何を語っているか。それは今後も神は英国人を救ってくれるということである。

...this [the deliverance from the Gunpowder Plot] will be enough to asure you of like protection and preservation for ever. For every one of Gods servants are entitled to all the mercies and glorious works that ever the Lord wrougfht for any of the people from the beginning of the world. [55]

火薬陰謀事件からの救出は永遠に続く神の保護を確約するものである。しかし、火薬陰謀事件は見事に敗北したのに英国人は神への感謝を忘れている。我々に必要なのは同じ慈悲を受けることが出来るよう努力することである。神を信じ、神と共に歩み、神のために立たねばならない。神への十分な感謝を表さなかった例としてバビロン捕囚から帰囚したイスラエル人が挙げられる。彼らはエルサレムに神殿を築くことを遅らせ、神への十分な感謝の気持ちを表さなかった。それで神は絶えず彼らを傷つけ、すべての祝福を呪うことになった。ところがイスラエル人が神殿の建設を始めるや、今度は神の祝福が注がれた。

They set upon the *building* of the Lords House. And the next news was; *Then spake Haggai the Lords Messnger the Lords message unto the people; I am with you, saith the Lord,* That is, now they should find him *with them* to purpose, in carrying up the *building*,... [56]

神は突然態度を変え、神との契約によってすべてイスラエル人を一体化させ、新しい事態が生じた。神は約束通りで神殿を楽しむだけではなく神殿を建設した人々をも楽しみ、しかも今後神はイスラエル人を祝福するとまで言った[57]。バビロン捕囚後のイスラエル人が神殿建設後に神の祝福を受けたように、英国人も火薬陰謀事件からの脱出に対して神へ感謝を示さなければならない。英国人は一つとなって神を祝福しなければならない。

To put all men into a course of *Order* and *Uniformity*, in Gods way, is no to *force the Conscience*; but to set up God in his due place, and to bring all his people into the paths of righteousnesse and life [58].

秩序と均一性へと人々を追いやることは良心の強制ではない。むしろそれは神をしかるべ

く地位に立ち上げることであり、神の民すべてを正義と生命の道にもたらすことなのである、とバージェスは言う。この意味するところはピューリタンに対しての一致した団結心である。心を一つにして神へ感謝の念を表し、その見返りに神からの祝福を受けるということである。ピューリタンの宗教改革はまだその途上にある。改革のためにまだやるべきことが多くある。間違いを改革する必要がある。だから教会と規律の点において正常でない多くのものを更に改革し、長年みがかれずにあったものを完成させる必要がある(61)。ピューリタンの志の実現には神の援護が必要である。ここでバージェスは再度ダビデを援用する。ダビデが神殿を建てることを決意したときに彼には絶えず神の援護があった。

And not only so, but, when so ever David had need of extraordinarie help, God never failed to go out with him whither soever he went. And it is very remarkable, that most of the Great Victories which David atchieved, fell to him after his *resolution* of building the *Temple*. For the Text saith it expresly, that *After these things*, David smote the *Philistines*; and after that, the *Moabites*; then, *Hadadazer*; and then, the *Syrians*, and others, none being able to stand before him(59).

ダビデが神殿建設後、彼は多くの勝利を納めることになる。これもダビデが神に対して十分な感謝の気持ちを捧げたからである。とすればダビデと同じ事をすれば神から同じ祝福が注がれることになる。だから英国人はダビデの例にならう必要がある。

And thus would it be with you, when, in zeal for God, you follow his [David's] steps. What ever the difficulties and discouragements be, when *Zorobabet* fals close to work, what *mountains*, so *great* and high, that shall not *bcome a plain*? No plots, no power of hell should prevail against you,. Do you carry on Gods work, he will be sure to carrie on yours, and make you the honour and strength of the King and Kingdome in all the Kings Noble designes for the good of his subjects. Those unnatural Rebels that now rage so desperately, should be *but bread for you*; and all your enemies should be compelled to lick the dust of your feet. I shall therefore close all with that of the same David to *Solomon* his sonne, touching the building of the Temple. *Arise, and be done, and the Lord be with you.* [1 Chro.22.16](60)

「今絶望的に荒れ狂っているあの残酷極まる反逆者たち」とはアイルランド反乱への言及であるが、彼らですら英国人にとっては「パン」にすぎない。「立って行いなさい」は神への感謝を表すことに怠っているピューリタンに行動を促す言葉である。ダビデにならえば、山も丘になり、どんな計画も地獄の力にも屈することはない。神の仕事を行えば、必ず神も我々の仕事を行ってくれる。バージェスの説教は聴衆に対する激励の言葉で終わる。
　これまでバージェスの火薬陰謀事件記念説教を見てきた。従来の国教会説教家の説教と比べるとその内容はほぼ似ている。聖書からの事件に類似した一節を選び、それを事件に適応する、事件の凶悪さ、事件からの奇跡的な救出、事件を事前に防いだジェームズ一世称賛、そして救出に対する神への感謝、これが国教会派説教家の手順であった。バージェスの説教もほぼこの手順に従っているが、大きな違いはある。その一つは事件発覚の糸口を開いたジェームズ一世への賛美が見られないことである。これは王政打倒を叫ぶピュー

63

リタンからすれば到底無理なことであった。二つ目は、奇跡的な救出を大々的に描くことはしていない。奇跡的な王の救出を全面に打ち出すことによって神の慈悲を強調するのがこれまでの説教の常套的な方法であった。ピューリタン、バージェスの説教の最大の特徴は聖書、それもほとんが旧約聖書を援用しながらの説教であることである。その説教は旧約聖書における神の選民イスラエル人と同じ神の選民英国人を強く意識した説教でもあった。バージェスの説教は一言で言えば事件からの救出に対してもっと神へ感謝の気持ちを表すべきであるのにほとんどの人はそれを忘れている。しかし、神への感謝がなされないとき何が英国人に降りかかるのかを旧約聖書を基にして述べ、ピューリタンに対して神への敬虔な姿勢を示すように訴える、これがバージェスの説教の目的であった。そのような神への敬虔な姿勢によってピューリタンは改革を実現へと導くことができる。その意味でバージェスの火薬陰謀事件説教は宗教的というよりは政治的色彩の強い説教でもあった。神の援護なくしては何事も成しえない。人間の力を越えた神の援護があって難局を切り抜けることができる。それがバージェスの説教の論点であった。

## 3－6　むすび

　バージェスの 1640 年 11 月 17 日の断食説教と 1641 年 11 月 5 日の火薬陰謀事件記念説教はどちらも「救出」"deliverance" に関わっている説教である。断食説教でのバビロン捕囚からのイスラエル人のエルサレム帰国はバビロンからのイスラエル人の「救出」である。断食説教でバージェスが用いたのはバビロン捕囚から帰国したイスラエル人である。彼らは神殿建設により神からの祝福を受け、国家は繁栄する。イスラエル人のバビロン捕囚からの帰国はタイポロジカル的にはイスラエル人→ピューリタン、バビロン→チャールズ一世体制となる。火薬陰謀事件は文字通り事件からのジェームズ一世を初めとした政府要人の救出である。それはまたチャールズ一世とロード大主教のカトリック教化した宗教的支配からの救出にもつながる。いずれの説教でもバージェスは徹底的に旧約聖書を利用する。断食説教ではバビロン捕囚、火薬陰謀事件説教ではダビデの利用である。バージェスは英国・英国人を古代イスラエル・イスラエル人として、イスラエル人の体験を英国人の体験の基とした。この説教方法は実は国教会派の説教家の常套手段で、彼らも旧約聖書及び新約聖書から一節を選び、それを英国に適応した。ピューリタン、バージェスは新約聖書に依拠することはほとんどなく、もっぱら旧約聖書によって直面する問題の解決を図った。なぜバージェスを初めとしてピューリタン説教家は旧約聖書にあれほどまで固執したのか[64]。それはやはり「神の民」としてのイスラエル人に自らを重ね合わせ、「神の民」としての英国人を強調したかったからに他ならない。これはウィルソンの言うところの「規範的先例としての聖書」観である[61]。それはまた停滞しつつあったピューリタン革命が「神の民」によって完成されるのだから、その革命に失敗はありえないことを他のピューリタンに確約するためでもあった。1640 年 11 月 17 日はまだ長期議会が開催されて日が浅かったが、議会が徐々に王党派に対して優勢を得ていく時期でもあった。チャールズ一世の腹心ロード大主教とストラフォード伯の失脚をもって議会派の攻勢が始まる。ピューリタンの更なる結束が要求された時期であった。また，1641 年 11 月 5 日の火薬陰謀事件記念説教日の 1 ヵ月前にはアイルランド、アルスターで農民の一揆が生じ、アイルランド反乱は英

64

国政府を悩ますことになる。そのアイルランド反乱はカトリック教徒による反乱で、ロー
マ・カトリック教会が背後で糸を引いていたと思われていた。英国国内ではチャールズ一
世とロード大主教による国教会のカトリック教化に危倶を覚えるピューリタンが多かっ
た。そのような状況の下での火薬陰謀事件説教であった。事件はカトリック教徒の過激派
ジェズイットによって引き起こされた事件であった。それも事前に計画が漏れ、ジェーム
ズ一世は奇跡的に救出された。火薬陰謀事件を扱うことによってバージェスは二つの点を
訴えた。その一つは事件の首謀者のカトリック教徒がいかに危険な存在であるかであった。
バージェスはそのカトリック教徒の危険な反逆性はいまだに英国国内に存在し続けている
ことを訴える。その最も身近な例がアイルランド反乱であった。バージェスの説教の狙い
の二点はロード教体制になる英国国教会への弾劾であった。チャールズ一世とロード大主
教は国教会のカトリック教化を目論んでおり、国教会におけるカトリック教の残存の一掃
を図るピューリタンにとってはどうしても排除しなければならない人物であった。火薬陰
謀事件は見方を変えればチャールズ一世とロード大主教体制からの英国の「救出」でもあ
ったわけである。いずれにしてもピューリタンは国を変えることに奔走した人々である。
彼らの革命が成功するにはピューリタンの強固な団結心が必要であった。バージェスがそ
のために利用したのが旧約聖書であった。ピューリタン説教家がいかに旧約聖書に頼って
いたかは既に引用したヒルの数字が物語っている。そしてとりわけ説教家のお気に入りは
バビロン捕囚からのイスラエル人の帰国であり、彼らの神殿建設であった。新約聖書に基
づく説教もあるが、それらは「黙示録」が主で、ローマ教会の終焉を扱っている。チャー
ルズ一世やロード大主教体制派も旧約聖書に依拠していた。しかし体制派の旧約聖書使用
はピューリタンと異なり、ソロモン時代の国の繁栄・栄光を扱ったものが多い(62)。ピュー
リタン説教家がバビロン捕囚とその後のネヘミアによる神殿建設に大きな関心を寄せてい
たことは体制派と異なりいかに彼らが国政の改革を強く望んでいたかを如実に示すもので
ある。ピューリタン説教家からすればピューリタンの行動は先行きが極めて不透明である
故、なんとかして不透明な先行きに明るい見通しをつけたかった。それには聖書の利用し
か他に方法はなかった。神の書たる聖書に英国が直面する難局と同様な事件を見つけ、そ
れを英国に適応する。聖書では神がイスラエル人を助けた。ならば同じ神の民である英国
人をも神が助けないことはない。ピューリタンは狂信的なまでに聖書を信じ、彼らの行動
のお手本を聖書に見い出したのである。しかしピューリタンの旧約聖書依存は一つの大き
な問題を投げかけている。それは神の契約は神の選民だけを対象にするということである。
神によって選ばれた人のみが神との契約を許され、救出される。その意味ではピューリタ
ンの宗教は一部のものにしか適応されない普遍性を欠く宗教であり、特定の一部の人のみ
が神の恩恵に授かることができることになる。バージェスの説教は断食説教にしろ火薬陰
謀事件説教にしろ神の選民だけが対象の説教である。これはピューリタン革命の今後を占
ううえで看過できない点である。ピューリタンの行動がわずか短命で終わったのはピュー
リタンが神の選民であったこととも関係があったのかしれない。いずれにせよバージェス
の二つ説教はどちらも旧約聖書を全面的に利用し、ピューリタンが直面する問題の解決を
図っている点でその後の説教家に与えた影響は大きな説教であった。

65

# 注

(1) Christopher Hill, *The Collected Essays of Christopher Hill*. Voume Two, *Religion and Politics in 17th Century England*（Sussex: The Harvester Press, 1986）, pp. 129-130.

(2) Cornelius Burges, *The First Sermon Preached to the Honovrable Hovse of Commons now assembled in Parliament at their Publique Fast. Novem. 17. 1640*（London, 1641）, p. 65. 以下本論では *The First Sermon* と略記する。

(3) Burges, p. 35.

(4) Op. cit. .

(5) Ibid. , p. 13.

(6) 旧約聖書の訳については『旧約聖書』（日本聖書協会、1962）を使用した。

(7) ザレットによればバージェスは「契約」を 240 回も使用している。（David Zaret, *The Heavenly Contract: Ideology and Organization in Pre-Revolutionary Puritanism* ［Chicago: University of Chicago Press, 1985, p. 151.］）

(8) Burges, p. 14.

(9) Ibid. , p. 17.

(10) Ibid. , p. 16.

(11) Ibid. , p. 14.

(12) Ibid. , p. 35.

(13) Ibid. , p. 36.

(14) Ibid. , p. 37.

(15) Ibid. , p. 38.

(16) Op. cit.

(17) Op. cit.

(18) Ibid. , p. 40.

(19) Ibid. , p. 41.

(20) Ibid. , p. 49.

(21) Op. cit.

(22) Op. cit.

(23) Ibid. , p. 50.

(24) Op. cit.

(25) Op. cit.

(26) Ibid., p. 54.

(27) Ibid. , p. 55.

(28) Ibid. , p .57.

(29) Ibid. , p. 60.

(30) Christopher Hill, *The English Bible and the Seventeenth Century Revolution*（London: Penguin, 1993）, p. 80. 本書の第 3 章には特に教えられるところが多い。

(31) Hill, p. 83.

(32) Burges, p. 9.

(33) Ibid. , pp. 8-9.

(34) Ibid. , p. 9.

(35) Ibid. , p. 13.

(36) Ibid. , p. 17.

(37) Ibid. , pp. 18-9.

(38) Ibid. , p. 19.

(39) Op. cit.

(40) Ibid. , p. 20.

(41) Ibid. , p. 36.

(42) Op. cit.

(43) Ibid. , p. 37.

(44) Ibid. , p. 44.

(45) Ibid. , p. 46.

(46) Op. cit.

(47) Ibid. , p. 47.

(48) Ibid. , p. 49.

(49) Ibid. , p. 50.

(50) Op. cit.

(51) Ibid. , p. 51.

(52) Op. cit.

(53) Ibid. , p. 52.

(54) Ibid. , p. 54.

(55) Ibid. , p. 57.

(56) Ibid. , p. 62.

(57) Ibid. , p. 63.

(58) Ibid. , p. 64.

(59) Op. cit.

(60) Ibid. , p. 65.

(61) John F. Wilson, *Pulpit in Parliament: Puritanism during the English Civil Wars 1640-1648* (Princeton: Princeton University Press, 1969), p. 144. なお、Hill は旧約聖書と新約聖書を比較して次のように言っている。

"The Old Testament is harsher and more brutal than the New, concerned with the indiscriminate collective elimination of God's enemies, and with the salvation of the Jewish people, rather than with the individuals." (Hill, pp. 74-75)

(62) Achsah Guibbory, "Israel and English Protestant Nationalism: ' 'Fast Serrmons' during the English Revolution" in David Loewenstein and Paul Stevens eds., *Early Modern Nationalism and Milton's England* (Toronto: University of Toronto Press, 2008), p. 115. Guibbory の *Christian Identity: Jews & Israel in Seventeenth Century England* (Oxford: Oxford University Press, 2010) はこの論文が基になっている。17 世紀英国人がいかに自らをイスラエル人再来と見なしてるかが詳細に論じられている。

## 第 4 章　ジョン・ストリクランドの火薬陰謀事件説教
　—"God's Presence"と"Deliverance"—

### 4−1　はじめに

　1605 年 11 月 5 日のジェームズ一世の殺害を狙った火薬陰謀事件以来イングランドでは事件糾弾の説教がジェームズ一世擁護派説教家によって数多く行われた。いわゆるピューリタン革命までイングランドにおける火薬陰謀事件説教はもっぱらウィリアム・バーロー、ランスロット・アンドルーズ，ジョン・ダン等英国国教会に属する説教家によって行われていた。それら体制派説教家によるすべての説教は当然のことながら火薬陰謀事件と事件を引き起こしたジェズイット（カトリック教徒）を激しく非難し，合わせて事件解決に大きく貢献したジェームズ一世と王の事件からの奇跡的脱出賞賛で終わっている。ところが17 世紀も半ばを迎え，ピューリタンが宗教的にも政治的にも主導権を得し，彼らはジェームズ一世の息子のチャールズ一世と激しく対立していく。両派の対立が激化していくなか1644 年 11 月 5 日ピューリタン説教家によって火薬陰謀事件記念説教が 4 編行われた。1644年と言えば 1642 年 8 月に革命が勃発して 2 年を経過した年である。その 1644 年 11 月 5 日にピューリタンによる火薬陰謀事件説教が 4 編も行われるのは異例であり，注目を要する。過去同一日同時に 4 編もの火薬陰謀事件説教が行われた例はない。その 4 人の説教家はジョン・ストリクランド（John Strickland），ウィリアム・スパーストー（William Spurstowe），アンソニー・バージェス（Anthony バージェス），チャールズ・ハール（Charles Herle）である。本章からこれら 4 人の説教家に焦点をあて，その説教の解明にあたる。ピューリタン革命が始まると英国国教会派説教家による火薬陰謀事件説教はほとんど行われず，もっぱらピューリタン説教家によって火薬陰謀事件説教が行われることになる。これは国王軍との戦いが影響していると思われる。なぜ英国国教会派の説教家による火薬陰謀事件説教が激変したのかは疑問である。ピューリタンが英国国教会派説教家に説教を禁じたということではない。ピューリタン革命前までの英国国教会派説教家による説教には一定の説教の手順があり，英国国教会派説教家のほとんどはその手順に従って説教を行っていた。ところがピューリタンの説教をみるとピューリタンはその手順を踏襲していないことがわかる。英国国教会派の説教で最も大々的に扱われるべきことは火薬陰謀事件の最大の被害者となるはずだったジェームズ一世である。英国国教会派説教家はこぞって神の慈悲による（と彼らは見なしたが）ジェームズ一世の奇跡的救出を賞賛し，ジェームズ一世ひいてはイングランド国民への神の特別な配慮に最大の賛辞を送った。ジェームズ一世の事件からの奇跡的救出を機にイングランド人は神から特別に選ばれた国民であるという「選民」意識を説教家は国民に植え付けた。ところがピューリタンの説教には火薬陰謀事件への言及やジェームズ一世への言及は少ない。これは何を物語っているのか。それはピューリタンの火薬陰謀事件説教の目的は火薬陰謀事件を論じることよりも他にあったからである。本章では1644 年 11 月 5 日に行われたストリクランドの説教を取り上げ，英国国教会派説教家との比較のなかで，ストリクランドの説教の真意はどこにあったのかを中心にして論じていく。その真意の解明はピューリタン革命時においてピューリタンが直面していた問題の解明にも通ずるが，ストリクランドの説教は議会軍と国王軍との戦いのなかで議会軍を援護する

68

説教であったことを論の中心テーマとする。

　ストリクランドは元々はソールズベリー出身で，ウェストミンスター聖職者代表者の一人である。オックスフォードで学び，早くからピューリタン的気質で知られ，内乱中は議会軍に加担していた。彼は議会軍に説教をするよう度々要請されるが，それは彼らを王制打倒へと鼓舞するためであった。彼は契約主義者で，王党派からは不興を買っていた。一時ロンドンで過ごした後彼はソールズベリーの聖エドマンド教会の聖職者になった。彼の聖書解釈は特に衆目の一致するところとなり，ピューリタン聖職者として名をなすようになる。ピューリタンとしてストリクランドは礼拝統一令によって要求された誓いをたてることを拒否し，1662 年には教会から追放されている。投獄の経験もあったが，最後までその信念を貫く。ストリクランドは 1644 年 11 月 5 日貴族院で火薬陰謀事件説教を行う。革命勃発後 2 年が経過していたが，あえて革命進行中のなかでストリクランドが火薬陰謀事件説教を行う意図はどこにあったのか。彼の説教はこれまでのジェームズ一世支持派の説教家による説教とはその内容が大いに異なっていることに我々はまず注目せざるをえない。いかなる点でストリクランドの説教は従来の説教と異なっているのか。以下本章ではストリクランドの説教がどのような内容を持つ説教であるのか，その説教の特徴を明らかにしていくことから論を進めていくことにする。

## 4-2　ストリクランドの火薬陰謀事件

　1605 年 11 月 5 日の火薬陰謀事件以来，英国国教会派の説教家による事件糾弾の説教が次々と行われることになった。従来の英国国教会の説教家による火薬陰謀事件説教は以下の手順に従って行われていた。(1)火薬陰謀事件と類似した事件を聖書から選ぶ。(2)いかに事件が凶悪であるかを述べる。(3)いかにジェームズ一世が奇跡的に事件から救出されたか。(4)(1)で選んだ聖書の一節を事件に適応する。(5)事件を未然に防いだジェームズ一世への賞賛。(6)ジェームズ一世を救出してくれた神への感謝。これが英国国教会の説教家による説教の手順であった。ところがストリクランドの火薬陰謀事件説教は以上の手順に従ってはいない。11 月 5 日の火薬陰謀事件記念説教の性格から言って，当然事件を大々的に取り上げて論じるのを我々は期待するが，その期待は裏切られる。火薬陰謀事件への言及が皆無かと言えばそうではなく確かに火薬陰謀事件への言及はある。例えば，火薬陰謀事件についてストリクランドは次のように言う。

This day [15 November] puts us in mind of another, never to be forgotten, deliverance from popish treachery, more admirable then the former [Spanish Armada's invasion of England in 1588], which was from open violence; of which we may say...our danger was the greater in the powder treason, becauce secrecy made the blow more unavoidable, and had not been discovered but by the eye of heaven: it was a treachery that wants a name to expresse it, unlesse you will call it (as one doth) by the name of a *Catholique villany*. Learned endeavours have been made to finde a parallel in former Histories, buit this deliverance stands alone & is a *None-such*[1].

ストリクランドの火薬陰謀事件への言及で上記の説教手順に合致するのは，事件が過去の

69

歴史において比較する事件がないという (2) だけである。興味あるのは事件が「天の目」以外には発見されなかったという表現である。英国国教会派の説教家だったら「天の目」とは言わず、ジェームズ一世と言ったであろうが、ストリクランドは意図的にジェームズ一世という表現を避けている。これ以外にストリクランドが火薬陰謀事件に言及するのは1回のみである。それは "how many infernall conspiracies（well-nigh as dark and deep as the Powder-treason）have been lately defeated?" (2) に見られるが、「火薬陰謀反逆事件とほとんど同じくらい邪悪で凶悪な」という表現は上記の引用文の事件の説明と変わらない。このようにストリクランドは火薬陰謀事件には 2 回言及するだけである。上記の説教の手順に関する項目でも (1) 聖書からの火薬陰謀事件と類似した一節の選択も事件を論じるには不十分である。ストリクランドが説教に選んだ聖書の一節は「詩編」46 章 7 節からの "The Lord of Hosts is with us, the God of Iecob is our refuge." である。この「万軍の主がわれらと共にいる、ヤコブの神はわれらの避け所である」では、神がイスラエル人にとっていかに身近な存在であるか、またいかに神が彼らを助けてくれるかを述べているが、ストリクランドはこの一節を火薬陰謀事件へ適応することはない。この一節では火薬陰謀事件と類似した事件は記されていない。従来の英国国教会派の説教では危機に直面した人物が奇跡的に救助される一節を説教の主題とし、それを事件からのジェームズ一世救出に適応する。ところがストリクランドの説教で冒頭にあげた「詩編」46 章 7 節からは劇的な人物の救出は描かれていない。だから聖書の火薬陰謀事件への適応は行われないのである。ストリクランドは説教で主として旧約聖書から多くを引用しているが、そのなかに「詩編」124 章 2-3 節と 6-7 節からの以下の一節がある。

If it had not been the Lord, who was on our side, now may England say, if it had not been the Lord, who was on our side, when men rose up against us, then they had swallowed us up quick: but blessed be the Lord, who hath not given us as a prey unto their teeth: Our soule is escaped as a bird out of the snare of the fowler, the snare is broken, and we are all delivered (3).

この一節は主がイスラエルの滅亡を図った敵から助けてくれたことに対して主の恵みに感謝したものである。本来ならば「詩編」46 章 7 節よりもこの一節が火薬陰謀事件日にはふさわしい。主が我らの側にあったら我らは敵から滅ぼされることはない。わなからのがれた鳥のように我らは救出された、とあるが、これを火薬陰謀事件に適応することは難しいことではない。火薬陰謀事件はまさしく「ひとびとがわれらに逆らって立ちあがった」事件で、「ひとびと」は火薬陰謀事件を計画したジェズイットであり、「われら」はジェームズ一世となる。火薬陰謀事件では国会臨席のジェームズ一世を初め政府の要人が「わな」にかけられ、そのわなから主の助けにより救出されたのである。事件に気づいたジェームズ一世は「主」である。しかも "now may England say" は聖書では "now may Israel say" と書かれており、ストリクランドはわざわざ "Israel" を "England" に変えている。これはストリクランドが「詩編」124 章 2-3 節と 6-7 節を意図的にストリクランドの時代のイングランドに適応しようとする姿勢を示している。このように「詩編」124 章 2-3 節と 6-7 節から火薬陰謀事件を糾弾する説教を行うことはたやすい。敵の歯にえじきとして手渡すことをしなかった主の恵みへの感謝は従来の説教と同様の説教になる。ただ敵のイスラエルへの

攻撃がどのようなものかについて具体的な描写がなく攻撃の凶悪さへの言及がないことは
イスラエルの奇跡的な救出を幾分劇的にならしめていないという欠点はあるが，「詩編」
124 章 2-3 節と 6-7 節は「詩編」46 章 7 節よりは火薬陰謀事件日によりふさわしい一節とな
っている。ストリクランドは説教の後半でも本来の火薬陰謀事件説教にふさわしい一節を
「エステル記」4 章 14 節を挙げている[4]。クセルクセス一世の宰相ハマンは民族の敵イス
ラエル人殺害を計画するがハマンは失敗し，イスラエル人は解放される内容である。この
事件は火薬陰謀事件に適応すればイスラエル人→ジェームズ一世，ハマン→ジェズイット，
という図式が成立する。しかもハマンは処刑されることになるので，火薬陰謀事件の説教
にはふさわしい一節である。このようにストリクランドは火薬陰謀事件に類似した事件を
説教で取り上げるが，それを説教の主題とはしない。類似した事件を選べば，ジェームズ
一世の賞賛につながるからであるが，それは窮地に陥ったピューリタンの救出にも適応で
きる。ストリクランドは説教で火薬陰謀事件にはほとんど言及せず，彼の説教を英国国教
会派の説教家の説教と比べると従来の火薬陰謀事件記念説教の手順を踏んでいないことが
わかる。もう一つ英国国教会派説教家の火薬陰謀事件説教とストリクランドの説教を比較
するとストリクランドの説教にジェームズ一世賞賛は皆無であるという特徴を指摘するこ
とができる。バーロー，アンドルーズ，ダン等英国国教会派説教家は追従とも思われるほ
どジェームズ一世を激賞した。それは一つにはジェームズ一世が事件直後の国会演説で事
件の批判をするようにと説教家に訴えたからで，各説教家はあわよくば王の目にかない，
彼らは要職を得るチャンスを得ようとしたからである[5]。ピューリタンの説教にはジェーム
ズ一世賛美は全くないが，これはピューリタンの説教であることを考慮に入れればすぐに
理解できることである。なぜなならピューリタンは絶対王制打倒を目指した革命を引き起
こしているからである。彼らにとって王は敵である。その王を火薬陰謀事件記念説教で賞
賛しようとすればそれは彼らの理念に反することである。ピューリタンの相手はジェーム
ズ一世ではなくチャールズ一世でチャールズ一世は火薬陰謀事件には直接関係ないが，チ
ャールズ一世同様絶体王権に執着したジェームズ一世を賞賛することはピューリタンには
出来ない。ストリクランドの説教は火薬陰謀事件説教とは言え，その説教はこれまでの英
国国教会派の説教とはその内容を著しく異にしていると言える。ということはピューリタ
ンストリクランドの説教は火薬陰謀事件を機に事件の首謀者，カトリック教徒ジェズイッ
トを非難する説教ではないということである。ここで問題になのは，ならばストリクラン
ドの説教の真の意図はどこにあるのかということである。火薬陰謀事件日の 11 月 5 日に行
ったストリクランドの説教の真の意図は火薬陰謀事件糾弾以外にあった。それは何か。こ
の問題に答える前に我々はストリクランドの説教が行われた日の前のピューリタン革命の
状況について知る必要がある。これを知って初めてストリクランドの説教の真の意図が明
かとなってくる。

## 4 －3　1644 年 11 月 5 日の火薬陰謀事件説教の背景

　チャールズ一世の恣意的な政治主導に端を発した内乱は王と議会との対立を深めていく
ことになるが，ストリクランドによる火薬陰謀事件説教が行われた 1644 年 11 月 5 日まで
に内乱が始まって既に 2 年が経過し，国王軍と議会軍の対立も幾度となく繰り返され，一

進一退の攻防が続いていた。特に 1644 年 7 月 2 日，ヨーク西方のマーストン・ムアー で両軍が内乱史上例を見ない大規模な戦いが行われた。この戦いはクロムウェルの活躍もあって議会派軍の圧倒的な勝利に終わった。だが王党派軍の司令官ルパート王子は逃走し，議会軍は北部イングランドでの支配権を掌握したものの一抹の不安を残す結果ともなった。一応議会軍が勝利を納めた形で終わったマーストン・ムアーの戦い後，それぞれの部隊は王党派軍を追撃せず，結果としてこれが国王派軍に再結集のチャンスを与えることになった。西部にいた議会軍総司令官エセックス伯はチャールズ一世の攻撃を受け，南西部のコーンウォールのロストウィシエルで国王軍により包囲され，，9 月 2 日にエセックス伯はかろうじてプリマスへ脱出した。チャールズ一世はこの勝利によりロンドン進撃を決心し，議会軍は窮地に追いやられることになる。翌 10 月 27 日，コーンウォールでの勝利後引き揚げるチャールズ一世軍を議会軍がニューベリーで阻止しようとした。議会軍は国王軍の二倍の勢力を有しながらも指揮統一を欠き，司令官マンチェスター伯は追撃を主張したクロムウェルの要望にも耳を傾けず，国王軍を包囲しなからがも彼らへ決定的な攻撃を加えることをせず，国王軍のオックスフォードへの帰還をみすみす許す事態が発生した。いわゆる第二次ニューベリーの戦いである[6]。チャールズ一世の議会を無視した強引な政治主導に端を発した内乱が勃発して 2 年が経つ，議会軍は王との対立姿勢を明確にしていくなかで，内乱はまだ先行き不透明といった感が強かった。1644 年 10 月 27 日のニューベリーの戦いでは国王軍に壊滅的打撃を与えるチャンスを見逃すこととなり，議会軍も動揺を隠せないでいた。いわゆるピューリタン革命はピューリタンがチャールズ一世の政治を批判し，神の下での平等観に基づき，国王打倒を目指して起こした革命である。革命が勃発してから両派は会い譲らぬ戦いを繰り返し，どちらが勝利を収めるかはわからない状況だった。特に 7 月 2 日のマーストン・ムアーの戦いで議会軍は圧倒的な勝利を得ながらも国王軍を壊滅できず，9 月 2 日のロストウィシエルの戦いでは逆に国王軍により敗北を喫し，10 月 27 日のニューベリーの戦いではマーストン・ムアーの戦い同様の作戦ミスにより，国王軍を取り逃がすはめに至った。11 月 5 日の火薬陰謀事件説教の前には議会軍は以上の戦いで思いのままに戦いを遂行できないでいた。むしろ議会軍は自らの理想の追求に確信が持てない状態であった。見逃してならないことはストリクランドは説教でこれらの戦いに言及していることである。

Manifold deliverances, with many glorious Victories, have been given in, upon all which we may write (the King of *Swedens* Motto upon the Battle at *Lipsich*) *A Domino facta sunt ista*; my memory is not a sufficient Register (nor were it fit for me at present if I were able) to give you an account of particulars, they are so many; I will not therefore tell you of *Edg-hill, Newbury, York,* &c. which yet are to be accounted precious and lasting Monuments of *the Lords being with us* [7].

ここに見られる "Edg-hill" は "Edgehill" の戦いで，これは 1642 年 10 月 23 日にウォリックシャーの "Edgehill" で行われた議会軍と国王軍との間の最初の戦いである。それはロンドン南下を目指す国王軍とそれを阻止する議会派軍との戦いであったが，両軍に大量の脱走兵が出たために勝敗はつかなかった。ニューベリーは議会軍と国王軍との戦いが二度行われた南イングランド中部バークシャーの土地である，一回目の戦いは 1643 年 9 月 20 日，

グロースターを解放してロンドンに帰る議会軍を国王軍が阻止しようとした戦いで，戦い
の勝敗はつかなかったが，国王軍側に被害が大きく，国王軍はオックスフォードに撤退せ
ざるをえなかった。第二次ニューベリーの戦いはストリクランドの説教の直前の 1644 年 10
月 27 日に行われた。議会軍は国王軍の二倍の軍隊を有しながらも指揮官の戦術ミスのため
国王軍の包囲した拠点も獲得できず，この戦いも最終的には勝敗はつかず，国王軍のオッ
クスフォード帰還を阻止しえなかった。ヨークは 1644 年 7 月 17 日に議会軍に包囲された
国王軍は降伏し，議会軍は北部での勝利を得ることになった。ストリクランドはこれらの
戦いは主が我々とともにいる貴重な永久的な記念碑と見なされるべきであると言うが，戦
いのすべてが議会軍の勝利に終わってはいない。ストリクランドはニューベリーにはもう
一回言及している。脚注に "fight about *Newbery*"（Newbury が Newbery と書かれている）
とあり，本文には以下の記述がある。

They [public favours] have been given us in a way above humane probabilities, and
notwithstanding disadvantages: when the enemy hath had the advantage of place and multitude, in so
much that they sometime triumphed over us before the victory: whereby it hath appeared that victory
was given us by him to whom nothing is difficult[8]:

上記の記述が二回のニューベリーの戦いのうちのいずれに言及しているのかは定かではな
い。圧倒的な不利な状況にもかかわらず主によって勝利が与えられたようだと言っている
が実際の二度のニューベリーの戦いでは議会軍と国王軍との間で勝敗はつかなかった。ス
トリクランドは 1644 年 11 月 5 日以前のヨーク，エッジヒル，ニューベリーの議会軍と国
王軍との戦いに言及していることからも明かなように，ストリクランドの説教は革命時の
両派の戦いが背景にあることが理解できる。しかしながらストリクランドは説教を両派の
戦いを詳細に述べるわけではない。ストリクランドは両派の戦いに言及するのはこの二箇
所だけで，その後は両派の戦いを取り上げることはしない。ただストリクランドには議会
軍と国王軍との主導権争いが全く説教に反映されていないというわけではない。数々の戦
いを戦いながら未だ国王軍に勝利を収めることのできない議会軍を激励する説教をストリ
クランドは行いたかったのである。11 月 5 日のストリクランドの火薬陰謀事件記念説教に
は少なからずの危機感があった。ストリクランドは火薬陰謀事件記念説教を行うが，スト
リクランドにとっては火薬陰謀事件よりも議会軍と国王軍の戦いにより興味があった。興
味があったというよりストリクランドはピューリタン革命の先行きに不安を覚えていたこ
とは疑いえない。ピューリタンは彼らの取った行動が正しいこと及びその行動は必ずや自
分たちのの勝利に終わることを説教家に確約してもらいたかったのである。それは火薬陰
謀事件記念説教を行ったストリクランドに課せられた使命であった。それではストリクラ
ンドは革命の勝利の確信をどのように行っているか。以下ストリクランドはいかにして直
前の国王軍との戦いを考慮に入れ，革命の勝利の確信を行っているかを論じていきたい。

## 4－4 "God with us"

　ストリクランドの説教直前のピューリタン革命の進捗状況は以上の通りであるが，スト

リクランドの説教の真の目的は火薬陰謀事件日を借用して，ピューリタン革命を援護射撃することにあった。国王軍との数々の戦いで議会軍は勝利を収めることもあったが，相手に壊滅的な打撃を与えることは出来ず，戦いはいまだ勝利の行方が不透明な状況にあった。そのような状況の中でのストリクランドの説教である。火薬陰謀事件説教でありながら，彼が事件をほとんど論じない理由は，火薬陰謀事件非難の説教に終始すればそれは単に事件の張本人カトリック教徒を批判し，ジェームズ一世を賞賛することになるからであった。それでは革命を援護することにはならない。国王軍との戦いを有利に進めることができないでいる議会軍にとっての打開策はカトリック教徒批判，ジェームズ一世賞賛ではない。ストリクランドがなすべきは議会軍には絶えず神の味方があることを同士に訴えることによって議会軍の士気を鼓舞し，国王軍との戦いに勝利できる確信を与えることである。だからストリクランドは説教の冒頭に「詩編」46 章 7 節をあげたのである。ストリクランドの説教のタイトルは "IMMANUEL, OR THE CHURCH TRIUMPHING IN GOD WITH US" である。説教に選んだ聖書からの一節は「詩編」46 章 7 節の "The Lord of Hosts is with us, the God of Iacob is our refuge." である。「万軍の主がわれらとともにおられる」はまさしく "Immanuel" の意味で，ストリクランドは説教で終始主を賛美し，主がピューリタンの味方となることを専ら旧約聖書を基にして強調する。説教の意図はいついかなる時も主はわれわれを助けてくれることを聴衆に訴えることである。ストリクランドは次のように言う。

Our praising God for his being *with us* in a thanksgiving-day, may effectually admonish and prepare us to mourne after *Gods presence,* in a day of humiliation with more affectionatenesse[9].

「感謝の日」とは火薬陰謀事件日のことであるが，事件が未遂に終わったのは神が存在していたからである。ところが時代が経つにしたがい，神への感謝の念が薄らいできた。ピューリタンは特にこの点にこだわり，自らの「へりくだり」によって新たに神へ敬虔な態度を示すことを訴えた。神への祈りが何をもたらしたか。それをストリクランドは「歴代誌下」20 章 21 節，22 節のヨシャパテの神への祈りの例を挙げる。ユダの人々がモアブびと，アンモンびと，メウニびとからの来襲に際し，ヨシャパテは全国民をエルサレムに集め，断食によって主への助けを祈ったのである。それにより，敵は同士討ちを行い，敵は全滅に至り，ユダの民はエレサレムに凱旋する。だから "praising God is a more refined and spirituall duties above Nature, and requires both puritie and strength of grace to be well performed.[10]" なのである。神への賛美は必ず人々への神の報いをもたらす。だからストリクランドは聴衆（貴族院議員）に対して決して神へ感謝の念を欠いてはならないことを繰り返すのである。神への感謝の念を欠いた場合はどうなるのか。その例としてストリクランドはヒゼキアを挙げる。ヒゼキアは病気のため死ぬところであったが，主は回復の約束をヒゼキアに与えた。それに対してヒゼキアは主に報いることをしなかったので主の怒りがヒゼキアとユダ及びエルサレムに降りかかろうとした。結局はヒゼキアは心の高ぶりを悔いてへりくだったので主の怒りが彼に降りかかることはなかった。（歴代誌下 32 章 25 節）ストリクランドの説教の意図は神が絶えず我々と共にいるということであり，神に対して謙虚なへりくだりの姿勢で祈りを行えば神は必ず我々に報いをもたらしてくれるということなのである。ストリクランドは説教の聴衆に対して神は絶えず聴衆の傍らにいるこ

とを説く。聴衆の貴族院議員のために神は「イングランドの大義」を弁護してくれる。この「イングランドの大義」とはピューリタン革命を指していることは言うまでもない。ストリクランドは旧約聖書からの神への祈りを持ち出し，最終的にはイングランドを論じることを忘れない。主がイスラエル人と共にいたように主はまたイングランド人とも共にいることを幾度となくストリクランドは説教で説くのである。だから聖書の冒頭に挙げた「万軍の主はわれらとともにいる」はまさしく神がイングランド人と共にいることをも意味しているのである。ここにはイングランド人はイスラエル人と同じ道を歩んでいるというイングランド人＝イスラエル人の考えが見られ，それはまたイングランド人は「神の民」であることをも意味する。このイングランド人＝イスラエル人観はこの時期のピューリタン特有の考え方ではない。それは英国国教会派の説教家もしばしばその説教で使用していた考えである。イングランド人は 1588 年のスペインの無敵艦隊によるイングランド襲撃撃退と 1605 年の火薬陰謀事件の両事件は特にイングランドへの神の特別な慈悲の表れ以外の何ものでもなかったイングランド人と神との特別な関係を示す事件であると見なしていた。神のイングランドへの特別な慈悲があればこそ国は存亡の危機を免れたのである。イングランド人はこれを確信して止まなかった。ストリクランドの「主はわれわれと共にいる」の背後にはこのようなイングランド人にとっての神の特殊な存在観があったことは確かである。ではその確信はどこから来るのか。それは神への祈り，賞賛である。このことをストリクランドは本説教で幾度となく繰り返す。英国国教会説教家のように火薬陰謀事件の最大のターゲットであるジェームズ一世が事件から奇跡的に救出したのは神の特別な慈悲のお陰であるとはストリクランドは言わない。英国国教会派説教家はジェームズ一世救出の背後に神の存在を認め，徹底して奇跡的に事件から逃れたジェームズ一世への賞賛と神への感謝を捧げる。しかしピューリタンの説教家たるストリクランドはあえてそれを行わない。ストリクランドの説教は火薬陰謀事件におけるジェームズ一世賞賛と神への感謝ではない。「主はわれわれと共にいる」は説教直前の議会軍と国王軍との戦いを考えると，神への祈りは単なる祈り以上の意味を有していることは明かであろう。ストリクランドの関心はあくまでも議会軍ピューリタンと国王軍との戦いにある。議会軍は国王軍との戦いで思うように勝利を収められず，革命の主導権を握られなかったことに対して焦燥感を隠せないでいた。何とか国王軍との戦いに勝利し，聖書に記された理想の社会の建設を実現したかった。ストリクランドの説教は直前の国王軍との戦いなしでは理解できない説教である。ストリクランドの意図は既に述べたように火薬陰謀事件を説教で扱うことではなかった。それを行えばストリクランドはピューリタンの信念に反する説教を行うことになる。それよりもストリクランドの胸中にあったのは国王軍との戦いである。ピューリタンによる最初の火薬陰謀事件説教を 1641 年に行ったコーネリュス・バージェスは「祈り」と「断食」により神に対してへりくだりの態度を示すことによって神の援護を得ようとした[11]。それと同様ストリクランドもしきりに神への賞賛，祈りを強調することを忘れない。神への賞賛と祈りを行えば神は我々の訴えを聞いてくれるのである。それではストリクランドは説教に挙げた「詩編」46 章 7 節をどのように解釈しているか。次にこの点に論を移したい。

## 4 －5 　「詩編」46 章 7 節とストリクランド

　ストリクランドの説教が議会軍と国王軍との戦いにおいて議会軍を援護する説教である。「詩編」46 章 7 節の「万軍の主はわれらと共におられる，ヤコブの神はわれらの避け所である」はそのまま 1644 年 11 月 5 日現在の議会軍にとっては激励の言葉となる。ストリクランドは「詩篇」46 章 7 節を "a Psalme of praise", "triumphall Song" (12) と呼び，そこでは教会は主を喜ぶと述べ，次のように言う。

　　However it is ...a Psalme of praise, or triumphall Song, wherein the Church rejoyceth in the Lord, giving him not onely the praise of her experience for a deliverance received, but also the praise of her hope and confidence for the future, setting him up as a perpetuall and standing refuge to the Church in all succeeding generations, wherein shee shall be kept secure and unmoved (13):

教会は主による救出への賛美だけでなく未来への教会の希望と確信への賛美を与える。主を次の世代の教会への永続的な避難所としてかかげ，結果として教会は安全で不動であるとストリクランドは言う。ここで重要なのはストリクランドの説教では「教会」は単に教会を意味するだけでなくまた「議会軍」をも意味するということである。教会は主を賛美し，その報いとして教会は安全でいられる。これはまさしく説教以前の議会軍が国王軍に対して決定的な打撃を加えられなかったことに対する自戒と反省及び主への賛美から得られる将来への希望を託した解釈である。ストリクランドにとって最近の議会軍の低迷振りは神の言葉を現世において実現するには極めて疑わしい。ストリクランドは何とかして議会軍の躍進を期待しつつ，聴衆に対して檄を投げかけるのである。主への賛美，祈りから失敗はあり得ない。謙虚な姿勢で主に対して祈り続けること，それが議会軍にとっての現状打破の近道なのである。主に対する絶対的な信頼はピューリタンの大きな特徴であるが，その主への信頼感は旧約聖書から来る。「詩編」46 章の冒頭には「神はわれらの避け所また力である」とあり，神は「悩める時のいと近き助けである」。身近な存在である神は決して遅れることなく我々を助けてくれる。神への信頼感があれば現状の危機は克服できることをストリクランドは強調する。この例としてストリクランドは教会（議会軍）の "late experience" に言及する。

　　This〔that God is watchfull and alwayes ready at the Churches right hand in the time of danger〕the Church had late experience of, how easily he〔God〕could defeat her enemies when they rose up in greater rage and fury,... (14)

ストリクランドが言っている "late experience" が 7 月 2 日のマーストンの戦いか 9 月 2 日のロストウィシエルの戦いか 10 月 27 日のニューベリーの戦いのいずれを意味しているのかは定かではない。ただ「最近」とあるから 10 月 27 日のニューベリーの戦いを言っているのであろうが，その戦いでは両派の勝敗はつかなかった。むしろ議会軍は追撃できるチャンスを逸し，チャールズ一世を取り逃がすことになり，チャールズ一世はその後バースで戦闘を整え，結局議会軍はドニンントンとベージングの包囲を捨てて冬営地に撤退する

こととなったことを考えるとニューベリーの戦いは議会軍にとっては敗北の感が強かったと言える戦いであった。いずれにせよストリクランドは，議会軍と神との親密な関係からいずれは議会軍に勝利が得られるという確信をもたらす。彼の説教はこの議会軍と神との密接な関係の強調であり，神への絶対的な信頼である。ストリクランドは，「詩編」46 章 7 節を神は対立の時には我々を助け，危険の時は我々を守ってくれると解釈する。

That God, who by a Soveraigne power hath every creature at his command, is effectually with us by a speciall presence of his providence, whereby he will not onely ayd us in time of opposition, and defend us in time of danger, but fight for us, and destroy our enemies; And this he will not faile to doe for ever, because he is ingaged to us by an everlasting covenant of his own free grace[15].

神は議会軍を永遠に助け，守り，議会軍のために戦い，敵を滅ぼしてくれるのも神の自由な恩寵の永遠の約束によって議会軍と契約しているからである。この言葉の背後にはピューリタンの選民意識がある。ピューリタンはいわば神から選ばれた「聖者」である。その「聖者」が戦いに敗れるはずはないというのがストリクランドの主張である。だからストリクランドは，「詩編」46 章 7 節から得る教訓として「敵との対立状態にある時に神は神の教会の側に立ち，敵に対しては神の民に加担する」を挙げるのである。この例証としてストリクランドは，「申命記」20 章 3−4 節を挙げる。そこでは戦いに臨むイスラエルに対して気おくれせず，恐れることなく，慌てず驚いてはならない，なぜならば神がイスラエル人といつも共にしており，彼らの敵と戦い，彼らを救うと書かれている。神は絶えずイスラエル人を助けてくれ，彼らに勝利をもたらしてくれた。同じように神との特別な契約関係にあるイングランドのピューリタンも神の援護の下にあり，戦いに負けることは考えられない。「申命記」の記述はイスラエル人にだけあてはまる言葉ではない。それはまた，聖書の記述においてのみならず"mystery"においてもイスラエルを継承しているイングランドの教会，議会派軍にも適応できる。ここでストリクランドは議会軍がイスラエルを継承するのは "mystery" と言いながらもはっきりと議会軍はイスラエルを継承する神の民であることを強調する。ストリクランドは更に神を味方につけたダビデにも言及し，ダビデのゴリアテとの戦いでもダビデは神の助けを得たがゆえにゴリアテに勝利したと言う。ストリクランドによれば神が神の教会への味方は 3 つの事に表れる。それは(1)神は破壊的苦難のただ中にあっても破滅と人々の残虐から神の教会と人々を擁護してくれる。これは「詩編」124 章 1-3 節で言及されている教会に対する異教徒の多くの反乱の際の神の対応に見られることで，ダビデは次のように言う。

If it had not been the Lord who was on our side, now may Israel say, if it had not been the Lord who was on our side, when men rose up against us, they had swallowed us up quick, when their wrath was kindled against us[16].

「詩編」に記されている敵と危険は議会軍にも言えることであって，主が議会軍の味方に立たなかったならば議会軍は破滅に至ったであろう。議会軍にはダビデと同じ神の援護があり，これまで難局を乗り越えてきたのである。(2)神は教会の敵の陰謀と企てを取り除

いてくれる。「詩編」9章15-16節にある異教徒が自ら作った穴に陥り，自分で作ったわな
に捕らえられる例は(2)の好例である。(3)神は逆境のときに助けに現れる。ストリクラン
ドは「歴代志上」5章19-20節を例に挙げる。そこには二部族と半部族がアラブ族と戦った
とき，前者は戦いの最中に神に祈り，結果として主は彼らに味方し，アラブ族に勝利した
記述がある。さらにはイスラエルがアマレク人と戦ったときにも祈りを通してイスラエル
は神の援助を得た。このようにストリクランドはイスラエル人の神への祈りを通して彼ら
が神から助けを得たことを述べる。議会軍が国王軍との戦いにおいて決定的な勝利を収め
ることができず，革命の先行きは不透明な状況にあったが，ストリクランドは議会には軍
必ずや神の援護があることを訴える。神を味方につければ勝利は疑問の余地はない。その
ためには何をなすべきか。それは神への祈りなのである。祈りを通して，神へのへりくだ
りの姿勢を示すことにより，神の援護を得ることができる。その前例は旧約聖書に多く見
られることであり，その逆の例も旧約聖書に記されている。議会軍の行動の模範を旧約聖
書に見出し，それによってストリクランドは議会軍を援護しようとする。戦いに光明が差
し込まないただ中では議会軍は何を信じて戦えばよいのか。ただ単なる兵士への鼓舞や武
力の増強だけでは現状を打破する力はない。議会軍の主力であるピューリタンにとって最
大の精神的な支援は聖書に他ならなかった。それも旧約聖書である。旧約聖書の記述を議
会軍にあてはめ，議会軍が直面している危機的現状の突破を図らねばならない。ストリク
ランドはピューリタンである。そのストリクランドが説教のなかで強調したのはやはり旧
約聖書であった。戦いが物理的な側面において敵と拮抗する場合，何が戦いを決定づける
か。それは戦いの大義と兵士の強靭な精神力であろう。その点においてピューリタンの兵
士は国王軍の兵士よりも優れていた。国王軍は現状維持だけに執着し，議会軍を打ち破る
ことだけを考える。しかし議会軍には絶対王制を打破し，民衆が主役の新しいイングラン
ド国家の樹立という大きな大義があった。そのためにストリクランドは旧約聖書へ全面的
に依存した。旧約聖書の記述がピューリタンの戦いに適応され，ピューリタンの行動の指
針を旧約聖書に仰ぐ。いわば旧約聖書で行われたことがそのままピューリタン革命にも行
われるとピューリタンは考えた。神の書たる旧約聖書に自らの行動の原型が見出される。
ピューリタンは旧約聖書に書かれている通りに行動すれば結果は自ずから付随する。ピュ
ーリタンにとって旧約聖書以上に自らを鼓舞するものはない。神の援護があれば不可能な
ことはない。ピューリタンの未来は旧約聖書に書かれている。ピューリタン革命時にあれ
ほどまでピューリタンが主として旧約聖書に固執した理由は明かであろう。ストリクラン
ドは，聖書以外にもヘロドという人物が兵士に語ったジョセフスの言葉を引用している。

Our cause is just, though we be weak and few; and where truth and justice is, there is God, &
where God is, there is both multitude and fortitude[17].

大義が正しく，真理と正義があるところには神がいるとジョセフスは言うが，神への祈り
はストリクランドにとってはまさしく真理と正義の表れである。神は教会の大義に関わり，
教会の敵には神の敵として戦う。ストリクランドにとって議会派軍が規範とすべきは旧約
聖書におけるイスラエル人なのである。これを幾度となくストリクランドは説教で力説す
る。たとえばダビデについてストリクランドは以下のように言う。

...a David like piety in you, might have a like influence upon *England* at this day[18].

ダビデのような敬神とはダビデが契約の箱がいかに粗末に扱われているかを憂慮し，神のために神殿建設を意図したことを意味する。それがダビデ王国への神の好影響を及ぼし，結果として神はダビデ王朝の永続をダビデに約束してくれた。"this day" とは 11 月 5 日の火薬陰謀事件日のことであり，ストリクランドは言わんとすることは火薬陰謀事件のような凶悪な事件を起こすことないように神への敬度なる姿勢が必要性であるということである。ダビデのような敬神があれば火薬陰謀事件は起こりえなかった。ストリクランドの言葉はジェームズ一世期における軽佻な信心への批判ともなっている。この他にもストリクランドは神への敬虔な態度を強調する。ストリクランドは徹底して真摯な敬神を訴える。例えば主は我々のために戦ってくれたと言ってストリクランドは次のように言う。

Yea, so much have we seen of Gods going out with us always into the field, that the enemy was never yet knowne to prevaile against us, but by our either treachery or negligence; God hath never been wanting to us, though we have been too much wanting to our selves[19].

これは国王軍との戦いに言及した言葉であるが，ピューリタンと共に神は戦場に赴き，彼らに勝利をもたらしてくれたと言い，ピューリタンはたえず神と共にいたとストリクランド力強く述べる。ピューリタン革命は最終的にはピューリタンの勝利に終わるが，ストリクランドが説教を行った 1644 年時においては戦いの勝利の行方はまだ不透明であった。それゆえに勝利への確信に飢えていたピューリタンである。ストリクランドは徹底してピューリタンと神との密接な関係を強調するが，それもすべてはピューリタン革命に勝利したいがためである。ピューリタンにとって国王軍との戦いは決して負けるはずのない戦いである。その勝利の保証をもたらしてくれるのは神との一体感であった。だから人々は神の親切な行いと神のみわざを賛美すべきなのである。我々はできるだけ神を賛美すべきなのである。

Such a throng of praises, and so great that they were unutterable, and therefore silent-praise...yet though our praises should be more then we can expresse, yet we should this day endeavour to expresse our praises unto God as much as we can,...[20]

「この日」とは 11 月 5 日であるが，この日，火薬陰謀事件日にできるだけ神への賛美を表す努力をすべきだとストリクランドは言うが，その賛美はジェームズ一世への賛美ではない。国王軍との戦いに際してのピューリタンへの神の加護に対しての神への賛美なのである。我々は神への賛美を後世に永続化させることによって来るべき世代に「豊作」をもたらすことができる。「この日」の神への賛美は「この日」だけに留まらず，未来のイングランドに対して神が行うであろう「偉大な事柄」「輝かしい事」への賛美でもあるのだ。ストリクランドは議会軍が受けている神のすばらしい摂理は過去の先人たちの神への賛美の結果であると考え，今度はストリクランドたちが後世への神の御業の成就を願いつつ，

神への賛美を捧げるべきだというのである。国王軍との戦いはピューリタンが望むようには展開していない。しかし、そのような状況にあってこそ神へ賛美を捧げることがこれからのピューリタン革命に新しい展開をもたらし、ピューリタンを勝利へと導くかもしれない。確かにピューリタン革命は最終的にはピューリタンの勝利で終わることになるが、ストリクランドの神への賛美強調はピューリタン革命の行方を予言するような言葉となっている。しかし、国王軍との戦いを見ると、必ずしも戦いは議会軍に有利には展開しなかった。戦いの先行きは極めて不透明な状況を呈していた。行き詰まった戦いに対してピューリタンはいかなる態度で対処すべきか。これがストリクランドにとっては大きな問題であった。ストリクランドはその問題をいかにして解決しようとしているのか。

## 4－6 "these sad times" とストリクランド

ストリクランドの説教は火薬陰謀事件説教のはずであるが、既に述べたようにストリクランドは火薬陰謀事件にはほとんど言及しない。ストリクランドの胸中にあったのは議会軍ピューリタンと国王軍との戦いである。勝利の明かりが見えない国王軍との戦いのなかで議会軍に対していかにして勝利を確約するかがストリクランドに課せられた大きな任務であった。ストリクランドはその確約を旧約聖書に基づいて行う。ストリクランドは、神がいるのになぜ我々には救いはないのか、という「士師記」6章13節を引用する。

If the Lord be with us, why then is all this befallen us? Why are we not delivered from the hands of the Midianites?

この一節は、イスラエル人が遊牧民ミデアン人から受けた略奪と圧迫から国を救ったギデオンに関する一節である。イスラエル人は主の前で悪を行ったので、7年間ミデアン人の手にあった。そのイスラエルの窮状な対するギデオンの主への訴えである。この一節は火薬陰謀事件に適応できるものである。それを火薬陰謀事件に適応すればギデオン→ジェームズ一世、ミデアン人→ジェズイット、という図式ができあがるが、これをまたピューリタン革命に適応するとギデオン→議会軍、ミデアン人→国王軍となる。しかし後者の場合は議会軍は完全に国王軍に制圧されている印象を与えるので、議会軍には良い影響を及ぼさない。しかし、いずれにしても主が最後にはギデオンに救いの手を差し伸べ、ギデオンは奇跡的な勝利を得る。ストリクランドは、ギデオンが勝利を得るまで7年間もミデアン人の下で肉体的精神的な苦痛を味わったように、大きな成功を得るにはそのような苦痛を経ることが必要である。神が共にいることは即座の救出を意味しない。

Gods being with his Church is not presently a *Supersedeas* to afflictions: Christ may be in the Ship...and yet she may be covered with waves, so that the Disciples may be in great feare of perishing by the storme: So though *God be in the middest of the Church, so that she shall not be moved*, Ps. 46.5. yet *she may be tryed as silver is tryed in the fire; she may be brought into the net, and afflictions may be layed upon her loynes*, Psal. 66.10, 11 [21].

ここでストリクランドは神が教会とともにいることが即苦しみを取り除いてくれることを意味しないと言う。神が教会の中にいても教会は「銀が火の中で練られるように試され，網に引き入れられ，腰には重い荷が置かれる」のである。なぜ神は教会の味方をしながら教会を苦しませるのか。なぜ神は即座に苦しみにある者を救わないのか。これは国王軍との戦いを繰り返す議会軍にも言えることであるが，ストリクランドは「多くの神聖なる素晴らしい目的」のためであると言う(22)。では，その目的とは何であるのか。ストリクランドは以下の4点を挙げる。(1)危険を意識したり苦悩を感じたりすることによって神による救出を快く迎え，救出者の手を認める。(2)価値のある人と下劣な人を分けるため。(3)人々をへりくだせ，教会に助けと救出の準備をさせるため。(4)教会で信仰と祈りを始めさせ，それによって神は人々によって征服されるのを喜び，神は人々への約束すべて行う。神が教会に苦しみを与えるのはそれによって教会が神と神の助けを高く評価するためである。教会の苦しみはまた真に教会を思う人とそうでない人を見分ける手助けともなる。真に教会を思う者は教会が苦しみにあっても決して教会を見捨てることはしない。教会の苦しみはイスラエル人のカナン到着までの苦難の歴史を見れば容易に理解できる。イスラエル人が40年のも間荒野を放浪したのも主はその過酷な放浪を通してイスラエル人を苦しませ，試み，その心に何があるかを見るためであった。言うなればイスラエル人は過酷な放浪を通して主への真なる信仰心を試されたのである。だから決して苦しみは無益ではない。苦しみがあってこそ神は人を助けてくれる。試練を通して人は神を見出す。教会は様々な苦難を体験するが，それによって教会はよりよい状態へと至る。

...though she [the Church]can be brought into varietie of calamities, sometimes into the water, sometimes into the fire, yet she shall also be brought through them into a better condition, *through fire and through water into a weal-thy place,* Psal. 66.12. Gods presence shall both beare her up in troubles, and give her rest from troubles at length, as *Exod.*33.14. it did to *Israel,* and so make her to triumph for ever(23).

苦難に際し神は教会を支え，ついには苦難から解放される。これはイスラエルが体験したことであるが，革命時の議会軍にも言えることである。更にストリクランドは「歴代志下」15章2節を引用して次のように述べる。

The Lord is with you, while you be with him, and if you seek him, he will be found of you, but if you forsake him, he will forsake you(24).

苦しみの時にこそ人は神を求めるべきで，神を求めなければ神から見捨てられることになる。ストリクランドは終始苦しみをただ苦しみとして逃げるのではなく，苦しみを真正面から直視し，苦しみを踏み台にして更なる新しい自己発見に努めるべきであることを主張するのである。ピューリタンの説教の特徴の一つは説教による自己改革と行動を促すことであり，人生を不信心から改革することであるが，ストリクランドの主張はまさしく苦しみを通して自己変革を成し遂げることを訴えている点においてピューリタン説教の典型となっていると言えよう。なぜ神は人を苦しみへ追いやるのかについてのストリクランドの

主張は以上である。次にストリクランドは我々はいかにして神を我々の側につかせておくべきかについて論ずる。

## 4 −7 「いかにして神を我々の味方にすべきか」

　ストリクランドは神を味方にする方法として次の3点を挙げる。(1)崇拝と宗教において神を熱望すること。崇拝と宗教は神の心の近くにあるので神に信心深く，神の名誉を気遣えば神を大義や国のために引き入れることができる。要は神に対して信仰心を厚くすれば，神は我々を援助してくれる。たとえばダビデが契約の箱を大事に取り扱ったら神はイスラエルに恵みを与え，ダビデ王朝が永久に変わらない保証を与えてくれた。(2)契約を行うこと。この契約は神との契約で，契約の無視は神に怒りをもたらす。ヒゼキアは彼とバビロン王との契約を破ったがために主は彼をバビロンで死なせた。これに反しヨシヤは神の前で契約を立て，律法に従うことを誓い，イスラエル人のすべての人々を主に仕えさせた。その結果が31年間の王国の治世をもたらした。ところがイングランドにおいては契約は無視され，契約を立てることを拒否したりする者が多く，契約を立ててもそれを守ろうとしない者が多いとストリクランドは言うが[26]，これはピューリタン革命時における議会軍の意志の統一不足を示唆し，合わせて議会軍が国王軍との戦いのなかで議会軍が期待通りに勝利を得ることが出来ないことへのストリクランドの不満でもあろう。国王軍との戦いではピューリタンがより「聖者」としての自覚があれば戦いに負けるはずはないというストリクランドの強い信念の表れである。(3)正義を行うこと。正義を行った人物の一人としてストリクランドはピネハスを挙げている。彼が行った正義とはイスラエル人が異教の神々や女性と交わるようになったことへの正義である。主はイスラエル人の行為に立腹し，彼らを滅亡させようと疫病を流行させ，異教の崇拝者全員を殺すように命じた。そのとき一人のイスラエル人が異教の女性を連れて天幕に入って行ったのを見たピネハスは正義心にかられ主の命令を実行し，その二人を殺害した。そのため疫病の流行は治まった。（民数記22章3節）この他にもストリクランドは正義を行った人が一人でもイスラエルにいたら主はイスラエルを許したであろう(エレミア書5章1節)とかダビデがギベオン人に彼らを滅ぼそうとした人の子孫7人をギベオン人に引き渡したこと（サムエル記下21章4節）を正義の実行の例として挙げている。逆に正義の実行を怠った例にもストリクランドは言及する（エレミア記48章10節，列王記20章42節）。ストリクランドはイングランドに言及して次のように言っている。

By this [Execute Judgement ]*Phinehas* turned away wrath from *Israel*; and who can tell what you may do for *England,* if you be not wanting in this [execution of judgement]?[27]

ピネハスについては既に言及したが，興味深いのは正義の実行をに欠いていなければイングランドのために何できるかと説教の聴衆に疑問を投じていることである。ストリクランドは議会軍と国王軍との戦いは正義をめぐる戦いであることを示唆しているのである。つまりピューリタン革命は正義の実行であり，その正義を実行するのはピューリタンなのである。ストリクランドは正義の実行は神の成す業(the Lords work)であると言うが[28]，ま

さしく議会軍と国王軍との戦いは「神の成す業」であり，ピューリタンにとって敗北はありえない戦いである。ストリクランドは更に「破壊する者たちへ正義を訴える」と言うが，ここでの「破壊する者たち」は国王軍を指している。更に続けてストリクランドは次のように言う。

Revive therefore (noble Patriots) those good Lawes which we have received from our fathers, and honorably put them in execution upon those that would subvert them, and so deprive us of our birth-right[29].

この一節も議会軍と国王軍との戦いを念頭に入れた言葉である。議会軍を率いるチャールズ一世は国会を開会せず，国家の法を無視した専制政治を行っている。良き法を破壊する人たちの筆頭はチャールズ一世であり，チャールズ一世は生得権をすら奪うとさえ言っている。そのような人たちが正義を実行しているはずはない。正義の実行はピューリタンにある。法を無視するチャールズ一世と異なり，もしピューリタンが有効な法の維持に熱心であることがわかれば，人々は貴族院議員に従い，それによって"this (miserably wasted) Kingdome[30]"が幸福になる。内乱を繰り返すイングランドは「悲惨に衰弱した王国」である。王国を衰弱させたのはチャールズ一世の専制政治である。ピューリタン革命は法治国家としてのイングランドを再びチャールズ一世から取り戻す革命でもある。それには国王軍との戦いに勝利する必要があるが，これまで見てきてきたように，神は絶えずピューリタンの味方をしている。火薬陰謀事件説教でありながらストリクランドはチャールズ一世を批判し，正義を踏みにじる恣意的な暴政から正義にみちた国家の樹立こそが国王軍との戦いの最終的な目標であること力説する。ストリクランドはこれまで旧約聖書を基にして説教を進めてきたが，珍しく新約聖書からの引用によって次のように述べる。

Remember for what end the Lord put the sword of justice into your hands, even *to execute wrath upon them that doe evill, and for the good of them that doe well*, Rom. 12. 3, 4[31].

なぜ主は正義の刃をピューリタンの手に置いたのか。それは悪事を行う者たちに怒りを浴びせ，良き行いを行う者たちのためである。ここで「悪事を行う者たち」はチャールズ一世側であり，「良き行いを行う者たち」はピューリタンである。いずれにせよ正義の刃を振るうのはピューリタンであり，その刃を受けるのはチャールズ一世である。このようにストリクランドの説教はピューリタン革命時における議会軍と国王軍を念頭に置いており，議会軍は神の正義を行うために国王軍と戦っているのだと言うのである。ストリクランドは，ピューリタンを"the gods of the earth[32]"と呼び，「聖者」としてピューリタンに呼びかける。ところがストリクランドは，神がピューリタンには存在していないことはこの日の誠実なイングランド人の心の悲しみであるとも言い，ピューリタンの神への熱望が希薄化していることに不満を表明している。それでも神は不在でなく，神は一人一人の中にいて，正義の実行に際してはすべての協議を決定するとも言う。ピューリタンの正義の実行はいわば神による神聖な実行であり，いかなる者もそれに異を唱えることはできない。ストリクランドは，ピューリタンと神との密接な関係を主張し，ピューリタンには神の援

護があることを訴える。神の援護と言えばチャールズ一世も王は神の地上における代理人であるという父ジェームズ一世の王権神授節に固執した。しかし，その王権神授節は絶体王権擁護のための節で，王の恣意的な権力を是認し，国民を服従させるための権力であった。ピューリタンも神との間には密接な関係があり，彼らの行動はすべて神による援護を受け，神が彼らの背後には絶えずあることを確信している。これがピューリタンをしてあれほどまでピューリタン革命へのエネルギーを抱かせたそもそもの理由であろう。ピューリタンと神との関係は絶体王権の下のチャールズとは異なり，神の前での平等な社会樹立のための関係であった。一方は王，貴族，平民のヒエラルキー存続，*status quo* 維持のための王権であり，他方はそのヒエラルキー破壊のために神との関係を強調する。チャールズ一世の王権神授説はいわば王だけにしか通用しないものであるが，ピューリタンの場合すべてのピューリタンは「聖者」であり，ピューリタン革命は一人の神の代理人と無数の「聖者」との戦いで，その意味では両派の決戦の行方は当初は一進一退であったがすでに決着がついていた戦いでもあった。

## 4 －8 "Gods presence with us" とピューリタン革命

ストリクランドの説教は火薬陰謀事件記念説教であるが，すでに論じたように従来の火薬陰謀事件説教の説教方法に従っていない。火薬陰謀事件への言及もほとんどなく，事件そのものを論じることもしない。11 月 5 日という火薬陰謀事件記念日における説教でありながら，事件を取り上げることもせず，事件を起こしたジェズイットへの批判もない。一体，ストリクランドの説教の真の狙いはどこにあるのか，という疑問が生じてくる。これはピューリタン革命という議会軍と国王軍との主導権争いを背景にして考えると容易に理解できることは既に指摘した。ストリクランドは説教の後半で説教の背景にはピューリタン革命があり，聖書を盾に議会軍を援護していることが理解できる。ここではストリクランドがいかにして議会軍を援護しているか，いかにして最終的に戦いは議会軍の勝利に終わることをストリクランドは論じているかについて述べたい。

ストリクランドにとって 1644 年に至るピューリタン革命の時代は「落胆の時代」(discouraging times) [33] である。これは議会軍と国王軍との戦いが議会軍にとって期待するほどの好結果をもたらさないことへの言及である。国王軍からの攻勢は強く，議会軍の精神的動揺は多く，しかも神による救出は遅々としているというのが議会軍を取り巻く現状であった。この行き詰まった現状をいかにして打開していくかがピューリタンにとっては革命の将来を左右する大きな問題であった。ストリクランドはその問題をいかにして解消しているのか。それは神が教会と共にあるというレトリックによっている。ストリクランドは今日のイングランドの実状はイスラエル人の悲惨な状態によく似ている，と言い，「エレミア書」8 章 15 節からの次の一節に言及する。

We looked for peace, but no good came, and for time of health, and behold trouble [34].

ここではイスラエルの腐敗した宗教に対する主のイスラエル滅亡計画に触れているのだが，偽預言者が平和を望んでも良いことは生じず，癒される時を望んでも来るのは恐怖だ

けであるという主から見放されたイスラエル人の窮状が描かれている。イスラエルは神によって選ばれ，預言者によって教育を受けてきたが，いまや主への真摯な態度は消え，偽預言者が暗躍する時代となっている。この「エレミア書」がイングランドの現状と似ているとストリクランドは言うが，それはやはりこれまでの議会軍の国王軍との戦いを念頭に入れての発言なのである。イスラエル人の腐敗した宗教心はピューリタンの神への信仰の弱体化に言及している。だから国王軍との戦いを繰り返しても，良い結果は得られず，彼らを待ち受けているのは「災難」だけである。イスラエル人の場合はエレミアの嘆きであるがピューリタンの場合はストリクランドの嘆きである。それでもストリクランドは希望を失わない。

...such a battle will bring things toward an issue; such a man, and such an army will give a good stroke to the businesse; by such and such a time, wee shall see what will become of things; this yeere, and that Summer, we hope will put an end to all.... [35]

"such a battle" が事態に決着をつけるとか "such a man, and such an army" が国王軍との戦いに議会軍にとって有利な一撃をあたえるとか "by such and such a time" とかストリクランドは言うが，具体的な戦い，人物，軍隊，時を明示することはない。しかし，これらの表現からストリクランドの説教がいかに議会軍と国王軍との戦いに関心を抱いているかが容易に理解できる。「今年」そして「あの夏」にはすべてが終わることを願うとストリクランドは言うが，「今年」は 1644 年であるが，「あの夏」とはいつの夏か。いずれにせよストリクランドは国王軍との戦いに決着のつく日は遠くないとの見通しを述べている。もちろん国王軍との戦いが議会軍の勝利に終わることを聴衆に確約しているのであるが，それはあくまでもストリクランド個人の確約で，国王軍との戦いがどうなるかは誰にも予想できない。しかし，説教でストリクランドは弱音を吐くことは許されない。今のところ戦いは五分五分であるが，勝利は我らにありとストリクランドは自信を持って聴衆に訴えるのである。11 月 5 日の火薬陰謀事件日であるが，ストリクランドは議会軍と国王軍との戦いにおいて火薬陰謀事件において神の慈悲のお陰で事件が未然に防がれたように，国王軍との戦いでも神は議会軍に慈悲を示し，戦いは議会軍の勝利に終わることを宣言するのである。しかし現状はストリクランドを初め議会軍にとっては厳しい。そこでストリクランドが聖書の様々な事例から得た「教訓」(doctrine) "Gods presence with the Church makes her for ever invincible." である。この教訓がストリクランドの説教のタイトル "Emmanuel" の一部であることはストリクランドの説教の意図がどこにあるかを示している。神は絶えず教会と共にいるというのがストリクランドの根本的な考えなのである。この神の援護を受けると教会はいかなる難局をも乗り越えることができる。だからストリクランドは，神は滞ることはあっても必ずややってくると「ハバクク書」からの一節を上げるのである。

At the end it shall speak, and not lie; though it tarry, wait for it, because it will surely come, it will not tarry. [36]

「侮辱的な敵 [37]」による教会の衰退の「現在の治療法 [38]」として "Fear not, for I will be with

thee [Jacob].[39]" が教会を最も鼓舞する言葉となる。ダビデが神への全幅的な信頼を寄せた
ときにダビデはあらゆる恐怖を克服し，神に対抗するどんな人間をも恐れることは理不尽
なことであると考えた。ストリクランドはさらに言葉を続けて神が我々とともにいるとき
に他の人間に恐怖を抱くことは神を軽視することであるとも言うが[40]，「他の人間」とは
この場合国王軍を指している。神が我々と共にいるから国王軍を恐れる必要はなく，敵の
大群や勢力に恐怖を抱く必要はない。

...God may at once both shame and incourage our fearfull hearts, when they are too much apaled at
the multitude or strength of enemies,...[41]

「敵の大群や勢力」とは言うまでもなく国王軍のことであるが，国王軍を前にして恐怖に
おびえる議会軍を神は赤面させたり激励したりする。ストリクランドにとってあくまでも
戦いの背後には神がいる。「民数記」には議会軍と同じ恐怖に襲われたイスラエル人がい
る。それはカナンの土地に入る前に斥候によりカナンの現状を告げられた時であるが，カ
ナンの住民は手強い住民でしかもカナンは高い城壁で囲まれている。それに対してイスラ
エル人は "carnall feares"[42] に取りつかれ，カナン征服を躊躇した。そのようなイスラエル
人に対して二人の斥候カレブとヨシュアはイスラエル人の神との密接な関係から恐れるも
のは何もないとイスラエル人を激励する。

Only rebell not ye against the Lord, neither feare ye the people of the land, for they are bread for us,
their defence is departed from them, and the Lord is withb us; feare them not[43].

これは「民数記」14節9章からの一節であるが，イスラエル人にとってカナン定住は主か
らの命令であり，いかにカナンが難攻不落であろうが，カナン定住はいわば主の意志の実
現に他ならない。だからイスラエル人から見ればカナン人は "bread" にすぎない。主はイ
スラエル人とともにいるので恐れる者はないのである。カナン征服を目の前にしたイスラ
エル人の心境ははちょうど国王軍と戦う議会軍の心境である。イスラエル人は議会軍とな
り，カナン人が国王軍となる。イスラエル人のカナン定住の背後に主がいたと同じように，
議会軍も主と共にいる。だから国王軍との戦いで議会軍が敗れるはずはないのである。神
の存在は現在の危険に対する教会にとっては「盾」である。

...as Gods presence is a Shield and Buckler to the Church against present danger, whereby our
liberties, lives, and religion（which have been, and still are at stake）are preserved, and the
Kingdome not given up to desolation; so is it a pledge of perpetuall safety, the Church shall not need
to fear that ever her enemies shall overcome, and lay her waste, it makes her for ever invincible[44]:

「教会」とは単なる教会ではなく，ストリクランドは終始議会軍の意味をも含ませている
ことは疑いの余地はない。「現在の危険」とは国王軍との戦いである。神の存在によって
ピューリタンの自由，生命，宗教は守られ，イングランド人が破壊に至ることはない。神
の存在は永遠なる安全を約束してくれるものであり，教会は敵の征服を恐れる必要はない。

神の存在は教会を永遠に勝利を与えることになる。旧約聖書に神の存在の前例を見れば，それは「ヨシュア記」1章5節の主はヨシュアを見放すことも見捨てることもしないという言葉や「出エジプト記」のイスラエル人が神と共にいたからエジプト人は追い散らされ，逃げるのが最善だと思ったという言葉に見出される。これらのストリクランドの言葉はピューリタン革命抜きにしては考えられない言葉である。さらにストリクランドは言葉を続けて神の存在は教会が受けるあらゆる公の慈悲を永遠の慈悲とし，ピューリタンの救出を永遠の救出とし，ピューリタンの勝利を永遠の勝利とするという。ここで注目すべきは「神の存在がピューリタンの救出を永遠の救出とする」である。この救出は "deliverance" である。"deliverance" なる語は従来の英国国教会説教家による火薬陰謀事件説教ではジェームズ一世の事件からの「救出」である。彼らは "deliverance" をもっぱらその意味で使用していた。ところがストリクランドは "deliverance" をピューリタンの国王軍との戦いからのピューリタンの「救出」の意味で使用している。この場合の「救出」はピューリタンの苦境からの救出を意味し，広く言えばそれは「勝利」を意味する語と考えてもよいだろう。つまり火薬陰謀事件説教で本来英国国教会説教家がジェームズ一世の事件からの神による救出を賞賛しているのに反し，ストリクランドはピューリタンと国王軍との戦いの苦境からの救出の意味で使っているのである。国王軍は「イングランドの教会から尊い特権を奪う人たちであり」，彼らはイングランドの教会の敵と結論づけねばならない[45]。また，ストリクランドは，国王軍は「偶像」と「偶像崇拝」に従い，真の神を追い払っていると言うが[46]ここでの偶像崇拝者が国王軍を指していることは言うまでもない。ここにピューリタン説教家としてのストリクランドの姿がはっきりと現れていると言えよう。ストリクランドにとってジェームズ一世は眼中にはない。眼下の敵，国王軍をいかにして撃退し，ピューリタン革命を成功に導くことがストリクランドにとっての最大の使命となる。そのためにストリクランドはわざわざ貴族院での説教を要請されたのである。ピューリタンにとって国王軍との戦いは必ずや勝利することになっている。教会が一時残虐な人々のもとで苦しむことがあってもそれはほんのわずかな間でしかないとストリクランドは言うが[47]，「残虐な人々」とは言うまでもなく国王軍である。「残虐な人々」が議会軍に対して優勢であろうともそれは長くは続かない。議会軍は必ずや「残虐な人々」を打破する。それも教会には神の存在があるからである。あらゆる困難は神の存在によって克服できるのである。

## 4－9　　むすび

　ストリクランドが説教に選んだ「詩篇」46章7節についてストリクランドはその意味を次のように解釈する。

That God, who by a Soveraigne power hath every creature at his command, is effecutally with us by a speciall presence of his providence, whereby he will not onely ayd us in time of opposition, and defend us in time of of danger, but fight for us, and destroy our enemies; And this he will not faile to doe for ever, because he is ingaged to us by an everlasting covenant of his own free grace[48].

すべての被造物を掌中に収める神は摂理によって国王軍との対立の時にはピューリタンを助け，危険なときにはピューリタンを守ってくれるだけでなくピューリタンのために戦い，敵を滅ぼしてくれる。この解釈は議会軍と国王軍との戦いにおいて議会軍を援護する力強い言葉となる。"opposition" とはチャールズ一世の国王軍との対立であり，"enemies" とは言うまでもなく国王軍である。それゆえストリクランドの説教は単なる聖書の一節に関する説教ではなく，それは 1644 年 11 月 5 日までにピューリタンが苦戦を強いられていた国王軍との戦いがその背景にあった説教であった。ソールズベリーからわざわざ貴族院での説教を依頼されたストリクランドは彼がなすべきことをはっきりと理解していた。1644年は内乱が勃発してわずか 2 年しか経過しておらず，議会軍と国王軍との間に重要な戦いが繰り返された年でもあった。7 月のマーストン・ムアーの戦い，8 月から 9 月にかけてのロストウィシエルの戦い，10 月のニューベリーの戦い，と盾続きに国王軍との戦いが繰り広げられた。いずれの戦いにおいて議会軍も国王軍も決定的な勝利を収めることができず，特に「聖者」として神の戦いと自負していた議会軍には動揺の色を隠すことはできなかった。そのような中でのストリクランドの説教である。11 月 5 日はジェームズ一世の暗殺を狙ったジェズイットによる火薬陰謀事件が起こった日である。従来の英国国教会説教家による記念説教では説教の中心はジェームズ一世であった。ところがストリクランドは火薬陰謀事件にはほとんど触れず，ジェームズ一世については全く取り上げもしない。なぜストリクランドがジェームズ一世に言及しなかったかについては既に論じたが，反王権を訴えるピューリタンにとってジェームズ一世賞賛はありえないことであった。ストリクランドの説教の中心は国王軍との戦いで苦戦を強いられていた議会軍をいかにして鼓舞するかであった。そのためにストリクランドが依拠したのは聖書，それも旧約聖書であった。ピューリタン信仰の基本は「聖書のみ」「信仰のみ」「万人祭司」である。デービーズはピューリタンの "Bible-centered spirituality" を指摘するが[49]，それはこれまで論じてきたことから容易に理解できよう。「聖書のみ」(Sola Scriptura) は，聖書が唯一の最終的な権威であることを示すが，ストリクランドの説教はまさしく「聖書のみ」に基づいている。この点英国国教会説教家が教父や古典の作品からの援護による説教とは異なるところである。ストリクランドは，「詩篇」46 章 7 節の「万軍の主はわれらと共におられる。ヤコブの主はわれらの避け所である。」から説教を始めるが，説教の随所で主として他の旧約聖書を基に神とピューリタンとの特別な関係を説き，神はピューリタンの味方であることを繰り返し続ける。革命時ピューリタンは膨大な説教を行い，聖書から革命を支持した。ピューリタンの説教は "the disease of our Age" であると言う者もいるが[50]，ストリクランドの説教もピューリタンの膨大な説教の一部をなすことになる説教である。神の援護の下での国王軍との戦いでピューリタンは敗れるはずはありえないことを強調するストリクランドの説教に対してピューリタンがどのような反応を示したかは知る由もない。しかし，1644 年以降ピューリタンは幾多の難局を乗り越え最終的にはピューリタンの勝利で終わることになるが，ストリクランドの説教はその勝利に貢献した説教でもあったことは確かである。ストリクランドが火薬陰謀事件説教を行った 1644 年 11 月 5 日は 4 編の火薬陰謀事件説教が行われているが，本論ではストリクランドの説教だけを取り上げ，説教と革命時の国王軍との戦いとの関連でストリクランドの説教の意義を論じた。ストリクランド以外の 3 編の説教のなかでウィリアム・スパーストーの説教はストリクランドの説教とは切り話せない

説教である。なぜかと言えばストリクランドは本説教のなかでスパーストーの説教はスト
リクランドの説教同様貴族院で午前中に行われたと書いているからである[51]。ストリクラ
ンドがスパーストーの説教を直接聞いたのかは想像の域を超えないが，これは興味深い事
実である。本章ではスパーストーとストリクランドの説教の関連性については論じること
はできなかったが，この問題については稿を改めて論じたい。

## 注

(1) John Strickland, *IMMANUEL, OR THE CHURCH TRIUMPHING IN GOD WITH US. A Sermon preached before the Right Honourable of Lords, in the Abbey of Westminster,* at their publique Thanks-giving, *November* 5th 1644 (London, 1644), p. 15.

(2) Ibid., p. 16.

(3) Ibid., pp. 15-16.

(4) Ibid., p. 36.

(5) King James I, *Triplici Nodo, Triplex Cuneus, or an Apology for the Oath of Allegiance in the Political Works of James I* ed. C. H. McIlwain (New York: Russell and Russell, 1965), p. 281.

(6) 1644 年の議会軍と国王軍との戦いについては以下を参照した。Martyn Bennett, *The Civil Wars in Britain & Ireland 1638-1651* (Oxford: Blackwell, 1997), P.R. Newman, *A Atlas of the English Civil War* (London and New York: Routledge, 1998), Martyn Bennett, *Historical Dictionary of the British and Irish Civil Wars 1637-1660* (Chicago: Fitzroy Dearborn Publishers, 2000), Walter Money, *The First and Second Battles of Newbury and the Siege of Donnington Castle During the English Civil War* (Nottingham: Oakpast Ltd., 2009).

(7) Strickland, p. 16.

(8) Ibid., p. 19.

(9) Ibid., The Epistle Dedecatory.

(10) Op. cit.

(11) 人文科学研究第 125 輯 (2009), pp. 15-49 参照。

(12) Strickland, p. 2.

(13) Op. cit.

(14) Op. cit.

(15) Ibid., p. 7.

(16) Ibid., p. 16.

(17) Ibid., p. 17.

(18) Ibid., p. 25.

(19) Ibid., p. 19.

(20) Ibid., p. 20.

(21) Ibid., p. 21.

(22) Op. cit.

(23) Ibid., p. 29.

(24) Ibid., p. 23.

(25) Ibid., p. 27.

(26) Ibid., p. 26.

(27) Op. cit.

(28) Op. cit.

(29) Ibid., pp. 26-27.

(30) Ibid., p. 27.

(31) Op. cit.

(32) Op. cit.

(33) Ibid., p. 35.

(34) Ibid., p. 36.

(35) Op. cit.

(36) Op. cit.

(37) Op. cit.

(38) Ibid., p. 37.

(39) Op. cit.

(40) Op. cit.

(41) Op. cit.

(42) Op. cit.

(43) Op. cit.

(44) Ibid., p. 38.

(45) Ibid., p. 32.

(46) Op. cit.

(47) Ibid., p. 38.

(48) Ibid., p. 7.

(49) Horton Davies, *Worship and Theology in England from Cranmar to Hooker 1534-1603* I
(Princeton: Princeton Unversity Press, 1970), p. 301. 本書の 3 章は "Puritan Preaching" で教え
られるところが多い。

(50) Pete Lake, "Avan-Garde Conformity" in Linda Levy Peck ed. *The Mental World of the Jacobean Court* (Cambridge: Cambridge University Press, 1991), pp. 113-133.

(51) Strickland, p. 15.

## 第 5 章　ウィリアム・スパーストーの火薬陰謀事件説教とピューリタン革命

### 5－1　はじめに

　1605 年 11 月 5 日にイングランド国民を驚愕せしめたジェームズ一世暗殺図った国会爆破事件，いわゆる火薬陰謀事件が起こった。事件に激怒したジェームズ一世は以後毎年事件日の 11 月 5 日に火薬陰謀事件記念説教を行わせた。説教の目的は，事件の風化を防ぎ，合わせて事件を計画したジェズイットがいかに危険な教団であるかを国民に知らせ，同時にジェームズ一世王朝を強化することであった。その最初の説教はランスロット・アンドルーズ によって 1606 年 11 月 5 日に行われ，以後現在にまで続いている。事件から 39 年後の 1644 年 11 月 5 日には貴族院と庶民院で 4 編の火薬陰謀事件説教が行われた。貴族院では午前にウィリアム・スパーストー，午後にジョン・ストリクランドがそれぞれ説教を行った。庶民院ではアンソニー・バージェスとチャールズ・ハールが説教を行っている[(1)]。問題はこれら 4 人はすべてピューリタンであるということである。1644 年 11 月と言えば 1642 年 8 月に議会軍と国王軍の内乱勃発以来 2 年が経過した年であった。両軍の勝敗の行方が定かではないなかでの火薬陰謀事件説教である。私は，ストリクランドの説教については既に論じたことがある。その説教はピューリタン革命を強く意識した説教で，革命に際し神に加護を求めることをピューリタンに勧めている。本論ではスパーストーの説教だけを論ずるが，その際我々は次の二点について特に注意しなければならない。第一点は，説教でスパーストーが火薬陰謀事件をどのように扱っているかである。第二点は，進行中のピューリタン革命の観点からスパーストーの説教を論ずることである。スパーストーの説教は，11 月 5 日の火薬陰謀事件日の説教であるのでスパーストーはどうしても火薬陰謀事件を扱わざるをえないが，その論調はそれまでの事件批判の繰り返しの感が強い。スパーストーの説教がその力強さを増すのは彼がピューリタン革命に言及するときである。本論では最初にスパーストーが火薬陰謀事件をどのように批判しているかを考察し，次に 1644 年 11 月 5 日までの議会軍と国王軍との戦いを考慮に入れ，スパーストーの説教の真の狙いは火薬陰謀事件を論ずるよりはむしろピューリタン革命で議会軍を援護することにあったことを明確にしたい。

### 5－2　「イングランドのすぐれた裁き」と「神のすぐれた慈悲の悪用」

　スパーストーの火薬陰謀事件への熱意の希薄さは彼が説教に選んだ以下の「エズラ記」9 章 13-14 節にも見られる。

And ［Thou（the Lord）］hast given us such a deliverance as this: should we againe breake thy Commandements, and joyne in affinity with the People of these abominations? wouldst thou not be angry with us till thou hadst consumed us, so that there should be no remnant nor escaping?[(2)]

この一節はバビロン捕囚から帰還した捕囚民がユダを復興するにあたり指導的役割を果たしたエズラについての一節である。エルサレム到着後エズラはイスラエル国家の純粋性を

91

取り戻すためにイスラエル人と異民族の女性との雑婚の解消に努めた。イスラエル人が異民族との結婚により先祖伝来の律法を破り，神に対して罪を犯したが，主はイスラエル人に罰を下さず，彼らを生き続けさせてくれた。これが「救出」である。火薬陰謀事件後の事件記念説教で説教家が採った説教方法は説教の冒頭に挙げた聖書の一部を火薬陰謀事件に「適応」し，聖書の一節によって事件を糾弾することであった。上記の「エズラ記」を火薬陰謀事件に適応すればどうなるか。主によるイスラエル人「救出」は，火薬陰謀事件では主によるジェームズ一世「救出」となる。従来の説教家，特に英国国教会派説教家は火薬陰謀事件説教で事件からのジェームズ一世の奇跡的救出を賞賛し，それに類似する一節を主として旧約聖書から選んだ。そしてイスラエル人が，彼らの救出を主によるイスラエル人への特別な慈悲の結果であると考えたのと同様にイングランド人もジェームズ一世救出は神のイングランドへの特別な慈悲の結果であると考えた。ところが「エズラ記」の救出には劇的な緊迫した救出が描かれていない。このことはスパーストーが火薬陰謀事件におけるジェームズ一世救出をとりわけ重要視していないことを示していると思われる。ここで問題になるのは，スパーストーは火薬陰謀事件をどのようにとらえているかである。それは彼の説教のタイトルを見れば理解できる。説教のタイトルは "ENGLANDS EMINENT JUDGMENTS, caus'd by the Abuse of GODS EMINENT MERCIES" である[3]。「イングランドのすぐれた裁き」，「神のすぐれた慈悲の悪用」とは何を意味するのであろうか。これはスパーストーが「エズラ記」から得た以下の "doctrine"（教訓）から知ることができる。

That the abuse of eminent mercies and deliverances, provokes God to inflict eminent judgements, and many times a total and finall ruine[4].

神は「すぐれた慈悲と救出」与えるが，それらを悪用すると神から「すぐれた裁き」を受けることになり，神が「すべての最終的な破滅」をもたらす。これが「エズラ記」から得られる「教訓」であるとスパーストーは考える。スパーストーの説教のタイトルは「神のすぐれた慈悲の悪用によって引き起こされるイングランドのすぐれた裁き」である。スパーストーは「エズラ記」の一節からイングランドへ論点を移している。説教のタイトルを火薬陰謀事件との関連で考えると「神のすぐれた慈悲の悪用」はジェズイットによる国会爆破未遂事件であり，「イングランドのすぐれた裁き」とはその事件を未遂に防いだジェームズ一世の裁きである。このタイトルから判断すると我々はスパーストーによるジェズイット及びその背後にいるカトリック教会批判とジェームズ一世賞賛を期待するが，説教は事件とカトリック教会批判だけに終わり，ジェームズ一世賞賛は見られない。本来ならば「イングランドのすぐれた裁き」は「ジェームズ一世のすぐれた裁き」となるべきであるが，スパーストーはジェームズ一世という表現を避けている。いずれにせよ「エズラ記」の火薬陰謀事件への適応は強力なインパクトを我々に与えない。従来の火薬陰謀事件で扱われる聖書の一節はもっと劇的であった。それに比べると「エズラ記」におけるイスラエル人救出は劇的さを欠いていると言わねばならない。それよりも問題なのはスパーストーがなぜジェームズ一世の名を出さないのかである。この疑問は，スパーストーの説教の意図は火薬陰謀事件やジェームズ一世を論ずることよりも他にあるのではないかという疑問をわれわれに抱かせる。ここで忘れてならないのはスパーストーの説教は断食日説教であ

るということである[5]。断食日説教は，神がイングランドに対して永続的に恩寵を示してくれるように神に懇願する説教で，ピューリタン革命が勃発して以来頻繁に行われた説教である。その説教はピューリタン革命に際し議会軍が勝利のために神の援助を請うことを訴えるが，そのためにピューリタンは断食を行い，神に対してへりくだりの態度を示すことを人々に要求した。この断食日説教の背景を考えるとスパーストーの説教は火薬陰謀事件日説教でありながら実は火薬陰謀事件を論じるのではなくピューリタン革命を念頭においている説教であることがわかる。一見するとピューリタン革命とは無縁な印象を与えるスパーストーの説教はピューリタン革命と密接に関係している説教なのである。説教の序文でスパーストーは神と教会はこれまで以上に貴族院議員の援助を必要としており，彼の説教の趣旨は神と教会の援助へと貴族院議員を指導することであると述べている[6]。これはチャールズ一世支持の国王軍を念頭においての発言である。つまりピューリタンが革命に勝利し，チャールズ一世を打倒するためには貴族院議員の更なる協力が必要であることへの訴えなのである。では，神と教会を守るには具体的には何をなすべきか。それは以下の 3 点である。

(1)神から受けた偉大なすぐれた慈悲を感謝して認めること。
(2)神から与えられた慈悲と救出を神への感謝なしで悪用しないこと。
(3)神からの慈悲と救出の悪用は神からの厳しい罰を招くことの容認。[7]

ここで重要なのは神の慈悲への感謝である。神の慈悲を忘れなければ神は我々を救済し，逆に神の慈悲を悪用すれば神の罰が我々に下る。これは「エズラ記」においても火薬陰謀事件においても見られたことである。「神のすぐれた慈悲」という表現は説教の至る所に頻出するが，なぜかスパーストーはジェームズ一世への神のすぐれた慈悲を論ずることはない。これは，スパーストーが火薬陰謀事件説教で賞賛の対象となるべきはずのジェームズ一世には格別関心がなかったことを示している。この理由については次に明らかにするが，ジェームズ一世への関心欠如と共にわれわれの興味を引くのはスパーストーの火薬陰謀事件についての記述である。その記述を見てもスパーストーの事件への関心の度合いの薄さが理解できる。

## 5－3　スパーストーの火薬陰謀事件観

スパーストーは説教で火薬陰謀事件については多くを語らない。その火薬陰謀事件説教は火薬陰謀事件を扱いながらも彼の事件そのものへの糾弾には疑問が感じられる。それは，スパーストーの火薬陰謀事件観はそれまでの事件に対する見方を踏襲している印象を与えるからである。例えばスパーストーは，火薬陰謀事件について次のように言う。

It [The deliverance of King James I] is a deliverance upon the head of which may be truly written: *such* as the present age may admire; *such* as posterity will scarce believe; *such* as story cannot parallel. And therefore ought the memory of it to be deare unto every one, that would not so farre gratifie the Papists, as by the forgetting of Gods goodnesse, to silence and bury this their wickednesse, which should stand upon record to their perpetuall infamy. Doe but looke a little into the blacknesse of the conspiracy, and you shall thereby best discerne the transcendency of the deliverance; that serving unto it as darke and muddy colours unto God, which are oftentimes the best ground to lay it upon[8].

スパーストーの火薬陰謀事件への見方に格別独自な見解は見られない。事件からのジェームズ一世脱出への感嘆，歴史上類を見ない事件，事件の邪悪さ，陰謀の陰険さ等が記されているが，これらの表現に新しさはない。スパーストーは従来の火薬陰謀事件に見られた語句を使用して事件を批判しているにすぎない。最も奇異なのは，スパーストーが火薬陰謀事件について"the Gunpowder Plot"という語句を一度も使用していないということである。上記の引用では"the conspiracy"が火薬陰謀事件を表しており，スパーストーは幾度か説教でその表現を使用するが，"the Gunpowder Plot"という表現は説教には見られない。これには何か特別な理由があるのであろうか。スパーストーは更に次のように火薬陰謀事件について言葉を続ける。

Was there ever any wickednesse in all the ages that are past, which by the help of story we may come to the knowledge of, that did equall this, in cruelty, malice, and revenge? Or can you thinke that generations to come, are ever like to travell with such a monstrous conception and birth as this was? may we not truely say of it, what the *Historian* spake in another case:...That if it had not been recorded in our own annals; posterity might have thought it to have been rather fabulous, then true? [9]

この一節も上記の一節と内容的には変わらない。"wickedenesse" "cruelty, malice, and revenge"において火薬陰謀事件に匹敵する事件はなく，年代記に記録されなかったら後世は事件を"fabulous"と考えたであろうほど空前絶後な事件であるとスパーストーは言うが，これらの表現も使い古された表現である。スパーストーはこの他にも"this bloody conspiracy"[10]とか"this wickednesse is never like to finde an exact parallel."[11]とか述べて事件の凶悪さを指摘する。もしスパーストーの火薬陰謀事件観に何か新しさがあるとすればそれはスパーストーが事件を獅子の洞窟に投げ込まれたダニエルと比較している点である。スパーストーがダニエルと火薬陰謀事件を比較したのは火薬陰謀事件がダニエルの事件よりもはるかに凶悪な事件であることを訴えたいためであった。たとえばスパーストーは両者を比較して次のように言う。

*Daniels* danger sprang out of *Babylon*: from a combination of Princes, and great ones, that had there plotted his ruine, so did our danger arise from Rome, which is spirituall *Babylon*[12].

ダニエルの事件は個人が引き起こした事件であるが，火薬陰謀事件はそれよりもはるかに規模が大きく，事件の背後にはローマ・カトリック教会が潜んでいた国家的な事件であった。スパーストーの火薬陰謀事件批判はまた，カトリック教会への批判ともなり，事件の残虐さよりも組織的なカトリック教会が事件の犯罪に加担していることを糾弾している。

だからスパーストーは次のように言うのである。

...this [the Gunpowder Plot] was the designe of those who stile themselves of the order of Jesus, and wouldst be esteemed religious above others; and this is the thng which accents their wickedness, they act murther under the vizard of holinesse, which makes their iniquity to be *Scarlet,* what ever colour their coats were of.[13]

火薬陰謀事件は他の人よりも宗教心に厚いと思われているジェズイット教団に企てられ，彼らは神聖という仮面の下で殺人を犯している。このようにスパーストーは火薬陰謀事件をダニエルの事件と比較し，ダニエルの事件を凌ぐ火薬陰謀事件の凶悪さを強調する。この比較はこれまでになかった比較で火薬陰謀事件の残忍性を訴えようとしている。更に事件の背後にいるローマ・カトリック教会批判へとスパーストーは論を移すが，そこには "the Gunpowder Plot" なる表現も事件の被害者ジェームズ一世の名も出てこない。"the matchlesse salvation and deliverance" [14] が「この日（11月5日）」に神によって国全体に与えられ，そこに神の "superlative and transcendent mercies" [15] が現れたとスパーストーは言う。事件がイングランドの歴史上類を見ない凶悪な事件で，そこには神の慈悲が表れたという考えは事件直後の国会演説で事件を批判した際のジェームズ一世の表現で [16]，以後ジェームズ一世支持の英国国教会派説教家達は事件の凶悪さと神の慈悲を繰り返している。スパーストーの事件の見方は従来の事件観に従っていると言える。事件計画者の "wickedness" [17]，事件の "conspiracy" [18]，人間の理解を超えたジェームズ一世救出（the transcendency of the deliverance）[19]，事件計画者の "cruelty" "malice" "revenge" [20] という語句が見られるが，これらはすべてそれまでの説教家によって使用されている語句である。また，事件の計画者であるジェズイットが所属するカトリック教を批判することも説教の定番であるが，スパーストーもカトリック教徒への批判を忘れはしない。しかし，その批判はそれまでによく知られた常套的な批判となっている。例えばスパーストーは，ローマ教皇について次のように言う。

...the Popes temporall jurisdiction over Princes; of his power to dispose all oathes and tyes of allegiance; of his infallibility, of subjection to him absolutely necesary to salvation,&c. but treasons and rebellions against that State and people, that maintaine a contrary religion unto them. [21]

教皇の君主への世俗的支配権，すべての忠誠の誓いときずなを解消する教皇の権限，教皇の不可謬性，救済に絶対的に必要である教皇への服従，しかしカトリック教と相反する宗教を維持する国家や国民へ反逆と反乱を扇動する教皇，世俗化しすぎた教皇権への批判をスパーストーは行っている。あるいはカトリック教会の「迷信的行為と偶像崇拝」[22] についても言及するが，これらはカトリック教会批判の際には必ずと言ってもよいほど使用された表現である。火薬陰謀事件の凶悪性批判とカトリック教会批判は説教のお決まりのテーマの一つであったが，スパーストーの両者への批判に目新しさはない。ただ従来の批判を踏襲している感が強い。スパーストーが火薬陰謀事件をそれほど重視していないことはその説教の手順を見ても理解できる。従来の英国国教会説教家による火薬陰謀事件説教は

以下の手順に従っていた。

　(1)火薬陰謀事件と類似した事件の聖書からの選択
　(2)事件の凶悪さ
　(3)ジェームズ一世の奇跡的な事件からの救出
　(4)説教に選んだ聖書の一節の事件への適応
　(5)事件を未然に防いだジェームズ一世への賞賛
　(6)ジェームズ一世救出にさいし神への感謝

スパーストーの説教の手順を見るとこの手順を踏まえているのは(1)(2)(6)である。しかも(6)はほんのわずかしか触れられていない。最も重要な点は，すでに指摘したようにジェームズ一世の個人名が全く現れていないということである。(3)のジェームズ一世の奇跡的な「救出」についてもスパーストーは言及するがジェームズ一世の名前は見られない。既に引用したジェームズ一世の救出に言及した "It [the deliverance of James I] is a deliverance upon the head of which may be truely written:" [23] での "the head" とは誰を指すのかは明白である。それは英国国教会派説教ならば "King James と書いたであろうが，スパーストーはそれを避けている。しかもその回避は意図的である。あるいは既に指摘した説教のタイトルにもジェームズ一世という表現を避けられている。これはスパーストーがピューリタンであることを考えれば容易に理解できるであろう。ピューリタン革命の目的は絶対王制に固執するチャールズ一世の打倒である。父のジェームズ一世同様王権神授説を頑なに信じ，絶対王制死守に奔走するチャールズ一世は共和制を説くピューリタンの理念に反する人物である。チャールズ一世打倒により新しい社会建設を目指すピューリタンにとってジェームズ一世は賞賛の対象とはなりえない。ジェームズ一世賞賛欠如はピューリタン説教家に共通したもので，スパーストーが説教を行った日の午後に貴族院で火薬陰謀事件説教を行ったストリクランドも説教のなかで事件へは2回しか言及せず，ジェームズ一世には一度も言及していない [24]。スパーストーの説教の中にジェームズ一世の名前が見られないことと関連するのは説教に選んだ聖書の一節の事件への「適応」である。説教に選んだ「エズラ記」9章13-14節での「救出」は罪を犯したイスラエル人を主が生き続けさせていることである。ところがスパーストーは「エズラ記」を火薬陰謀事件に適応していない。「救出」は「エズラ記」の場合は異民族と結婚したイスラエル人の主による「救出」であるが，火薬陰謀事件では主によるジェームズ一世「救出」である。ところがイスラエル人救出がジェームズ一世救出へと適応されるとジェームズ一世は神の選民イスラエル人となり，ジェームズ一世の神格化を容認することになる。火薬陰謀事件に相当する事件はイスラエル人と異民族の結婚である。その雑婚を解消するエズラはジェームズ一世となる。火薬陰謀事件実行者のジェズイットに相当する人物は「憎むべきわざを行う民」であるが，この民にはジェズイットのような物理的凶悪さはない。彼らの主への裏切りは精神的な凶悪さである。このように「エズラ記」を火薬陰謀事件に適応するとピューリタンにとっていくつかの不都合が生じかねない。何よりもその適応はジェームズ一世の神格化を助長することになる。だからスパーストーはあえて「エズラ記」の一節を火薬陰謀事件へ適応することには慎重だったのである。スパーストーの説教は火薬陰謀事件記念説教であったがその論点

は「エズラ記」を基にして火薬陰謀事件を論じることではなかった。火薬陰謀事件の主役はジェームズ一世であり、ピューリタンとしてのスパーストーはジェームズ一世賞賛になる恐れのある火薬陰謀事件をまともに取り上げることはできなかった。それならばスパーストーの説教の真の意図はどこにあったのであろうか。われわれはスパーストーの説教が行われた 1644 年 11 月 5 日以前のピューリタンを取り巻く情勢を考慮する必要がある。その情勢を理解して初めてスパーストーの説教の真意が明らかになる。

## 5 −4 　火薬陰謀事件説教とピューリタン革命

　スパーストーの説教は表面的には火薬陰謀事件記念説教であり、それは当然のことながら事件への非難が中心となるべき説教である。しかし、この説教は単なる従来の火薬陰謀事件説教で終わることはない。説教の真意を理解するためにわれわれはこの説教が行われた 1644 年 11 月 5 日以前のイングランド社会に眼を向けなければならない。そうすればスパーストーの説教は単なる火薬陰謀事件説教ではないことが明らかになる。1644 年 11 月 5 日までにピューリタン革命は 2 年を経過していたが、スパーストーの説教はピューリタン革命時におけるピューリタン議会軍と国王軍との戦いを抜きにしては考えられない説教である。両軍の戦いを説教から排除することはこの説教が有する真の狙いを見逃すことになる。とすると問題となるのは説教のタイトルである。説教のタイトルは“ENGLANDS EMINENT JUDGMENTS, caus'd BY the abuse of GODS EMINENT MERCIES”であるが、それには二つの意味があると考えられる。火薬陰謀事件説教として見た場合「イングランドのすぐれた裁き」は火薬陰謀事件が未然に防がれたことを意味する。「神のすぐれた慈悲の悪用」の「神のすぐれた慈悲」は、イングランドがこれまで神から受けてきた慈悲を意味するし、その「悪用」とはジェズイットによる火薬陰謀事件である。1644 年 11 月 5 日以前のピューリタン議会軍と国王軍との内乱との関係からタイトルを解釈すると「イングランドのすぐれた裁き」は国王軍との戦いを通しての議会軍の王制打倒決断の裁きである。「神のすぐれた慈悲の悪用」の「神のすぐれた慈悲」はこれまでイングランドを支えてくれた神の慈悲であり、その「悪用」とはチャールズ一世の恣意的な専制政治である。このようにスパーストーの説教には二つの意味が考えられるが、問題は説教には議会軍と国王軍との戦いに言及する箇所があるのかである。これについては一見すると見落としがちであるが、説教を注意深く読むとスパーストーは革命に言及していることが理解できる。例えばスパーストーは次のように言っている。

True it is, God hath given us of late some revivings, which we may justly looke upon as earnests & pledges of future mercy[25];

スパーストーは「神がわれわれに最近いくつかの復活を与えてくれたことは真実である。それをわれわれは当然のことながら未来の慈悲の前兆と保証と見なすことができる」と言うが、「最近」とはいつのことであるのか。「いくつかの復活」とは何を意味しているのか。この一節は議会軍と国王軍との戦いに言及している一節である。1644 年 11 月 5 日以前に両軍が戦った「最近」とは 10 月 27 日である。「いくつかの復活」は敗色濃厚な国王軍

97

との戦いからの議会軍の復活である。10 月 27 日には議会軍と国王軍との戦いがニューベリーで行われている。その戦いはコーンウォールでの勝利後引き揚げるチャールズ一世軍を議会軍がニューベリーで阻止しようとした戦いであった。議会軍は国王軍の二倍の勢力を有しながらも指揮統一を欠き，議会軍司令官マンチェスター伯（Earl of Manchester）は国王軍追撃を強硬に主張したクロムウェルの要望に耳を傾けず，最終的に国王軍へ決定的な攻撃を加えることをしなかった。いわゆる第二次ニューベリーの戦いである[26]。厳密に言えばこの戦いは「いくつかの復活」の一つとは言えないだろうがスパーストーには議会軍の士気を鼓舞するためにあえて「いくつかの復活」の一つとしている。1644 年には他にも議会軍と国王軍との戦いが繰り返されたが，厳密な意味で「いくつかの復活」の一つに近い戦いは 1644 年 7 月 17 日のヨークでの戦いである。それはヨークで国王軍が議会軍に降伏し，その結果として議会軍が北部での勝利を得ることになった戦いである。ヨークの戦いが「いくつかの復活」に符合する戦いであるが，「最近」という表現からは遠い。とすればスパーストーは第二次ニューベリーの戦いを「いくつかの復活」と考えていたことは疑いえない。この他にも内乱に言及していると思われる箇所がいくつか見られる。例えば，以下でスパーストーは "so Noble a work" というが，それが「革命」であることは明白である。

　　　This I speake, Right Honourable, that you whom God hath called to be principall instruments in so Noble a worke, as the laying of the first stone of a blessed reformation, would not give over, and sit down discouraged, when you meet with opposition and scorne from such, who are apt to deride the meannese and simplicity of Gods Ordinances,...[27]

「祝福された改革」はピューリタン革命であり，「反対と嘲笑」はチャールズ一世派からのピューリタンに対する「反対と嘲笑」である。スパーストーは「揺るがぬ決意をもって神の大義のために立ち上がる」ことを貴族院議員に訴えている。説教の序文には以下の言葉がある。

...those whose eyes God hath opened to judge right, they see that those men are both the best and greatest, whom God is pleased to betrust with the richest opportunities of worke and service. With such blessings, Right Honourable, God at this time hath abundantly enriched you above others, who stand continually engaged in such publique service,...O therefore be entreated to imploy and lay out your selves for God and his Church, which stands more in need of your helpe and assistance then ever[28];

"worke and service" は 1644 年 11 月 5 日を考慮に入れると "worke" はピューリタン革命への言及であり，革命に従事することは神への奉仕ともなってくる。同様に "publique service" も革命を通しての公衆への奉仕である。スパーストーは貴族院議員に対して更なる革命への支援を訴えている。次の引用文でスパーストーは「貴族院議員は，神の真実を高慢な横柄な敵の不純な足によって踏みつけさせた」[29] と言うが，「高慢な横柄な敵の不純な足」，「神の真理に反抗した人たち」がチャールズ一世派を指していることは言うまでもない。

...for his〔God's〕truth〔you=the Lords〕have not beene valient; but have suffered it to be trampled upon by the impure feet of proud and scornfull enemies, having neither a tongue to plead for it, nor heart to oppose the insolencies of such, who have risen up against it. O therefore lose not the honour of so precious an opportunity as God hath put into your hands, by any sinfull lukewarmness, and remission of your affection and love to God. [30]

これはこれまで劣勢であった国王軍との戦いに対して強い意志と神への愛をもって臨むようにというスパーストーの訴えである。スパーストーの説教では国王軍との戦いが強く意識されている。以下での"the fist of wickednesse"と"the Sword of justice"には注目する必要がある。

...if they〔men〕dare to smite with the fist of wickednesse, doe you dare to smite with the Sword of justice[31];

「悪のこぶし」で強打するのは国王軍で、「正義の刃」で強打するのは議会軍である。ピューリタン革命は「悪」と「正義」の戦いであり、スパーストーからすれば「正義」が「悪」に屈することはありえない。次のスパーストーの言葉は明らかに内乱を念頭においた発言である。

O therefore if in these sad and distracted times, you ever looke to be partakers of any ample testimonies of Gods favour, to share in any eminent mercy and salvation from heaven above others; indeavour to winde up your faith to an high pitch: beleeve above hope, against hope; above discouragements against discouragements:...let faith say, God is still one and the same, as able to helpe as ever, as willing to helpe as ever. And when you can thus honour God with your faith, God will certainly recompense you with the fulnesse of his mercy[32].

「これらの嘆かわしい狂気のような時代」とは国王軍との内乱の時代である。しかし、ピューリタン議会軍はそれでも神からの慈悲と救済に与っており、スパーストーは信仰によって神を賛美すれば神の慈悲による報いがあることを強調する。これは国王軍とは違い、議会軍には神への信仰による神からの援護があることを言っているのである。この神の援護があれば国王軍との戦いで議会軍が敗れるはずはない。またスパーストーは次のようにも言う。

Then God whose power is perfited in weaknesse, wrought such a deliverance, as is deservedly recorded among the chiefe of miracles: making the sea to be Israels path to *Canaan,* and the Egyptians tombe and grave to bury them in destruction. And indeed, though calme and prosperous times may most suit with the desires, and beauty of the Church: yet extremities are the onely foyle to set off Gods power and love in their full lustre: as times that are plaine and even are best for the liver; but times that are up-hill and downe-hill, full of changes and vicissitudes, are best for the writer.[33]

"weaknesse" とは議会軍が国王軍との戦いで劣勢にあるときであり、そのようなときに神は奇跡中の奇跡に記録される救出を行ってくれる。これは明らかに国王軍との戦いでの議会軍の行き詰まりを示しているが、内乱という「難局」にあってこそ神はその愛と力によって議会軍を擁護してくれることをスパーストーは訴える。今はまさに「登り坂、下り坂であり、変化と浮き沈みに満ちている」時代であるが、その苦難の時代こそ書き手にとっては最も良い時代であるとスパーストーは言う。「書き手」とは革命の勝利を信じて止まないピューリタンであるが、ピューリタンにとって苦難を経て初めて勝利が訪れるのである。あるいは

Former expeiences of Gods rich goodness unto us are alwaies to be improved to our support in present difficulties, and in every straite we should use them, as *Elishia* did *Elijahs* mantle, 2 *King.* 2.14. who being to passe over *Jordan* smites the waters with it, saying *Where is the Lord God of Elijah*? we should say, Where is the God whose wisdome was as a pillar of fire unto us, when our own counsels were as a darke cloud that gave no light? where is the God, whose power was victory unto us, when our arme was weake, and our hopes faint? him we will trust, and cast our selves upon: else, if in every new difficulty we suffer our hearts to sinke and die away, as if we hade never knowne any thing of God in troubles and dangers[34];

"present difficulties" は 1644 年 11 月 5 日現在においてピューリタンが直面している苦境である。"our own counsels were as a darke cloud that gave no light."[35] も出口の見えないピューリタンの国王軍との戦いへの言及である。また、貴族院議員に対しての "be eminent in your zeale for publique reformation."[36] での「社会全体の改革」はピューリタン革命である。その「社会全体の改革」についてスパーストーは次のように言う。

It'[public reformation]s a worke which in its perfection, is full of glory, and beauty; but in its beginning and infancy, full of difficulty: a worke whose top-stone is brought forth with shoutings; but its foundation laid with discouragement and opposition; and therefore requires such a measure of zeal and affection in all who are builders,...[37]

社会改革の初めにおける阻止と反対はチャールズ一世派からピューリタンに対するもので、「建設者」はピューリタンである。ここでの「社会改革」はピューリタン革命であることは言うまでもない。それは、革命はその初めにおいては困難を伴うがあきらめずに最後まで戦えというスパーストーのピューリタンへの激励となっている。「崇高な仕事」であるピューリタン革命に際し、他人の暴力や激怒を恐れるなともスパーストーは言うが、「他人の暴力や激怒」は国王軍からのものである。「改革」については次の表現もある。

...in these reforming times be eminently zealous, and full of courage in every concernment of God, and his Church[38].

100

「これらの改革の時代」はピューリタン革命の時代で，スパーストーは革命において勇気ある行動を訴える。また，以下ではピューリタン内部の独立派以外の様々な宗派が現れた結果，ピューリタン内部での意思統一が困難となり，ピューリタンの団結心が弱体化することへの危惧の念をスパーストーは表明している。

...be eminently in your [the Lords'] zeale for reformation, in suppressing of those monstrous births of opinions which every day multiply, to the shaking of the faith of the weake, to the perverting of such as were hopefull, and the strengthning of the hands of others in their iniquities[39].

また，以下でもスパーストーはピューリタン内部での「分裂」が革命の将来へ悪影響を及ぼすことを指摘している。

how will division in judgements and ends, in such a Body as yours [the Lords'] quickly prove prejudiciall not to your selves onely, but to the whole Kingdome for whose good you are now met? O therefore let me beseech you, that laying aside your owne interests (which usually are the roote and spring of division) you would have the glory of God in your eye, who hath called you to many and weighty services[40];

でもスパーストーはピューリタン内部での「分裂」が革命の将来へ悪影響を及ぼすことを指摘する。私利私欲を捨てて初めて神の栄光が手に入れることができる。また，貴族院議員の団結心を訴え，内乱で混乱するイングランドの現状を "a reeling and tottering Kingdome"[41]と表しているが，「ふらつく，よろめく王国」はまさしく国王軍との戦いで決着のつかない 1644 年 11 月 5 日のイングランドの現状である。その「ふらつく，よろめく王国」でピューリタンは "the *Saviours of Israel*, and the *repairers* of its *breaches*" と呼ばれるのである。スパーストーは，戦いの行方が不透明な 1644 年 11 月 5 日現在において議会軍に一致団結をもって国王軍と戦うようにと訴える。

...so you [the Lords], though the glory of your House [of the Lords] be not so great as formerly, nor your number so many; may yet, if you aime all at one common White, and make the publique good, without respect to private interests, to be the results of your counsell, effect more and greater things for Gods glory, and the Kingdomes happinesse, then ever yet have been done[42].

「一つの共通の白」とは国王軍打破であり，「私利に関係のない公共の利益」とはチャールズ一世王朝崩壊後のイングランド国民全体の「利益」である。

このようにスパーストーの説教の随所にはピューリタン革命への言及が見られる。スパーストーにとって火薬陰謀事件の主役たるジェームズ一世は眼中にない。彼の関心はただ一つ，いかにして進行中の革命でピューリタンを勝利に導くかである。当日午後の説教ではストリクランドは議会軍と国王軍との戦場にも言及し，ピューリタン革命でのピューリタンの勝利を確約した[43]。それはピューリタンには絶えず神の援護があるという主張に依っていた。スパーストーの説教でも彼は盛んに「神のすぐれた慈悲」や「神の祝福」を繰り返

101

し，神の慈悲や祝福によって議会軍は革命において勝利すると貴族院議員に確約している。火薬陰謀事件を論じるときのスパーストーに熱意は感じられないが，国王軍との戦いを論ずるときのスパーストーはピューリタンとして強い決意を見せる。スパーストーの説教の冒頭に掲げた「エズラ記」における「救出」は革命における窮状からの議会軍の「救出」をも示唆する「救出」である。その意味では火薬陰謀事件説教は単なる記念説教ではなかったのである。

## 5−5　むすび

　断食は本来は国家が危機に直面していた際に行われたが，それ以外にも記念日や勝利や救出への感謝日に際しての断食もあり，それと共に説教が行われた。後者の説教には国王即位，火薬陰謀事件，及びエリザベス女王即位のそれぞれの記念日に際しての説教があり，スパーストーの説教は言うまでもなく火薬陰謀事件記念説教である。重要なことは長期議会の指導者たちは革命の戦術的戦略的の目的のために説教を利用したということである[44]。それゆえに我々はスパーストーの火薬陰謀事件説教を単なる火薬陰謀事件説教としてではなく，説教が行われた 1644 年 11 月 5 日現在のピューリタンが直面していた国王軍との戦いをも考慮に入れる必要のある説教として見なさなければならない。スパーストーは火薬陰謀事件だけを扱うことはできない。なぜなら火薬陰謀事件だけを扱えばその説教は事件を計画したジェズイット糾弾で終わるだけでなく，事件の最大の被害者となるはずだったジェームズ一世賞賛の説教となり，最終的にはジェームズ一世王朝継承者のチャールズ一世王朝存続を認めることになるからであった。確かにスパーストーは説教で火薬陰謀事件の凶悪性や事件の背後にいたカトリック教会を批判しているが，その批判は従来の批判の反復にすぎず，その批判に彼の気迫は感じられない。それは，スパーストーの説教の真の狙いは火薬陰謀事件を扱うことではなく，革命においてピューリタンを鼓舞することにあったからである。このように考えると 1644 年 11 月 5 日までの議会軍と国王軍との戦いがいかなる状況にあったかがスパーストーの説教を読み解く上で重要な背景となっていることが理解できる。それまでの議会軍の戦況は必ずしも議会軍に有利に展開してはいなかった。ピューリタンが「聖戦」とみなした国王軍との戦いは一進一退を続け，先行き不透明な様相を呈していた。翌 1645 年 6 月 14 日のネスビーの戦いでクロムウェルが国王軍に対して決定的な勝利を得て初めて内乱は終結に向かうが，1644 年 11 月 5 日までは議会軍，国王軍のいずれが勝利を得るのかはまだ不透明であった。議会軍と国王軍との熾烈な戦いを考慮するとスパーストーの火薬陰謀事件説教は従来と同じ火薬陰謀事件説教としては論じることはできなくなってくる。火薬陰謀事件記念説教の場を借用し，スパーストーは聴衆に対して革命への檄を飛ばすのである。内乱で苦戦を強いられているなかで火薬陰謀事件の凶悪さ，残忍さを聴衆に訴えてもそれは強烈なインパクトとはならない。焦眉の急は内乱である。貴族院議員も火薬陰謀事件だけについての説教を期待していたわけではなかったであろう。貴族院に呼ばれた説教家たちに課せられた任務の一つは革命についての宣伝であり，革命の展望であり，最終的にはピューリタンの革命における勝利を聴衆に確約することであった。特別なことがない限り，国会では一般人も説教を聞くことが許され，手紙を取ることも許された。火薬陰謀事件説教を聞きに来た一般人の目的はジェームズ一世

救出劇の説教ではあるまい。彼らは貴族院議員よりははるかに現実的な一般人であった。理論や理念よりもイングランドの現状に格別な関心を抱いていただろう。彼らの説教への期待もやはり革命についてであった。火薬陰謀事件をのみ論ずれば当然のことながら事件の主役のジェームズ一世への賞賛も論じなければならない。ジェームズ一世はピューリタンにとっては天敵である。火薬陰謀事件を取り上げたスパーストーの意図は事件に現れた事件への神の関与，神の慈悲である。その神の慈悲が議会軍と国王軍との戦いでも現れ，それが最終的には議会軍を勝利へ導いていく。スパーストーが聴衆に強く訴えたかったのはまさしく「神の慈悲」であった。火薬陰謀事件とピューリタン革命を結びつけているものはこの「神の慈悲」である。スパーストーの説教は火薬陰謀事件を扱いながらも実は革命において議会軍を強力に援護する説教であった。ともすれば議会軍は国王軍に敗れるかもしれない。その不安を払拭する必要がピューリタンのスパーストーにはあった。そのためにスパーストーは貴族院での説教を要請されたのである。スパーストーの説教の真の狙いは革命の勝利の確信を聴衆に与えることにあったと言っても過言ではない。スパーストーの説教の後，午後には同じピューリタンのストリクランドが貴族院で火薬陰謀事件説教を行った。庶民院でも同じ日にやはり二人のピューリタンが火薬陰謀事件説教を行っていた。つまり同一日に4人のピューリタンが火薬陰謀事件説教を行っていたのである。なぜ4人ものピューリタンが同一テーマで説教を行ったのか。その経緯は推測の域を越えないが，国王軍との戦いに行き詰まりを感じたピューリタンがその打開を 4 人の説教家に託したのであろう。スパーストーは，戦いはピューリタンにとって決して不利な状況にあるのではなく，むしろ勝利へと進んでいることを貴族院議員に訴えたかったのである。国王軍との戦いはピューリタンにとっては死活問題であった。英国国教会派説教家だったら事件だけを扱い，カトリック教会を批判し，ジェームズ一世の陰謀事件からの救出とジェームズ一世賛美そして神の慈悲を訴えればそれで十分だった。しかし，ピューリタン説教家にとってはそれだけでは不十分だった。彼らには火薬陰謀事件よりも重大な国王軍との戦いが眼下にあった。新しい国家建設のためには国王軍との戦いにはどうしても勝利しなければならず，そのためにピューリタン説教家，スパーストーは火薬陰謀事件説教を利用し，ピューリタンの革命への後押しを行ったのである。今流に言えばアジ的説教の感もなきにしにあらずの説教であるが，見方によってはスパーストーがピューリタン革命勝利への執念を国王軍に見せつけている説教でもあったと言えよう。革命が議会軍の勝利に終わり，チャールズ一世が捕らえられて今度はチャールズ一世処刑が問題となってくる。チャールズ一世以前にも王の腹心ロード処刑に際し，断食説教が積極的に賛成し，チャールズ一世処刑にも断食説教は強くその処刑を訴えた。その意味で断食説教は極めて政治色の強い説教であった。スパーストーが説教を行ったときはまだ説教はそれほど政治的過激性が強い説教ではなかった。説教家はまだ政治的に発言することに遠慮していた感が強い。スパーストーの説教もそのような説教であった。しかし，火薬陰謀事件日において事件だけについてだけ説教をすることはできなかった。説教を精読すると随所に議会軍と国王軍との戦いへの言及が見られ，議会軍を叱咤激励する場が少なくない。その意味ではスパーストーは真のピューリタンであり，ピューリタンとして革命の勝利を疑わなかった一人でもあったのである。

**注**

(1) 4編の説教とは William Spurstowe, *Englands Eminent Judgements,Caus'd by the Abuse of Gods Eminent Mercies* (London, 1644), John Strickland, *Immanuel, or The Church Triumphing in God with Us* (London, 1644), Anthony Burgess, *Romes Cruelty and Apostacie* (London, 1645), Charles Herle, *David's Reserve and Rescue* (London, 1645)である。これら4編の説教は Robin Jeffs ed., *Fast Sermons to Parliament* (London: Cornmarket Press, 1970), Volume 14 に収録されている。

(2) この一節は William Spurstowe, *Englands Eminent Judgements, Caus'd by the Abuse of Gods Eminent Mercies* (London, 1644), p. 1 に引用されている。

(3) このタイトルの綴りは元々の綴りで, *Fast Sermons to Parliament* では上記の綴りとなっている。

(4) Spurstowe, p. 15.

(5) "fast sermon" については Christopher Hill, *The English Bible and the Seventeenth-Century Revolution* (London: Penguin Books, 1993), pp. 79-108 や Hugh Ross Trevor-Roper, *Religion, the Reformation, and Social Change* (London: Macmillan, 1967), Chapter 6 で詳しく論じられている。また, Christopher Hill, *The Collected Essays of Christopher Hill* Vol. 2 (Brighton: Harvester Press, 1986) の "Religion and Politics in 17th Century England" でも "fast sermon" についての言及がある。この他に John F. Wilson, *Pulpit in Parliament: Puritanism during the English Civil Wars 1640-1648* (N. J.: Princeton University Press, 1969), Chapter III でも "fast sermon" が論じられている。

(6) Spurstowe, The Epistle Dedicatory.

(7) Ibid., p. 2.

(8) Ibid., p. 11.

(9) Op. cit.

(10) Op. cit.

(11) Ibid., p. 12.

(12) Op. cit.

(13) Ibid., pp. 13-14.

(14) Ibid., p. 10.

(15) Op. cit.

(16) King James I, *Triplici Nodo, Triplex Cuneus, or an Apology for the Oath of Allegiance in the Political Works of James I* ed. C. H. McIlwain (New York: Russell & Russell, 1965), p. 281.

(17) Spurstowe, p. 11.

(18) Op. cit.

(19) Op. cit.

(20) Ibid., p. 11.

(21) Ibid., pp. 26-27.

(22) Ibid., p. 27.

(23) Ibid., p. 11.

(24) Strickland, p. 15 と p. 16 で "the Powder Treason" という表現が使用されている。"this day"（11 月 5 日）は 4 回言及されている。

(25) Spurstowe, p. 23.

(26) 1644 年の議会軍と国王軍との戦いについては以下を参照した。Martyn Bennett, *The Civil Wars in Britain & Ireland 1638-1651* (Oxford: Blackwell, 1997), P. R. Newman, *Atlas of the English Civil War* (London and New York: Routledge, 1998 ), Martyn Bennett, *Historical Dictionary of the British and Irish Civil Wars 1637-1660* (Chicago: Fitzroy Dearborn Publishers, 2000), Walter Money, *The First and Second Battles of Newbury and the Siege of Donnington Castle During the English Civil War* (Nottingham: Oakpast Ltd., 2009), 松村赳・富田虎男編『英米史辞典』（東京：研究社, 2000 年）。

(27) Spurstowe, p. 25.

(28) Op. cit.

(29) Ibid., p. 25.

(30) Op. cit.

(31) Ibid., p. 26.

(32) Ibid., p. 8.

(33) Ibid., p. 6.

(34) Ibid., p. 18.

(35) Op. cit.

(36) Ibid., p. 24.

(37) Op. cit.

(38) Ibid., p. 25.

(39) Ibid., p. 27.

(40) Ibid., p. 29.

(41) Op. cit.

(42) Ibid., p. 28.

## 第6章　アンソニー・バージェスの火薬陰謀事件

### 6－1　はじめに

　1644年11月5日に4人のピューリタンが貴族院と庶民院でそれぞれ火薬陰謀事件記念説教を行った。その一人がアンソニー・バージェス(Anthony Burges)である[1]。庶民院ではバージェスが午前に説教を行い、午後にはチャールズ・ハール(Charles Herle)が説教を行った。バージェスの説教は説教日が火薬陰謀事件記念日であることを考えると著しく奇異な印象を与えかねない説教である。なぜならその説教は火薬陰謀事件を扱うことはほとんどなく、また貴族院でのスパーストー(William Spurstowe)やストリクトランド(John Strickland)の説教と異なり、11月5日以前の議会軍と国王軍との戦いへの言及もほとんどない。バージェスは説教の序文で「始まった改革[内乱]の行く手をさえぎる多くの抵抗があってもうろたえてはいけない」[2]と言っており、我々はバージェスが説教で大々的に国王軍との戦いに言及すると思いきや、その期待は全く裏切られる。バージェスはほとんど内乱を取り上げることはしないのである。ではバージェスは説教で何を論じているのか。それは事件を引き起こしたジェズイットの所属するカトリック教会への批判である。その点では従来の英国国教会派説教家の説教と異なるところはない。バージェスの説教タイトル"Romes Cruelty & Apostacie"（「ローマの残虐と背教」）からも明らかなように、説教ではカトリック教会がいかに堕落した危険な教団であるかが強調されるが、その批判を通して火薬陰謀事件への非難、ジェームズ一世賞賛へは至っていない。バージェスのカトリック教批判はその批判で終わっている感が強い。では、最初にバージェスのカトリック教批判、次に彼の火薬陰謀事件批判がどのように行われているかを論じていきたい。

### 6－2　バージェスの火薬陰謀事件説教とカトリック教批判

　バージェスが説教で火薬陰謀事件を論じることもせずかといって進行中の国王軍との戦いをも取り上げることをしていないとすれば、彼は説教で何を論じていたのか。バージェスの説教の論点はもっぱらカトリック教会批判である。バージェスが説教の冒頭に掲げた聖書の一節は以下の「ヨハネの黙示録」19章2節である。

For true and righteous are his [God's] judgements, for he hath judged the great whore, which did corrupt the earth with her fornication, and hath avenged the bloud of his servants at her hand.

「ヨハネの黙示録」における「大淫婦」は「大いなる都」すなわち「大いなるバビロン」であり、そのバビロン消滅はローマ帝国の滅亡であることはよく知られている。英国国教会派説教家であれば説教の手順に従い、聖書一節を事件に適応し、最後にジェームズ一世を賞賛する。ところが「ヨハネの黙示録」の一節を事件に適応すると「神の判断」はジェームズ一世の判断となり、「大淫婦」は事件首謀者のカトリック教徒となるが、肝心の事件はない。火薬陰謀事件ではジェームズ一世の奇跡的な火薬陰謀事件からの救出が最大のテ

ーマで、様々な説教家は聖書から火薬陰謀事件に類似した事件を選び、それを火薬陰謀事件に適応した。これはアンドルーズ(Lancelot Andrewes)やダン(John Donne)の火薬陰謀事件説教を見れば明らかである。ところがバージェスの説教には火薬陰謀事件に匹敵する個人が危機に接した事件はない。ローマ帝国滅亡の原因ともなった堕落した皇帝礼拝やローマ人の享楽的な生き方が事件と言えば事件であるが、火薬陰謀事件のように王が殺害の対象になった事件とは異なる。バージェスが「ヨハネの黙示録」を説教の初めに掲げたのは他に理由があったからである。その理由を解明する前にバージェスの説教に検討を加えたい。

　火薬陰謀事件説教には手順があることは既に指摘したが、それをもう一度列挙すれば以下の通りである。(1)火薬陰謀事件と類似した事件を聖書から選ぶ。(2)事件がいかに凶悪であったかか指摘する。(3)いかにジェームズ一世が奇跡的に事件から救出されたかを述べる。(4)聖書から選んだ聖書の一節を事件に適応する。(5)(5)事件を未然に防いだジェームズ一世を賞賛する。(6)ジェームズ一世を救出してくれた神の慈悲へ感謝する。これが英国国教会派説教家による説教の手順であった。ところがバージェスの説教はこの火薬陰謀事件説教の手順には従っていない。(1)の聖書からの事件に類似した一節に関しては、上記の「ヨハネの黙示録」19章2節をバージェスは挙げているが、それが火薬陰謀事件に類似した事件であるかは疑問である。ピューリタン説教家は主として旧約聖書から説教に使う一節を選んでいたが、バージェスは新約聖書から一節を選んでいる。「ヨハネ黙示録」の一節にはある人物が危機的な状況に追いやられ、その人が劇的に救出されることは描かれていない。その一節では「姦淫で地を汚した大淫婦」への神の裁きが真実で正しいことそして神の僕たちの血の報復を大淫婦に行ったことが書かれている。(3)のジェームズ一世の事件からの奇跡的な救出は全く触れられていない。(4)の「ヨハネの黙示録」から火薬陰謀事件への適応はどうか。聖書の一節の事件への適応はそれほど困難ではない。「ヨハネの黙示録」では、「彼＝神」はジェームズ一世、「大淫婦」はジェズイットとなるが、危機的状況から救出される「神」は描かれない。この適応ではジェームズ一世は神となり、バージェスにはこの適応は考えられない。事件を未然に防いだジェームズ一世賞賛もピューリタンには出来ない。「ヨハネの黙示録」の一節を事件に適応すると「神の判断」はジェームズ一世の判断となり、ジェームズ一世賛美となる。「大淫婦」は事件首謀者のカトリック教徒となるが、説教には火薬陰謀事件に匹敵する個人が危機に接した事件はない。ローマ帝国滅亡の原因ともなった堕落した皇帝礼拝やローマ人の享楽的な生き方が事件と言えば事件であるが、火薬陰謀事件のように個人が殺害の対象になった事件とは異なる。

　(5)に関してはジェームズ一世個人への賞賛であり、当然のことながらバージェスには見られない。(6)に関しても バージェスの説教にはない。神への感謝は説教の終わりで述べられるが、ジェームズ一世の名は出てこない。バージェスの火薬陰謀事件説教にはジェームズ一世は全く現れないのである。これは従来の火薬陰謀事件説教がそもそもは事件の最大の被害者となるはずだったジェームズ一世賛美と事件の凶悪さを中心として構成されていたことが原因である。ジェームズ一世は事件直後の国会演説で事件の凶悪さを非難し、王自らの奇跡的救出を神の慈悲のためだとし、以後毎年事件記念日に事件糾弾の説教が行われることを希望すると述べていたからである(3)。上記の(3)(4)(5)(6)はすべてジェームズ一世に関わることである。事件の凶悪さだけはジェームズ一世に関わってこない。つまり、バージェスはジェームズ一世について論じることを意図的に避けているのである。

107

これはバージェスだけに限ったことではない。他の 3 人のピューリタン説教家についても言えることである。それはなぜか。ピューリタンとしてバージェスはジェームズ一世を賞賛できないからである。いわゆるピューリタン革命はチャールズ一世打倒の革命である。ピューリタンにとって王制は打倒すべき体制である。聖書に基づき、聖書の前での平等な共和制社会の建設こそがピューリタンの理想であった。アメリカへ渡ったピューリタンの理想は丘の上の神の国建設であった。それは絶対王制のイギリスでは不可能な企てであり、彼らは祖国を捨ててまで理想の神の国の建設を新大陸で目指した。バージェスにとってチャールズ一世の父のジェームズ一世を賞賛することはピューリタンの理念に著しく反することであった。それゆえ火薬陰謀事件説教でありながらバージェスはジェームズ一世を扱う事はできなかったのである。ただジェームズ一世を救出してくれた神の慈悲への感謝に関しては説教の終わりで、バージェスは次のように言っている。

Use of Thankfulnesse, that we are at this day delivered from Popery, and all their cruell attempts....let us with hearts and tongues give God the Glory,...Let us blesse God for this dayes mercies[4].

カトリック教会と残虐な企てからの救出に対し感謝の念を神に表し、「この日の慈悲」のために神を祝福するとバージェスは言っているが、ここには神が救ってくれたジェームズ一世の名は見られない。

　このようにバージェスの説教はピューリタンとしての説教の特徴がよく現れている説教で、それは英国国教会派説教家の説教とは著しく異なっていることがわかる。バージェスにとって火薬陰謀事件日に説教をすることはジェームズ一世を賞賛することではない。だからバージェスはジェームズ一世抜きにして王を扱う必要のないカトリック教会のみへ批判を向けたのである。火薬陰謀事件計画者のジェズイットの背後にはカトリック教会が暗躍しているとバージェスはみなし、事件の裏でジェズイットを操るカトリック教会へバージェスは徹底して非難を向けるのである。それにしてもバージェスの火薬陰謀事件説教は説教記念日にはふさわしいとは言えない説教となっていることには疑いない。

　先に私はバージェスは火薬陰謀事件にはほとんど言及していないと言ったが、彼はわずかであるが 2 回火薬陰謀事件に言及しているのである。それではバージェスは火薬陰謀事件をどのように論じているか。

## 6－3　バージェスの火薬陰謀事件観

　火薬陰謀事件説教ではすべての説教は事件の残虐さを指摘し、事件を企てたジェズイットの残酷さを非難する。これは説教手順の（2）であるが、バージェスもこの例外ではない。血で手を染めた人をカトリック教は賞賛し、擁護するとバージェスはカトリック教の残虐さを指摘する。

To praise and denfend those that have dyed their hands in bloud. Learned men relate many things of the Papists to this purpose; That which concerneth our case this day, This inhumane bloudy

Conspiracy, wherein they had *Nero*'s wish of *Rome*, that *England* had but one neck, and they cut it off, yet this is mitigated by them,...and in these bloudy acts they confirmed themselves by the Sacrament, as if that were the seale of other mens bloud, and not Christs[5].

"our case this day, his inhumane bloudy Conspiracy" とは言うまでもなく、火薬陰謀事件である。バージェスは火薬陰謀事件に匹敵する事件としてのネロ皇帝のローマ焼却事件を挙げているが、火薬陰謀事件ではジェズイットはイギリスの一つの首を切り落とした（実際は切り落とせなかったが）と事件の残虐さを指摘する。更に驚愕すべきはそのような残酷・残虐な陰謀を企てた張本人がカトリック教から賞賛されているということである。残虐な行為のなかで犯人たちは秘蹟によって自らを強固にするがその秘蹟もキリストの血ではなく他人の血によって行われる。それはキリスト教徒の名に値しない言語道断の行為である。このあと バージェスは、カトリック教の残虐な行為は 12 世紀のワルド派とアルビ派弾圧やフランス、アイルランド及び 16 世紀のメアリー女王にも見られ、カトリック教の残虐振りはとりわけ今に始まったことではなく、カトリック教の伝統的な慣例であったことを指摘する。カトリック教はまさに「ローマの腐敗的な方法は血なまぐさい残酷さを伴っている[6]」のである。カトリック教の残虐性は バージェスのカトリック教への一点目の批判であるが、火薬陰謀事件はカトリック教徒の残虐さを示す格好の見本である。残酷極まる火薬陰謀事件が成功していたらイギリスはどうなっていただろうか。それはイギリスのカトリック教化をもたらす。

In their [Catholics'] attempt upon *England* this day [5 November]: The particulars of this Tragedie are so knowne, that to relate them would be to weary you: consider the horridnesse of the plot, at one blow to destroy an whole nation. Think O *Lucifer*, and imagine, O prince of darknesse, a more bloudy attempt if thou canst. What darknesse would have covered the land? How would the Sunne and Moone, (the great ones of the State) been turned into bloud? How had the Philistines taken the Arke, our Ministers been turned Friers, our Bibles into images, our Tables into altars; yea, our Heaven turned immediately into an hell?[7]

火薬陰謀事件は、一撃の下にイギリス全国民を破壊するほど恐ろしい事件であること、サタンですら事件に匹敵する血なまぐさい襲撃は考えもつかなかったほどの凶悪な事件である。事件が成功したらイギリスはどうなったか。「太陽と月」（ジェームズ一世と王妃）は殺害され、「ペリシテ人」（カトリック教徒）が「契約の箱」（真のキリスト教）を奪い、英国国教会聖職者は修道士となり、聖書は偶像となり、テーブルは祭壇となる。英国国教会がカトリック教会のなすがままになり、イギリスは完全にカトリック教の支配下に置かれる。つまり「天国」が「地獄」と化してしまう。バージェスは一イギリス人としてまたピューリタンとして事件の成功によるイギリスのカトリック教化には激しい嫌悪を示す。更に バージェス は言葉を続けて次のように言う。

How would the Kingdome have been like an *Egypt* when every house had one dead in it? We cry out of *Herods* cruelty, that would have killed all the children of two yeares old: Here is greater bloudinesse, even to destroy all in a Nation,...and are these the men that cry up Charity, that hold it justifieth? are these the men that admires St. *Francis* his pity, becasue he would not kill a Flea, when they can destroy an whole Kingdome? What and to be Saints for all this? Shall we, with *Paul* and *Peter* and the other Saints, see *Gatesby* and *Faux*, and that company also? [8]

火薬陰謀事件に巻き込まれたイギリスと古代エジプトとの類似、それは言うまでもなく「出エジプト記」のヘブライ人の男の子が救世主となるのを恐れ、ヘブライ人のすべての男児の殺害を命じたファラオの残虐さへの言及である。さらには「マタイによる福音書」のヘロデ王のエルサレムでの幼児虐殺をも持ち出し、ファラオやヘロデ王の残虐行為より火薬陰謀事件はさらに残虐極まる行為であると言う。火薬陰謀事件計画は本来のカトリック教徒からは全く想像だにできない蛮行であり、実行者が神の慈愛を声だかに叫び、火薬陰謀事件を正しいと考えるとは信じられない。バージェスにとって火薬陰謀事件は史上まれにみる残虐な行為である。表向きは敬虔なキリスト教徒らしく振る舞い、裏では残忍なことを平気で行う偽善的なカトリック教徒の実体が暴露されている。火薬陰謀事件の実行犯のゲーツビーやフォークスがパウロやペテロや他の聖人と同一視されることは絶対にありえない。なぜゲーツビーやフォークスのような残忍極まる人物がカトリック教から出てきたのか。それは火薬陰謀事件を引き起こす土壌が既にカトリック教にあったということである。例えば「聖職者は王への服従から免除され、反逆的策略に罪は問われない[9]」が、これによってカトリック教徒は無制限にいかなる悪事をも行うことができ、その一つが火薬陰謀事件であったのである。あるいは教皇への盲目的服従はカトリック教徒にとっては必要である。

That blind Obedience unto Governours is necessary, and you may easily see what knives and swords this opinion hath in it: Let in this upon a people, that whatsoever the Pope and his Officers shall command to be done, though it be to destroy an whole kingdome; yet it must without any disputation be obeyed [10]:

カトリック教は王国を破壊せよと言われれば、その命令には絶対的に服従しなければならない。バージェスはその教皇への盲目的服従が火薬陰謀事件を引き起こしたと考えている。バージェスはこれを "a Popish Tyranny" と呼ぶ。教皇への盲目的服従はまさしく「教皇の暴政」の現れである。「教皇の暴政」とは何であるかをバージェスは次のように説明する。

A popish Tyranny is when any doe appropriate and inclose themselves such a power, which Christ hath not at all given, or if he have given it, he hath communicated it to more then one; This hath been the cause of much schisme and contention in the Church of God; Christ hath invested the Officers of his Church with sufficient spirituall power for the attaining of that spirituall benefit, which they are to look for, and therefore doe you, being Magistrates, confirme them in it [11].

教皇はキリストが与えもしない権力—その一つが俗権である—を独占し、それを行使するだけで本来発揮すべき「霊的権力」を「霊的利益」獲得のためには用いることはない。カ

トリック教会は教皇の絶対的な権力の下で教皇に思うままに操られているだけである。しかも俗権行使にだけ奔走し、肝心の信者の魂の救済には全く与ることはしない。正道からはずれたカトリック教会へのバージェスの批判である。

　以上バージェスの火薬陰謀事件批判と事件を生み出したカトリック教の土壌について論じてきた。バージェスの事件への非難はこれだけで、他にはない。確かにバージェスは火薬陰謀事件の残虐さ、カトリック教徒の残酷さを批判するが、その批判は我々に格別驚きを与えはしない。それはなぜか。バージェスのカトリック教批判—真の宗教からはずれていることと残虐性、これはバージェスの説教のタイトルである—は従来のカトリック教批判に沿った批判なのである。だから我々はバージェスの説教を読んでもそこに新しさは見ないし、またピューリタンとしてのバージェスの宗教的な熱意をも感じない。バージェスの説教では火薬陰謀事件を扱った部分はこれだけで終わり、火薬陰謀事件を通してのカトリック教への批判はそれだけで終わっている。これは火薬陰謀事件記念日説教としては少なからずの失望である。火薬陰謀事件説教を通してカトリック教批判そしてジェームズ一世賛美、ジェームズ一世王朝安泰を説くのが説教家に課せられた義務であった。ジェームズ一世の個人崇拝である。ところがピューリタンのバージェスにはそれが行えない。バージェスは火薬陰謀事件を論じはするが、それを通してジェームズ一世賛賛は行っていないのである。英国国教会派説教家があれほど熱意をもって火薬陰謀事件説教を行えたのは、彼らには賞賛すべきジェームズ一世がいたからである。彼らにはジェームズ一世及びジェームズ一世王朝のイギリスを何がなんでも擁護したいという明確な目的があった。だからこそ彼らは必死にカトリック教徒及びカトリック教会を徹底的に非難することができたのである。英国国教会派説教家は強い愛国心に燃えた人たちであったのである。ところがバージェスのカトリック教批判は専ら伝統的なカトリック教批判に終始しており、我々に強いインパクトを与えはしない。英国国教会派説教家には激しい批判をカトリック教へ向けさせる愛国心があった。彼らの愛国心に匹敵するものはピューリタンの場合には国王軍との戦い、ピューリタン革命である。バージェスの説教がカトリック教批判にそれほどの熱意を我々に感じさせはしない。その熱意を我々はピューリタン革命支持のバージェスの姿勢に期待するが、それもまた裏切られる。バージェスはほとんど言っていいくらいにピューリタン革命には言及していないのである。

　それではバージェスが「黙示録」を説教の初めに掲げた理由はどこにあったのか。「黙示録」19章2節が火薬陰謀事件批判には不適切だとすれば、バージェスの「黙示録」引用の意図はどこにあったのかという疑問が生じる。バージェスは説教で火薬陰謀事件を論じるよりもカトリック教会批判に論点を移している。バージェスは「ローマ教会はバビロンである[12]」と明言しているからである。つまりバージェスはカトリック教会への批判を説教で行いたいのである。火薬陰謀事件を引き起こしたカトリック教会批判ではなく、真のキリスト教から堕落していったカトリック教会批判である。このカトリック教会批判は既に指摘したがこれまでも様々な人が行っていたことであった。他の説教家も火薬陰謀事件説教でカトリック教会を非難するが、それは事件の背後で暗躍するという意味でのカトリック教批判なのである。カトリック教＝火薬陰謀事件なのである。バージェスの説教もカトリック教＝火薬陰謀事件であることを論じれば火薬陰謀事件説教としては一応の成功を収める。ところがバージェスは火薬陰謀事件にはほとんど触れず、ただ従来のカトリック教

批判を繰り返しているだけである。バージェスの説教の弱さはカトリック教＝火薬陰謀事件を論じなかったことにあると言ってよい。彼の説教にピューリタン特有の激しさが見られないとすれば原因はそこにある。

## 6－4　バージェスのカトリック教批判

　バージェスの火薬陰謀事件説教では事件そのものが大々的に論じられることはなく、上で見たように事件はほんの 2 回しか扱われていない。説教の全般はカトリック教批判に向けられていると言っても過言ではない。ただそのカトリック教批判も従来の伝統的なお決まりの批判で、時代遅れの感がする批判である。バージェスのカトリック教批判は（1）カトリック教が真の信仰心を失っていること（2）カトリック教の残虐性、この 2 点から成っている。（2）については上記で論じたので、次に（1）について論じていきたい。

　"That the Church of Rome is greatly apostatized from her former true faith."[13]　これは言うまでもなくカトリック教の背教批判である。カトリック教が真の信仰心を放棄し、俗的な宗教になりさがり、宗教の名を借りて一般民衆を欺いたことへの言及である。堕落した宗教としてのカトリック教である。その結果としてカトリック教会は「淫婦」にまで堕落してしまった。バージェスはカトリック教会の背教原因として（1）高慢と野心（2）欺瞞と不誠実（3）貪欲（4）罪の助長（5）聖書の無視（6）カトリック教が血肉に適していること、を列挙する。（1）から（5）までは中世以来カトリック教へのお決まりの批判でそこには何ら新しさはない。（6）の「カトリック教が血肉に適していること」についても「血」はカトリック教会の残虐性であり、「肉」とは聖職者の肉欲を言っているのだが、これらについても従来言われてきたことである。このなかでカトリック教の根幹に関わるのは（5）の聖書無視である。カトリック教のみならずプロテスタントをも含めて、聖書はキリスト教の揺るがしがたいバックボーンである。それをカトリック教は無視するということはカトリック教はキリスト教ではないことを意味する。この問題について バージェスは次のように言う。

　　And this［neglect of Scripture］set open the flood-gate, whereby all the world was immediately drowned in errours; for take the eyes out of the body, the Sunne out of the firmament, the Compasse from the Ship, what can follow but confusion? Therefore they have wished that there had never been Scripture; That the Church could have done well enough with traditions only; They have called the Bible the Booke that hath made all the contentions in the world, and all the faith a man can have by it, to be only humane, O the great patience of God, that beareth these blasphemies[14];

聖書は、人間で言えば「目」、宇宙では「太陽」、船にあっては「羅針盤」である。それらが無視されると生じるのは混乱だけである。だから聖書無視により人々は誤りに浸るだけである。聖書を無視するカトリック教は何をもって自らを支えたかと言えば、それは人間が築き上げた「伝統」である。つまりカトリック教は神の言葉を無視し、彼らが作った言葉で信者を導こうとしたのである。これは「冒涜」であると バージェスは言う。聖書を軽視するカトリック教徒と異なり、ピューリタンは聖書重視であるが、ピューリタンはカト

112

リック教徒とは異なる道を歩まねばならない。

...and therefore (worthy Patriots) in your way of Reformation doe you walke contrary, as they pull'd it downe, doe you set it up, regard the Scripture more then all State respects; This is the Fountaine, and so the streames that runne hence will be pure; It is impossible (saith *Chrysostome*) that ever any good should come from that man, who is not diligent in Scripture[15].

"Reformation" はピューリタン革命である。この説教でバージェスはピューリタン革命に言及することはほとんどないのだが、ここではあえてピューリタン革命を持ち出し、聖書によって革命を遂行せよと言う。カトリック教が聖書を取り壊したから、ピューリタンが今度は破壊された聖書を再度建設しなければならい。"State respects" とはカトリック教が宗教を利用し、国家問題という俗事にまで足を踏み入れたことへの言及であろうが、そのような俗事よりも聖書を尊重せよと言う。"that man" とはローマ教皇であるが、聖書に熱心でない教皇からは何も生じてこないと バージェスはカトリック教へとどめをさす。俗事に専念し、本来の務めを忘れたカトリック教への強い不信感、激しい批判である。カトリック教の人間の「伝統」重視に関連してバージェスは更に次のようにも言う。

They [the Catholics] have custome and antiquity for them, many of their foolish and superstitious custome are some hundred yeares old, and what fathers and granfathers have done, it is hard not to admire, and certainly had not the Scripture foretold what a Eclipse would be upon the whole Church, we would thinke it impossible that such ridiculous things should be taken up. Because Christ is the Light, therefore they have light at noone-dayes[16];

カトリック教の何百年にもわたる慣習、古代の風習は「馬鹿げた、迷信深い慣習」であるが、何百年も続いてきた慣習はただそれが古いというだけで褒め称えなければならない。そのような伝統重視、慣習重視は聖書を失墜させるだけである。カトリック教の伝統重視は聖書よりも人間を重視する態度であると言えよう。その姿勢は最終的には本来のキリスト教の精神を軽視する態度をも生み出す。人間が作った諸々の慣習、伝統がキリスト教の根幹を破壊せしめるものだということをバージェスは指摘するのである。この他にもカトリック教徒にはまた "Mental Reservations" や "Equivocations" という考え方がある。それによればカトリック教徒が悪事を犯し、問い詰められた場合には嘘をつくことも許されるが、バージェスはこれらをも批判の対象にしている。ただ、バージェスがカトリック教徒へ向ける批判に新しさはない。その批判は英国国教会派説教家もたびたび説教で取り上げていた批判で、格別目新しい批判ではない。なぜバージェスはこのようにカトリック教への批判だけを説教で強めているのか。それは一つには説教日が火薬陰謀事件記念日であったからである。事件を起こしたカトリック教を批判することなしに説教を終えることはできない。二つ目としてカトリック教徒への批判を強化することによってジェームズ一世への賞賛を回避できるという点を挙げることができよう。しかし、下院の聴衆はカトリック教会批判だけで満足していたのであろうか。バージェスを下院に呼んだ目的は他にあったはずである。それは何かと言えば、やはり 1644 年 11 月 5 日以前のピューリタン革命の進捗であ

る。ピューリタンにとって国王軍との戦いは一歩も引けぬ状態であった。バージェスが 11 月 5 日に下院での説教を要請されたのは国王軍と戦う議会軍を激励するためだった。それを裏付ける言葉が 1644 年 11 月 5 日に行われた説教を集録した *Fast Sermons to Parliament* 14 巻の目次にある。それは 1644 年 11 月 5 日の貴族院と庶民院での 4 人の火薬陰謀事件説教がどのような性格の説教であったかを如実に示している。

> 5 November 1644　*Anniversary of Gunpowder Treason*
> *Thanksgiving for victory at the second*
> *battle of Newsbury, the investment of*
> *Donnington Castle, the capture of*
> *Newcastle-uopn-Tyne and of Liverpool,*
> *and for succeses in Lincolnshire.* [17]

この一文により我々は 1644 年 11 月 5 日の貴族院と庶民院での火薬陰謀事件記念説教は実は議会軍の国王軍との戦いの勝利祝賀説教であったことが理解できる。だが上記の議会軍の戦いは必ずしも議会軍の勝利には終わっていない。第二次ニューベリーの戦いがそうである。10 月 27 日に行われたその戦いはコーンウォールでの勝利後引き揚げるチャールズ一世軍を議会軍がニューベリーで阻止しようとした戦いであった。国王軍の二倍の勢力を有する議会軍は指揮統一を欠き、国王軍へ決定的な攻撃を加えることをしなかった。それは議会軍司令官マンチェスター伯（Earl of Manchester）は国王軍追撃を強硬に主張したクロムウェル（Cromwell）の主張を受け入れなかったからであった。ドニントン城はニューズベリー一近くのバークシャーの城で、チャールズ一世軍の駐屯地の一つであった。両軍の戦いは 1644 年 10 月 26 日夕暮れに行われた。ドニントン城は当初は議会派が所有し、その後国王軍の手に渡り、内乱中はマンチェスター伯等が指揮する議会軍から攻撃され、18 ヵ月後に降伏した。ニューカッスル・アポン・タインとリヴァプール占領は前者はスコットランド軍による 1644 年 2 月から 10 月 14 日までのニューカッスル・アポン・タイン包囲後、議会軍に投降した。後者に関してはスコットランド人ジョン・メルドラム(Sir John Meldrum) はチェシャーからの兵力援護を受け、リヴァプールを包囲し、11 月 1 日にリヴァプールは陥落した。リンカシャーでの成功は一つは 1643 年 10 月 11 日のウィンスビーの戦いで、マンチェスター伯騎兵隊がリンカンシャーのウィンスビーで国王軍に圧勝した戦いである。もう一つにグランサムの戦いがある。これは 1643 年 5 月 13 日に行われた戦いで、ウィロビー卿(Lord Willoughby of Parham)、ジョン・ホーサム(Sir John Hotham)とクロムウェルに率いられた議会軍がチャールズ・カベンディッシュ(Charles Cavendish) 指揮下の国王軍を破っている。同じ日にクロムウェルがグランサムを占領した後、クロムウェル軍は国王軍から攻撃を受け、その戦いは近くのベルトンにまで拡大した。クロムウェルの騎兵隊はある程度の成功を収めたが、ホーサムの兵士は成功とは言えなかった。国王軍はクロムウェルをグランサムから追い出すことはできなかったが、議会軍は翌日リンカーンに退却した。リンカンシャーではもう一つの戦いがゲーンズバラで行われている。1643 年 7 月 28 日に議会軍がゲーンズバラを襲撃し、議会軍の支配下にあったが、翌日には国王軍に取り戻された。1643 年 12 月 20 日に議会軍は再度ゲーンズバラを急襲し、その後内乱の間は議会軍の支配

下にあった。リンカンシャーでの議会軍と国王軍との戦いはすべてが議会軍の勝利に終わっているわけではないが、勝利を強調する議会軍があえて敗れた戦いを退け、勝ち取った戦いだけを重視し、それを基にピューリタンを激励しようとする議会側の魂胆が見られる。以上述べた戦いはどちらと言えば小規模の戦いであるが、大きな戦いもあった。それは8月中旬から9月初めまで続いたロストウィシエル (Lostwithiel) の戦いである。しかし、この戦いは議会軍の敗北に終わっている。王党派の牙城南西部コーンウォルに侵入していた議会軍総司令官エセックス伯はチャールズ一世の攻撃を受け、コーンウォールのロストウィシエルで国王軍により包囲され、9月2日にエセックス伯はかろうじてプリマスへ脱出した。チャールズ一世はこの勝利によりロンドン進撃を決心し、議会軍は窮地に追いやられることになる[18]。このように「火薬陰謀事件記念日、第二次ニューベリーの戦い、ダウニントン城包囲、ニューカッスル・アポン・タインとリヴァプール占領とリンカンシャー勝利への感謝」と記されているが、すべてが議会軍の勝利に終わった戦いではない。しかし、この一文がはっきりと示しているように、1644年11月5日の貴族院と庶民院での火薬陰謀事件記念説教はピューリタン議会軍の対国王軍戦勝記念説教である。国王軍への議会軍勝利の祝賀がバージェスの説教の第一目的であったはずである。ところが不思議なことにバージェスの説教にはピューリタン革命への言及はほとんどない。革命への言及が全くないというわけではなく説教の序文には「始まった改革[内乱]の行く手をさえぎる多くの抵抗があってもうろたえてはいけない[19]」とある。また「(尊敬に値する愛国者よ) 改革の道においては国王軍に逆らって歩め[20]」でもピューリタン革命には言及している。だからバージェスがピューリタン革命を全く説教から閉め出しているというわけではない。また、説教のなかにはピューリタン革命に言及していると思われる箇所がないわけではない。例えば、「仲間同士の争いは止めて、ローマという共通の敵にあたれ[21]。」の「仲間同士の争い」はピューリタン内の主として長老派と独立派の内部対立を思い起こさせ、ピューリタン内の一致団結を バージェス訴えている。「ローマという共通の敵」とは文字通り「ローマ(カトリック教会」ではなくスコットランド高地人、アイルランド及び大陸のカトリック教徒の援護による国王軍を指していると考えられる。ピューリタンにとって眼下の敵はカトリック教会ではなくチャールズ一世軍である。もう一つは説教の最後に見られる。

*Abraham* received *Isaac* from the grave as dead; so doe you [the commons] all your mercies temporall and spirituall, especially having so many deliverances and victories vouchsafed by God to your Armies. You have many fifths of *November* in this one day; and every time you have a victory it is a deliverance from a Gon-powder plot; before it was secret, and now it is open[22].

「あなた方の軍隊に神によって与えられた非常に多くの救出と勝利」は明らかに議会軍と国王軍との戦いに言及している。「あなた方の軍隊」が議会軍を指していることは言うまでもない。「多くの救出と勝利」は、第二次ニューズベリーの戦い、ドニントン城包囲、ニューカッスル・アポン・タインとリヴァプールの占領、リンカンシャーでの成功等に言及していると考えられる。本来ならばバージェスはこれらの戦いの勝利を取り上げ祝福し、更なる議会軍の勝利を祈願すべきであるが、バージェスはそれを全く行っていない。この点、この後で論じるハール(Charles Herle)とは異なる。ハールは戦闘地まで持ち出し、議会軍の

勝利を祝している。上の引用で注目すべきは「議会軍が勝利を得るたびごとにそれは火薬陰謀事件のような事件からの救出なのである」という表現である。バージェスは火薬陰謀事件を扱いながらも、その事件は議会軍と国王軍との戦いに類似した事件であると言いたいのである。火薬陰謀事件ではジェームズ一世を含む国の要人が国会もろとも爆破されることになっていた。それはイギリス国家が消滅するほどの事件である。ピューリタンとチャールズ一世との戦いも国の運命を左右する戦いである。もしバージェスが、火薬陰謀事件は議会軍と国王軍との戦いに類似した事件であると言いたいのであれば、彼はその関係を説教で論じるべきだった。しかし、バージェスはそれをも行おうとはしない。ここで最も問題となるのは説教の冒頭に掲げた「ヨハネの黙示録」19章2節の "For true and righteous are his [God's] judgements, for he hath judged the great whore, which did corrupt the earth with her fornification, and hath avenged the bloud of his servants at her hand." である。この一節については既に論じたが、「ヨハネの黙示録」の「大淫婦」は「大いなる都」すなわち「大いなるバビロン」であり、そのバビロン消滅はローマ帝国の滅亡である。この一節を火薬陰謀事件に適応することは難しくはない。ところがピューリタンの説教家は聖書の一節を火薬陰謀事件には適応せず、国王軍との戦いに適応するのが多い。バージェスが「黙示録」19章2節をどのようにピューリタン革命に適応するかが期待されるが、それすらバージェスは行わない。「ヨハネの黙示録」の一節をピューリタン革命に適応すると「神の判断」は議会軍の判断となり、「大淫婦」は国王軍となり、説教は極めてトピカルになり、火薬陰謀事件説教日にふさわし説教となる。つまり、「ヨハネの黙示録」とピューリタン革命がうまくつながってくる。

## 6－5　むすび

　バージェスの説教は火薬陰謀事件を論じることもなくさりとて進行中のピューリタン革命を取り上げることもしない。火薬陰謀事件もピューリタン革命もほんのわずか触れられているだけで、議会軍勝利記念説教とはなっていない。バージェスが火薬陰謀事件を本格的に論じる気がなかったということはそれが最終的にはジェームズ一世賛美に行き着くからであると既に論じた。とすればなぜバージェスは聴衆の最大の関心事であるピューリタン革命を論じなかったのかという疑問が浮上してくるのである。バージェスのカトリック教批判は時代遅れの批判であると言ってもよい批判である。聴衆にとっては聞き慣れた批判である。なぜバージェスはあえてそのような陳腐なカトリック教批判を繰り返すことに終始したのか。他の説教家は1588年のスペインの無敵艦隊によるイギリス襲撃と1605年の火薬陰謀事件を取り上げ、イギリスは神の特別な慈悲の下にあり、イギリスを旧約聖書のイスラエル人に喩えることで神国イギリスを強調した。しかしながらそのようなレトリックもバージェスにはない。この疑問に解決の糸口を与えてくれるのがノワク(Thomas Stephen Nowak) の指摘である[23]。ノワクによれば1644年11月5日に貴族院と庶民院で火薬陰謀事件説教を行ったスパーストー、ストリクトランド、バージェス、ハールはすべて長老派説教家である。長老派は独立派と共にピューリタン内部では影響力のある派で、何よりも彼らは王制支持の態度を採っていたという事実がある。彼らの基本的な考えは王権は神が定めたというものである。とすればバージェスが火薬陰謀事件でジェームズ一世賛

美は彼の信条には反することではなかったはずである。でも現にチャールズ一世と戦っている最中にチャールズ一世の父のジェームズ一世を賞賛することはありえない。国王軍との戦いに関してもバージェスはほとんど戦いを論じることはしなかったが、これも国王軍との戦いを徹底的に論じればそれは最終的にはチャールズ一世への批判へと向かわざるをえなくってくるからである。だからバージェスはジェームズ一世やチャールズ一世を扱う必要のないカトリック教批判にだけ終始したのである。いずれにせよバージェスの説教は中途半端な説教である。無風状態の説教である。愛国的な一ピューリタンとして、それまでの国王軍との戦いの反省を踏まえ、更なるピューリタンの躍進、勝利を聴衆に訴えるのを期待された説教であったが、その期待は残念ながら裏切られることになる。バージェスの説教のタイトルは "Romes Cruelty & Apostacie" である。カトリック教の残虐性と背教を論じるだけではピューリタン革命が説教に入ってくる余裕はない。そのタイトルを見ただけでもバージェスの説教がいかに火薬陰謀事件記念日にふさわしくないかが理解できる。バージェス の説教は聴衆の意に反した説教であった。

## 注

(1) バージェス については Robin Jeffs general editor, *The English Revolution Fast Sermons to Parliament Volume 14 November 1644*（London: Cornmarket Press, 1971）所収の説教を使用する。説教の頁数は Volume 14 全体の頁数ではなく、バージェスの説教の頁数である。

(2) Jeffs, A2 r.

(3) 上記注（2）参照。

(4) Jeffs, p. 46.

(5) Ibid., p. 9.

(6) Ibid., p. 4.

(7) Ibid., p. 11.

(8) Ibid., p. 11.

(9) Ibid., p. 7.

(10) Ibid., p. 8.

(11) Ibid., p. 18.

(12) Ibid., p. 2.

(13) Ibid., p. 55.

(14) Ibid., pp. 14-15.

(15) Ibid., p. 15.

(16) Ibid., pp. 16-17.

(17) Ibid., p. 2.

(18) 議会軍と国王軍との戦いについては以下を参照した。Martyn Bennett, *The Civil Wars in Britain & Ireland 1638-1651*（Oxford: Blackwell, 1997）, P. R. Newman, *Atlas of the English Civil War*（London and New York: Routledge, 1998 ）, Martyn Bennett, *Historical Dictionary of the British and Irish Civil Wars 1637-1660*（Chicago: Fitzroy Dearborn Publishers, 2000）, Walter Money, *The First and Second Battles of Newbury and the Siege of Donnington Castle During the*

*English Civil War* (Nottingham: Oakpast Ltd., 2009), John Kenyon and Jane Ohlmeyer eds., *The Civil Wars  A Military History of England, Scotland anf Ireland* (Oxford  New York: Oxford University Press, 1998), 松村赴・富田虎男編『英米史辞典』（東京：研究社、2000年）。

(19) Jeffs, A2 r.

(20) Ibid., p. 15.

(21) Ibid., p. 18.

(22) Ibid., p. 21.

(23) Thomas Stephen Nowark, "Remember, Remember, The Fifth of November": Anglocentrism and Anti-Catholicism in the English Gunpowder Sermons, 1605-1651 (PhD Dissertation, State University of New York at Stony, 1992), p. 311. Nowark の論文は私が本論で扱ったバージェスと Herle が触れられている唯一の論文である。Nowark の論文では国王軍との戦いにはほとんど言及していない。

## 第7章　チャールズ・ハールの火薬陰謀事件説教

### 7－1　はじめに

　ピューリタン革命が勃発して2年後、1644年11月5日に貴族院と庶民院で4編の説教が行われた。庶民院ではアンソニー・バージェスとチャールズ・ハールがそれぞれ説教を行っている。バージェスについては第6章で扱ったので、本章ではハールの説教を取り上げる。説教日は火薬陰謀事件日なので、本章ではハールが火薬陰謀事件をどのように扱っているかを最初に論ずるが、火薬陰謀事件を扱うのが説教の目的であったのではなく、進行中のピューリタン革命、議会軍と国王軍との戦いが説教に色濃く反映されていることを論じる。同日の貴族院でのスパーストーとストリクランドの説教の場合両者とも火薬陰謀事件は扱われているが、熱意は感じられずまた従来の火薬陰謀事件批判を繰り返しているだけである。何よりもジェームズ一世の名前は一度も説教には出てこない。スパーストーにとっては火薬陰謀事件よりも国王軍との戦いが一層重要であった。彼の説教は国王軍との戦いでピューリタンを激励している。ストリクランドの説教では火薬陰謀事件は論じられることはなく、神からの援助のもとで必ずピューリタンは勝利することを聴衆に説いている説教である。それではハールの火薬陰謀事件説教はどうであろうか。本章では火薬陰謀事件記念日説教におけるハールの真の意図の解明にあたる[(1)]。

### 7－2　ハールと火薬陰謀事件

　ハールの説教のタイトルは "Davids Reserve and Rescue" である。「ダビデの予備軍と援助」とは何を表すのか。この問題については後で述べたいが、ハールが説教に選んだ聖書の一節は以下の「サムエル記下」21章16-17節である。

Then Ishbibenob, which was of the sons of the Gyant,（the weight of whose speare weighed 300, shkels of brasse in weight）he being girt with a new sword, thought to have slain David. But Abishai the sonne of Zerviah succoured him.

この一節はダビデのペリシテ人との戦いを扱ったもので、ダビデがペリシテ人の巨人イシュビ・ベノブへの勝利を記されている。ダビデが疲労のためイシュビ・ベノブに敗れそうになったときにアビシャイがイシュビ・ベノブを殺害し、ダビデを救助した内容である。説教手順の第一は合致している。しかも、この一節は火薬陰謀事件を論じるには都合のよい一節である。なぜかと言えば、この一節は火薬陰謀事件と似た事件を思わせるからである。我々は、ハールがこの一節からどのように火薬陰謀事件を論じるのかを期待するが、説教は期待通りには進行しない。それはハールがバージェス同様従来の火薬陰謀事件説教の手順に従っていないからである。従来の英国国教会説教家による火薬陰謀事件説教の手順をもう一度確認してみたい。その手順は、（1）火薬陰謀事件と類似した事件を聖書から選択する。（2）事件の凶悪さを指摘する。（3）ジェームズ一世が奇跡的に事件からの救出されたことを述べる。（4）説教に選んだ聖書の一節を火薬陰謀事件に適応する。（5）事件を未然

119

に防いだジェームズ一世を賞賛する。(6)ジェームズ一世救出に際し神へ感謝する、である。ハールの説教で上記の手順に合致するのは（1）と（2）である。ハールは残念ながら聖書の一節を事件に適応し、そこから事件への批判、王賞賛へとは移っていない。そもそもハールが火薬陰謀事件を扱うスペースはほとんどない。ハールは事件について 2 回言及しているが、最初の事件への言及は以下の通りである。

　　　And as the Chapter［2 Sam. 21. 16, 17］begins with this revolution of, first, a great oppression, and then a great judgement; so ends it with one no lesse remarkable neither *viz.* of *enemies*, and *warres*, *victories*, and *praises*, inveterate *enemies*, *Philistins*, will be suppressed no way but by *warres*, such *warres* against such *enemies*, never end, though through many difficulties, but in certaine *victories*; those *victories* should never end but in cheerfull praises to their Authour, *They all fell by the hands of* David[2],...

これは「サムエル記下」21 章のダビデのペリシテ人への勝利についての記述であるが、この章はダビデへのペリシテ人からの迫害が結局はアビシャイの援助によりダビデの勝利に終わったことを述べている。敵であるペリシテ人、彼らへのダビデの勝利と火薬陰謀事件にうまくあてはまる事件が記されている。しかし、ハールはこの一節から火薬陰謀事件を論じることはしない。ダビデとペリシテ人を火薬陰謀事件に適応すればダビデ→ジェームズ一世、ペリシテ人→火薬陰謀事件計画者ジェズイット（またはジェズイットの背後にいるカトリック教会）、となる。ダビデを助けたアビシャイは神となろう。ところがハールはジェームズ一世はおろか事件の張本人ジェズイットの名すら出さない。英国国教会派の説教家であればダビデのペリシテ人への勝利は即ジェームズ一世のカトリック教会への勝利と決めつけるところである。しかし、ハールはそれを行おうとしない。それはなぜか。この後ハールは更に次のように言う。

...the old *Parallell* between *Papists* and *Philistins*, time is every day a drawing out to a furt ハール ngth of Allegory: *Papists* have ever been the *Philistins* of our *Israel*, they would not *allow us any weapons*, no not those of prayers and teares, *but out of their Forge*; they would faine by *Covenant put out our right eyes too, our eyes* of faith, and still（as the Text here）*moreover the Philistins had yet againe warres with Israel*.....all their former attempts and defeats at *Gilgall* and *Elah*（with the rest）cannot lay their rancour, but to it they will againe[3];

ここでハールは初めてカトリック教徒に触れる。重要なことは、ハールがカトリック教徒とペリシテ人の類似に言及し、「カトリック教徒は絶えず我がイスラエルのペリシテ人であった」と述べ、カトリック教徒＝ペリシテ人という図式を用いていることである。ここでハールはようやくカトリック教徒を持ち出すので、我々が次にハールが更にこの一節を火薬陰謀事件に適応するのを期待するが、その期待は裏切られることになる。もう一つ注意を要したいのは "our *Israel*" で、ハールにとってはイギリス＝イスラエルである。これはピューリタンに限らず英国国教会派説教家も盛んに取り上げていた考えであるが、イギリスは旧約聖書のイスラエルと同一視されているのである。それはまたイギリスが神の国イス

ラエルと同じ歴史を歩んでいることを強く意識した神の国イギリス、選民イギリス人を強調する考えで、ハールがいかに旧約のイスラエルを意識していたかを示す表現である。一言で言えばペリシテ人と戦うダビデはカトリック教徒と戦うイギリスとなるのである。カトリック教徒とペリシテ人との類似からハールはカトリック教徒批判へと論を進める。カトリック教徒はイギリス人にいかなる武器をも与えず、「祈りと涙の武器」すら許さず、「鍛冶工場」から生ずる祈りと涙だけがイギリス人に与えられている、とハールは言うが、ここではカトリック教会の有無を言わせぬ強硬な姿勢が批判されているのである。「鍛冶工場」というのはカトリック教会の武器製造に言及する言葉であるが、それにはもちろん火薬陰謀事件で使用されるはずだった火薬も含まれている。ここで初めてハールは火薬陰謀事件を示唆する表現を使用する。以下の引用でハールは直接火薬陰謀事件について触れる。

...neither with these Philistins of ours, hath their *Armado* or *Powder-plot* given vent enough to their malice; *moreover* still we see *new warres with Israel*; whilst that *hell* hath a *Forge* above ground, and *Rome* a *Factorage* here in *England*, we must look for no other[4].

「我々のこれらのペリシテ人」はカトリック教徒であり、"*Armado*" は "Armada" で 1588 年のスペイン無敵艦隊によるイギリス襲来であり、"*Powder-plot*" 言うまでもなくも火薬陰謀事件である。ハールの言わんとすることはカトリック教徒はスペイン無敵艦隊によっても火薬陰謀事件によってもその敵意を十分に発散させておらず、今なおイギリスを苦しめているというのである。「イスラエルとの新しい戦い」はハールの説教が行われた 1644 年 11 月 5 日に照らし合わせて考えると、議会軍と国王軍との戦い及びアイルランド反乱への言及であろう。国王軍の援軍にはカトリック教徒がいたし、アイルランド反乱はカトリック教徒が引き起こしていたからである。「あの地獄は地上に鍛冶工場を持ち、ローマはイギリスに代理業を持っている」では「地獄」とはローマ・カトリック教会であり、「イギリスにおける代理業」とはイギリスで次々と事件を引き起こすカトリック教徒のことを言っているのである。このようにハールは「サムエル記下」の一節を説教の冒頭に掲げながらも、それを基にして火薬陰謀事件を徹底的に論じることはしない。我々はいささか肩すかしをくらわされる。バージェスは、カトリック教徒の残虐さを示唆するが、そこから火薬陰謀事件の凶悪へと進展はしない。ハールは「サムエル記下」21 章 16-17 節の説明に時間を注ぎ、火薬陰謀事件への「サムエル記」の適応を行うことはしない。これはハールに限らずピューリタン説教家と英国国教会派説教家の大きな違いである。なぜピューリタン説教家は聖書の一節を事件に適応するのを避けるのか。この理由については以下で明らかにしたいが、一言で言えば、説教がジェームズ一世賞賛に終わる可能性があったからである。ハールはこの他にもう一度火薬陰謀事件に言及する。そこでハールは "that *Ishbibenob* of Rome"[5] とローマ・カトリック教会をダビデと戦った " Ishbibenob " に例え、その横暴振り特に俗権を振りかざし、外国への侵略、破門を好きなように行っていることを指摘する箇所である。スペイン無敵艦隊によるイギリス襲来について述べた後でハールは火薬陰謀事件を再度取り上げる。

After that, againe behold another *new sword*, and in the hand of the same Romish Gyant still, a

121

*Powder-Plot*（the occasion of this our present solemnity）a strange *new sword*, come newly, even hot out of the *forge of hell*, sharpened at *Rome*, and to be sheathed in the bowels of *England*, a *flaming sword*, like that in the gap of *Pradise*, that would *...have turned every way*, to the driving and keeping us out of the Gospels Paradise; a sword...that would not only *have drunke blood, and eaten flesh, but have reached to the very soul*, that would, *at the vey fifth rib, have struck through the very loynes of all* at once,

   *Rem, Regem, Regimen, Regionem, Religionem*;

that would（had it sped）have gone as neer to have reached *Neroes* with as possible, have made *England* to have but one neck, to strike it off with one blow[6].

この一節でハールは前回とほぼ同様の趣旨のことを述べ、火薬陰謀事件の凶悪さを指摘している。"another *new sword*" は "Powder-Plot" であり、「新しい刀」とは事件で使用されるはずの火薬で、それは「地獄の鍛冶工場」から持ち出され、ローマでとがれ、イギリスの中心部で鞘に納められる。その「新しい刀」はイギリス人を福音の楽園から閉め出し、血を飲み、肉を食べ尽くすだけでなく、イギリスの中枢部すら食い尽くすほどである。その根幹とは "*Rem, Regem, Regimen, Regionem, Religionem*" で、それは順に「国家、王、統治、地方、宗教」を意味する。すなわち火薬陰謀事件は国家を壊滅状態へと追いやる残虐極まる事件であることをハールは指摘するのである。更に火薬陰謀事件がネロの暴虐に匹敵するほどで、一撃の下に国家を滅ぼすに至る。そしてもし火薬陰謀事件が成功したらイギリスはカトリック教会の暴虐の略奪品となり捕虜となっていたであろうとハールは言う。

...we had in all likelyhood bin all made in our better part, our souls, the miserable spoils and captives, not only to the tyranny, but the Religion of this Romish *Ishbibenob*[7].

カトリック教会はダビデを討とうとしたイシュビ・ベノブである。このようにハールの火薬陰謀事件説教では聖書の一節を説教の冒頭に掲げ、そこから説教を始めるが、事件の凶悪さを指摘するだけで、聖書の一節をジェームズ一世には適応しない。上記で上げた説教手順で言えばジェームズ一世に関しては全く触れていないのである。ジェームズ一世の事件からの奇跡的な脱出、事件の解決に大きく貢献したジェームズ一世及びジェームズ一世救出に際しての神への感謝、これらが全く扱われていない。とりわけ我々が期待する「サムエル記下」21 章 16-7 節は事件に適応されることはない。いうなれば火薬陰謀事件の主役であるジェームズ一世はピューリタンハールからは全く除外されているというわけである。とすればハールの火薬陰謀事件は従来の厳密な意味での火薬陰謀事件についての説教ではなかったことになる。ハールが火薬陰謀事件に触れるのはわずか 2 回しかなく、ジェームズ一世について論ずるのは皆無である。それではハールが火薬陰謀事件記念日の 1644 年 11 月 5 に火薬陰謀事件記念説教を行った真意はどこにあったのかという大きな問題が浮かんでくる。この問題を解く鍵はハールがピューリタンであったということと 1644 年 11 月 5 日までのピューリタンを取り巻く情勢がいかなるものであったかにあると言える。それではその鍵とは何か。次にこの問題を解明していきたい。

## 7 - 3 ハールの火薬陰謀事件の意味

　ハールの説教は中盤以降その火薬陰謀事件説教としての性格を弱め、代わりに説教時に
ピューリタンが直面していたいわゆるピューリタン革命が論じられてくる。つまりハール
の説教は説教時のピューリタン議会軍と国王軍との戦いがその背後に強くあることを示し
ている。それゆえ、1644 年 11 月 5 日までの議会軍がどのような状態に置かれていたかを確
認する必要がある。

　ハールが説教を行った 1644 年と言えばピューリタン革命が本格化して 2 年が経過してい
た年である。それまでの議会軍の戦況は必ずしも議会軍に有利に展開してはいなかった。
ピューリタンが「聖戦」とみなした国王軍との戦いは一進一退を続け、勝敗の行方はピュ
ーリタンの意気込みにもかかわらず不透明であった。翌 1645 年 6 月 14 日のネズビーの戦
いでクロムウェルが国王軍に対して決定的な勝利を得て初めて内乱は終結に向かうが、
1644 年 11 月 5 日までは議会軍の勝利は不透明であった。議会軍と国王軍との戦いを考慮す
るとハールの火薬陰謀事件説教は従来と同じ火薬陰謀事件説教としては扱われなくなる。
内乱で苦戦を強いられているなかで火薬陰謀事件の凶悪さ、残忍さを聴衆に訴えてもそれ
は議会軍支援とはならない。説教聴衆の最大の関心事は国王軍との戦いである。同じ日に
貴族院で行われたスパーストー、ストリクランド、バージェスの火薬陰謀事件説教同様、ハ
ールの説教も国王軍との戦いにおいて議会軍を援護するのがその第一の任務であった。
1644 年 11 月 5 日以前に最も近い両軍の戦いは 10 月 27 日である。その日には議会軍と国王
軍との戦いがニューベリーで行われた。それはコーンウォールでの勝利後引き揚げるチャ
ールズ一世軍を議会軍がニューベリーで阻止しようとした戦いであった。議会軍は国王軍
の二倍の勢力を有しながらも指揮統一を欠き、議会軍司令官マンチェスター伯（Earl of
Manchester）は国王軍追撃を強硬に主張したクロムウェルの要望に耳を傾けず、最終的に
国王軍へ決定的な攻撃を加えることをしなかった。いわゆる第二次ニューベリーの戦いで
ある[8]。1644 年には他にも議会軍と国王軍との戦いが繰り返されたが、その主要な戦いに
1644 年 7 月 2 日のヨーク近郊マーストン・ムアーでの戦いがある。それはヨークで国王軍
が議会軍に降伏し、その結果として議会軍が北部での勝利を得ることになった戦いである。
また国王軍リーダーであるルパート王子による 6 月 7 日〜11 日までのリヴァプール略奪
等イギリスのあちこちで議会軍と国王軍との衝突があり[9]、その戦況は必ずしも議会軍に有
利に進展しているとは限らなかった。革命に際し議会軍を取り巻く情勢がハールの説教に
反映されていることは疑いえない。それを裏書きするようにハールの説教には議会軍の戦
いへの言及が特に説教の中盤以降多いことに気づく。ハールはアイルランドとスコットラ
ンドを挙げ、次のように言う。

*...moreover still warres with Israel, new swords, new Ishbibenobs* still, in *Ireland, Scotland,* and here
among our selves, right *Ishbibenobs,* girt with a *new Array* against *David,* taking all the advantages
of his *faintings* upon all occasions[10]:

ここでハールはイギリス内外の状態について述べている。アイルランドではチャールズ一
世専制政治の推進者であったストラフォード伯がアイルランド総督を務めた後 1640 年 4 月

123

にイングランドへ帰ったが、アイルランドの土地がほとんどイングランドとスコットランドからの入植者によって占められ、一般民衆の不満は増すばかりであった。10月にアルスターで反乱が起こり、数千人とも言われるイングランド人が暴徒により殺害される事件が起こった。この反乱にはスペインやフランスのカトリック教徒も一役買っていたのではないかと疑われ、またチャールズ一世王妃のカトリック教徒ヘンリエッタ・マライアもこの反乱に関係があると言われていた。チャールズ一世は内乱でアイルランドのカトリック教徒から援軍を得ようとし、一時イングランドとアイルランドは休戦に入ったが、アイルランドの反乱軍との休戦は逆にチャールズ一世への不信を増加させることになった。それ以来アイルランドのカトリック教徒対策はイングランドにとっては大きな問題になっていた。スコットランドはと言えば、議会軍はスコットランドからの援軍を求めていた。スコットランドは援軍の見返りにイングランドでの長老制の確立を要求していたので議会での賛同が得られず、スコットランドとの交渉は延期へと追いやられた。最終的に両国は同意し、イングランドはスコットランドの援助を得ることになった。アイルランドとスコットランドではイスラエル＝イングランドとの戦いがあり、「新しい刀、新しいイシュビ・ベノブ」がイングランドとの戦いを続けている。ここで注意を要するのは「ここでは我々自身のなかで正しいイシュビ・ベノブがダビデに反旗を翻し新しい軍隊で身をまとい、あらゆる場合に、ダビデの卒倒を利用している」という表現である。これは明らかにチャールズ一世との戦いを念頭に置いた言葉で、ピューリタン議会軍は「正しいイシュビ・ベノブ」であり、ダビデはチャールズ一世の国王軍を指している。チャールズ一世への反旗が正当な反旗であることをハールは言っているのである。さらにハールは言葉を続けて次のように言う。

...it cannot be denied but *David* amongst us hath had his *faintings*, Gods providence towards us hath (like a river) many a time seemed weary of its course and channell, and made many a winding about, as if it had lost its way to the Ocean of his glory, but it hath been to take in the concurrence and supply of some other streame, to make it run more full and navigable, and more able to beare the vessel of his Church and Cause, with deepe bottome and larger sayles, and to contribute more to that sea and (as it were) the better to take in the succours and supplies of some *Abishai* or other, to the reliefe of its fayntings[11].

神の栄光の大洋への道を失ったかのように神の摂理はその進路に飽き飽きし、曲がりくねっているとハールは言うが、これはピューリタン革命に際し、革命がピューリタンの思うとおりに進行していないことを示している。「栄光の大洋」へ続く川を円滑に流させるためには他の流れと共に流れることが必要で、その結果として「教会と大義の船」が安全に航行できる。だから神の卒倒（これは議会軍の国王軍との戦いでの行き詰まりを指す）救助のためには「あるアビシャイ」の救助が必要であるともハールは言うが、この一節も議会軍と国王軍との戦いを意識しての発言である。ハールの言わんとすることは、今は議会軍への神の加護ははっきりとは見えないが、援軍があれば革命は勝利でき、国外からの援軍が必要であるということである。ここでの「アビシャイ」とは誰をさしているのであろうか。ハールはアイルランドよりはスコットランドからの援軍を期待していることは次の引

用を見れば明らかである。

Our *solemn League and Covenant*, together with the free and full assistance from our Brethren of *Scotland*, in pursuance of it, what were they but such *streams* (as it were) taken in to fill this channell of providence, which did thus winde about to receive and meet them? what other then so many *Abishai's*, sons of our sister Nation, to succour and relieve our *Davids faintings*, I dare say, he is neither true Protestant, nor true English man, that ownes not God in either of those his titles, *King of Saints*, and *King of Nations*, that doth not with all thankfulnesse and admirartion look uopn the greatnesse of that contribution which these conncurrent streames bring to both those interests of Church and Nation, by his gracious conduct, who is King of both[12]:

" Our *solemn League and Covenant* " (厳粛同盟) とは 1643 年 9 月 25 日、イングランド長期議会がスコットランドと結んだ同盟で、チャールズ一世へ対抗するためにイングランドがスコットランドに援軍を仰いだもので、軍事と宗教の両面において両国が一致した同盟である。軍事面ではイングランドがスコットランドに毎月 3 万ポンドを支払い、スコットランドは 21, 000 人の兵力をイギリスに提供する。これがこの後のマーストン・ムアーの戦いでの議会軍の勝利をもたらしたことを考えると、この「厳粛同盟」は一応の成功を収めたのである。イングランド、スコットランドが一つの「流れ」となり「神の摂理の水路」を満たし、革命成就の大洋へと流れていくというのである。ハールは「サムエル記下」21 章 16-7 節のアビシャイにも触れるが、イングランドとスコットランドの同盟では「サムエル記下」21 章 16-7 節のダビデはイングランド、アビシャイはスコットランド、そして、イシュビ・ベノブはチャールズ一世となる。ハールはスコットランドに全面的な信頼を寄せ、スコットランドの援助の下で国王軍との戦いを遂行する決意を表している。ハールは、更にスコットランドはイングランドを助けてくれ、それによってアイルランドをもカトリック教徒から取り戻せると言う[13]。ハールはスコットランドとの同盟が議会軍の運命を左右すると考え、国王軍との戦いの打開策はスコットランドとの同盟以外にはないことを強調する。

...we have now (hereby [by the union with Scotland]) a wide doore of hope, or rather secirity, for a free intercourse in all mutuall supplies of brotherly assistance opened to us[14]:

同胞スコットランドからの援助により国王軍との戦いに勝利の突破口を見つけようとするハールの姿勢が窺える。国王軍との戦いは議会軍にとっては優勢には進展せず、勝ったり負けたりの戦いを繰り返していたが、ハールはそのような議会軍の敗北は "a happy *wound*" であると言い、敗北があればこそ神は窮地を救ってくれるのだと言う。

...*Now we know that God out of very faithfulnesse caused us to be troubled, and that Davids faintings in the North happily occasioned the succour of this Abishai; that it was well for us that we were so afflicted, for thereby we have learned and understood the loving kindnesse of the Lord; it was a happy wound that did let out such an Aposteme of corrupt festered blood, and found the* bottome of the *Vlcer*[15].

「北部おけるダビデの卒倒」は議会軍のイングランド北部での敗北を指し、それが幸いして「このアビシャイ」の救助を議会軍は得ることになったとハールは言うが、「このアビシャイ」がスコットランドであることは明かである。敗北を契機に援軍を得たというのはキリスト教でいう "felix culpa" に通ずる考えであるが、ちょうどアダムとイブが罪を犯した故に人類は神によって救われたように、議会軍も敗北を喫して初めてスコットランドから援軍を得て、それが最終的にはマーストン・ムーアでの議会軍の勝利につながっていたからである。ここでもハールは国王軍との戦いに言及し、スコットランドの援軍が議会軍に勝利をもたらしたことを述べている。ハールが説教前の議会軍と国王軍との戦いをいかに意識していたかは次の文からも明白である。

I speak not this, to diminish any thing of the merit or successe of those English Northerne *Abishai's*, at *Wakefield, Selby, York*e, at *Namptwich, or Ormschurch* neither, where（by Gods good hand upon his *Abishai*）those *Ishbibenob's*, with their new Irish Popish swords, have received no meane defeats[16].

ここではハールは地名を出して北部での議会軍と国王軍との戦いに触れている。"Wakefield, Selby, Yorke, Namptwich, or Ormschurch" と具体的に戦場名が言及され、それらの地で「あのイシュビ・ベノブが新しいアイルランドのカトリック教徒の刀を使いながらも大きな敗北を喫した」と国王軍はアイルランドからカトリック教徒の援助を得ながら議会軍に敗北を喫したことを述べている。ウェークフィールドでは 1643 年 5 月 21 日、セルビーでは 1644 年 4 月 11 日、ヨークはマーストン・ムーアの戦いで 1644 年 7 月 2 日、ナンプトウィッチでは 1644 年 1 月 25 日、オームズチャーチはオームズカーク(Ormskirk)で 1644 年 8 月 20 日にそれぞれ両軍が戦い、いずれも議会軍が勝利している[17]。西部での両軍の戦いについてハールは次のように言う。

Since that, againe in the *West*, in that shrewd *fainting fit* of *David*, how suddenly had *Ishbibenob* gotten a *new sword* againe, a sword out of *Davids* own hand, wherewith he thought to dispatch him at a blow. I cannot tell ye why that *Abishai* that was sent to *Davids reliefe* fell short of reaching it; but however, an *Abishai* was not long wanting to *Davids succour*, and *Ishbibenobs* defeat, onely we cannot say, as 'tis here in the Text, that he both *succoured David*, and *slew the Philistine*[18].

ここでハールは西部のどの戦いに言及しているかははっきりしない。これは 1644 年 11 月 5 日の説教が集録されている *Fast Sermons to Parliament* Vol. 17 の目次にある以下の記述が解決の糸口を与えてくれる。これは既に引用したが、その目次は以下の通りである。

*5 November 1644    Anniversary of Gunpowder Treason*
*Thanksgiving for victory at the second*

*battle of Newsbury, the investment of*
*Donnington Castle, the capture of*
*Newcastle-uopn-Tyne and of Liverpool,*
*and for successes in Lincolnshire*[19].

第二次ニューベリーの戦いは厳密に言えば議会軍の勝利ではない。その戦いは 10 月 27 日に行われている。それはコーンウォールでの勝利後引き揚げるチャールズ一世軍を議会軍がニューベリーで阻止しようとした戦いであった。議会軍は国王軍の二倍の勢力を有しながらも指揮統一を欠き、議会軍司令官マンチェスター伯 (Earl of Manchester) は国王軍追撃を強硬に主張したクロムウェルの要望に耳を傾けず、最終的に国王軍へ決定的な攻撃を加えることをしなかった。ここでは "that shrewd *fainting fit* of *David*" は議会軍司令官マンチェスター伯 (Earl of Manchester) であり、"*Ishbibenob*" はチャールズ一世である。この戦いで敗れた議会軍の "that *Abishai*" とは誰を指すのか。チャールズ一世軍を追撃したクロムウェルか。だがクロムウェルは援軍とは言えなかった。彼は最初からこの戦いに参加していたからである。ニューベリーの戦いは結局は議会軍の敗北に終わったので、「アビシャイがダビデを救助し、ペリシテ人を殺害した」という指摘はこの戦いにはあてはまらない。ドニントン城はチャールズ一世軍の駐屯地の一つでその包囲は 1644 年 10 月 26 日夕暮れに行われた。ドニントン城は当初は議会派が所有し、その後国王軍の手に渡り、内乱中はマンチェスター伯等が指揮する議会軍から攻撃され、18 ヵ月後に降伏した。ここではダビデはドニントン城であり、イシュビ・ベノブはチャールズ一世軍となるが、アビシャイに該当する人物はここでは見あたらない。ニューカッスル・アポン・タインとリヴァープール占領は前者はスコットランド軍による 1644 年 2 月から 10 月 14 日までのニューカッスルアポンタイン包囲であり、後者に関してはスコットランド人のジョン・メルドラム(Sir John Meldrum) はチェシャーからの兵力援護を受け、リヴァープールを包囲し、11 月 1 日にリヴァプールは陥落した。リンカシャーでの成功は一つは 1643 年 10 月 11 日のウィンスビーの戦いで、マンチェスター伯騎兵隊がリンカンシャーのウィンスビーで国王軍に圧勝した戦いである。もう一つはグランサムの戦いである。これは 1643 年 5 月 13 日に行われた戦いで、ウィロビー卿 (Lord Willoughby of Parham), ジョン・ホーサム (Sir John Hotham)とクロムウェルに率いられた議会軍がチャールズ・カベンディッシュ指揮下の国王軍を破っている。同じ日にクロムウェルがグランサムを占領した後、クロムウェル軍は国王軍から攻撃を受け、その戦いは近くのベルトンにまで拡大した。クロムウェルの騎兵隊はある程度の成功を収めたが、ホーサムの兵士は成功とは言えなかった。国王軍はクロムウェルをグランサムから追い出すことはできなかったが、議会軍は翌日リンカーンに退却した。リンカンシャーではもう一つの戦いがゲインズバラで行われている。1643 年 7 月 28 日に議会軍がゲインズバラを襲撃し、議会軍の支配下にあったが、翌日には国王軍に取り戻された。1643 年 12 月 20 日に議会軍は再度ゲインズバラを急襲し、その後内乱の間は議会軍の支配下にあった。リンカンシャーでの議会軍と国王軍との戦いはすべてが議会軍の勝利に終わっているわけではないが、勝利を強調する議会軍があえて敗れた戦いを退け、勝ち取った戦いだけを重視し、それを基にピューリタンを激励しようとする議会側の魂胆が見られる。以上述べた戦いはどちらと言えば小規模の戦いであるが、大きな戦いもあった。それは 8 月中旬から 9

127

月初めまで続いたロストウィシエルの戦いである。しかしこの戦いは議会軍の敗北に終わっている。王党派の牙城南西部コーンウォルに侵入していた議会軍総司令官エセックス伯はチャールズ一世の攻撃を受け、コーンウォルのロストウィシエルで国王軍により包囲され、9月2日にエセックス伯はかろうじてプリマスへ脱出した。チャールズ一世はこの勝利によりロンドン進撃を決心し、議会軍は窮地に追いやられることになる。上記の引用文がこの戦いに言及しているとすれば "that shrewd *fainting fit* of *David*" は議会軍総司令官エセックス伯であり、"*Ishbibenob*" はチャールズ一世である。"that *Abishai*" はウォーウィック伯 (the Earl of Wawick) 指揮下の艦隊であるが、艦隊は現れることはなかった。もうひとつの議会軍の援軍は陸軍中将ミドルトン (Middleton) 指揮下の援軍であるが、それもサマセットのブリッジウォーターで敗れている。だから後半の「アビシャイ」が「ダビデ」を救助し、「ペリシテ人 (イシュビ・ベノブ)」を殺害したというのは史実に反する記述である[20]。

　我々はこれまで「サムエル記下」21 章 16~17 節のダビデとイシュビ・ベノブの戦い、ダビデを助けるアビシャイをハールが説教でどのように使用しているかを検討してきた。ここで明確に言えることは、ハールが 11 月 5 日に火薬陰謀事件記念日に火薬陰謀事件について論じることは彼のそもそもの目的ではなかったということである。ハールにとってはあくまでも 1644 年 11 月 5 日までの議会軍と国王軍との戦いを論じることが最優先すべき問題であったので彼は説教で火薬陰謀事件にはほとんど触れないのである。ハールにとって「火薬陰謀事件」はピューリタン革命である。だからハールは説教の序文でも次のように言うのである。

...you [*the Commons*] *must expect still to stand in need of more deliverances; the same brood of enemies that then durst venture but on an undemining, dare now attempt an open battery. Nor are they without their Pioners too, still at worke, and now busier then ever, in digging vaults, such as may reach from* Oxford, Rome, Hell, *to* Westminster, *and there to blow up (if possible) the better Foundations of your Houses, their* Liberties *and* Priviledges[21].

ハールにとって火薬陰謀事件からのジェームズ一世「救出」は国王軍との戦いからの議会軍の「救出」、すなわち議会軍の勝利である。「同じ敵の群れ」である国王軍はその本拠地であるオックスフォード、ローマ、地獄からイングランドの中心ウェストミンスター奪回のために進軍している。火薬陰謀事件ではカトリック教徒が国会議事堂爆破を計画したように、国王派は国会の自由と特権を爆破しようと企んでいる。これは明らかに国王軍との戦いを念頭においた言葉であり、ハールの火薬陰謀事件説教は実は議会軍と国王軍との戦いを論じることがそのそもそもの目的だったのである。だからハールは「サムエル記下」21 章 16~17 節を火薬陰謀事件には適応しないで、国王軍との戦いに適応したのである。火薬陰謀事件ではダビデはジェームズ一世、イシュビ・ベノブはカトリック教徒、アビシャイはジェームズ一世となるが、国王軍との戦いではダビデは議会軍、イシュビ・ベノブは国王軍、そしてアビシャイはスコットランドとなる。ハールの説教は進行中のピューリタン革命を援護する説教であったのである。これを裏付ける記述が上で引用した 1644 年 11 月 5 日の説教が集録されている *Fast Sermons to Parliament* Vol. 17 の目次である。それは既に引用したが、それには「1644 年 11 月 5 日　火薬陰謀事件記念日、第二次ニューベリーの戦い、ダウ

128

ニントン城包囲、ニューカッスル・アポン・タインとリヴァプール占領とリンカンシャー勝利への感謝」と記されていた。これらの戦いがすべて議会軍の勝利に終わった戦いではなかったことは既に指摘した。特に第二次ニューベリーの戦いは議会軍は優勢であったにもかかわらず国王軍に対して決定的な勝利を収めることはできなかった。しかしこの記述を見ると十分に理解できるのだが 1644 年 11 月 5 日の火薬陰謀事件日のピューリタンの説教は文字通国王軍との戦いにおける戦勝記念説教であったのである。この戦勝記念説教は 1644 年 11 月 5 日の説教に見られるだけでなく、例えば、翌 1645 年 8 月 22 日には "Thanksgiving for the capture of Bath, Bridgewater, Scarborough Castele, and Sherborne Castele, the dispersal of the Clubmen, and for successes in Pembrokeshire", 1645 年 11 月 5 日では "Commemoration of the fifth anniversary of the Long Parliament, and Thanksgiving for victories over Lord Digby and sir William Vaughn"、1645/6 年 2 月 5 日の "Thanksgiving for the capture of Dartmoputh and other successes in the West"、1645/6 年 2 月 19 日の "Thanksgiving for the capture of Chester"、1645/6 年 3 月 12 日の "Thanksgiving for Sir Thomas Fairfax's victory at Torrington"、1646 年 7 月 21 日の "Thanksgiving for the surrender of Oxford and the reduction of Farrington and Anglesea" 等議会軍が国王軍に勝利を得るたびにその勝利を祝した戦勝記念説教が行われていた[22]。ハールの説教以前に戦勝記念説教がほとんどないことを考えると 1644 年 11 月 5 日のハール等の説教が戦勝記念説教の先駆けとなっていることがわかる。このように考えるとハールの説教は火薬陰謀事件記念日を利用し、当面ピューリタンが直面していた国王軍との戦い打開を聴衆に訴えた説教であることがわかる。説教の後半に入り説教は俄然政治的色彩を濃くなるが、それは遅すぎた論点であった。ハールはイギリス国内での議会軍の勝利を論じた後で、最後にダビデの「卒倒」―議会軍の窮地―に際しどうすればピューリタンは「アビシャイ」―議会軍への援助―を獲得できるのかと疑問を発する。「アビシャイ」は以下の 4 点を厳守することによって得られる。それは (1) Do justice. (2) Shew Mercy. (3) Maintaine a correspondency of succours. (4) Give all the praise and glory to God.の 4 点である[23]。(1) の「正義を行え」ではハールは身分の低い者も高い者公平に扱うよう訴える。身分の低い者の例としてハールはダビデがギブオン人の要求を聞き入れ、サウルが彼らとの協定を破った償いをダビデが行った。ギベオン人は「木を切る人」「水を汲む人」であった。身分の高い者への正義としてハールはサウルの 3 人の息子の戦いでの死や預言者サムエルに斬り殺されたアハグ王等を例に挙げる。彼らはすべて神に対し不従順であったがために神の正義を受けたのである。(2) の「慈悲を示せ」でもハールはダビデがサウルやヨナタンの骨を丁重に葬ったことに言及している。サウルはダビデデ殺害を企んだ王であるが、そのサウルに対してすらダビデは「慈悲」を示したのである。(3) の "Maintaine correspondence of aid among your forces" では、軍隊のなかで援助を得るように兵士達との密接な関係を築くことの重要性をハールは言っているのである。(4) の「神へ賛美と感謝を与えよ」は "Give all the succours or successes to God" とも言い直されているように、議会軍の救助も成功もすべて神のお陰であるという神への絶対的な信頼であり、彼らの *sola scriptura* の姿勢をも表している言葉である。この世のあらゆるものは神の御業であり、敬虔な神への信頼がピューリタン信仰の基盤であることを示す言葉でもある。これら 4 点も守ることによってピューリタンは国王軍との戦いを切り抜けていくことができるのである。ただ一点だけ注意を要したいのは (2) の「慈悲を示せ」である。これはダビデが自分

を殺害しようとしたサウルの骨すら丁重に葬った例からも明かなように、ハールも同じイングランンド同士が戦う内乱に際し、敵の国王軍の兵士の死体をすら丁重に扱うことをピューリタンに訴えているのである。同じイングランドが敵・味方に別れて戦う内乱を批判している言葉でもあり、宗教人としてのハールの人間性の深さを示している言葉でもある。いずれにせよハールは議会軍必勝のために議会軍が厳守すべき項目を掲げ、それを守れば国王軍に敗れるはずはないという自信の程をハールは示している。彼の説教は言うなれば国王軍との戦いで敗れないためのマニュアルでもある。

　ハールは英国国教会派説教家と同じく聖書の適応を行っているが、その適応の仕方が英国国教会派説教家と異なる最も大きな点は、ハールは聖書を火薬陰謀事件に適応しなかったということである。そもそもハールの火薬陰謀事件説教の手順は従来の手順には従っていない。それはなぜか、という問を前に投げかけたが、その答えは一口で言えばハールがピューリタンであったということである。そしてハールが「熱烈な長老派[24]」であったからである。従来の英国国教会派説教家による火薬陰謀事件の中心的テーマはジェームズ一世の奇跡的な事件からの救出とジェームズ一世への賞賛である。火薬陰謀事件はジェームズ一世王朝破壊を目的としていたが、火薬陰謀事件説教はその事件を非難することによりジェームズ一世王朝の強化、その体制維持に熱をあげた説教であったのである。つまり火薬陰謀事件説教は最終的にはジェームズ一世賛美の説教でなければならなかったのである。これは特に急進派のピューリタン（例えば独立派、クロムウェルはそのリーダーである）にとっては考えられないことであった。ピューリタンがそもそも革命を引き起こしたのはチャールズ一世打倒であった。ピューリタンにとって王は必要ない。彼らは王制打倒により共和制の樹立を目指していた。王の支配に徹底的に抵抗したピューリタンが火薬陰謀事件でジェームズ一世を賞賛することは彼らの革命理念に反する行為であり、彼らの存在理由を全く否定することになる。だがハールの場合は少し状況が異なる。彼はバージェス同様長老派である。長老派は王制打倒は叫ばない。だから彼はチャールズ一世処刑には賛成しなかった。とすればハールは火薬陰謀事件のジェームズ一世を賞賛してもよかった。しかしハールはそこまでは大胆になれなかった。ハールは他のピューリタンを意識してジェームズ一世賛美に至る火薬陰謀事件説教を行いたくなかったのかもしれない。チャールズ一世と戦っている最中にチャールズ一世の父のジェームズ一世を賛美することはあってはならないことである。革命の先行きがいまだ不透明ななかでピューリタンは議会軍の勝利を信じたかったのである。そのために 4 人もの説教家に同一日に戦勝記念説教を行わせた。彼らの説教はバージェスを除きすべてピューリタンの勝利に疑いはないことを力強く述べている。ハールの説教は火薬陰謀事件から対国王軍との戦いに論点を移しているが、それも裏を返せばハールがいかに対国王軍との戦いに対し、議会軍の勝利を信じてやまなかったかの現れでもあろう。その勝利には何が足りないのか。それは説教のタイトル「ダビデの予備軍と援助」である。「ダビデの予備軍と援助」とは「イングランドの予備軍と援助」である。それは言うまもなくスコットランドである。「イングランドの予備軍と援助」とはスコットランドなのである。ピューリタンはスコットランドの援助をもって国王軍と戦うのである。その援助は「厳粛同盟」であった。ハールの説教のタイトル "Davids Reserve, and Rescue" は「サムエル記下」21 章~17 節のダビデとイシュビ・ベノブとの戦いでダビデが窮地に追いやられてもアビシャイがダビデを助けてくれたようにピューリタン革命にあ

130

っても議会軍がいかなる難局にあろうとも必ずや議会軍には援助の手が差し伸べられることを示している。その「援助の手」は物理的にはスコットランドの援助であろうし、精神的には「神」である。聖書を片手に罪の重荷を背負ったピューリタンは戦場での賛美歌合唱と共に内に神を求め、外にも援軍を求め、革命の勝利を確信したのである。

## 7－4　むすび

　本章では1644年11月5日に行われたピューリタン説教家ハールによる火薬陰謀事件説教を論じてきた。ハールの説教はそれまでの英国国教会説教家による火薬陰謀事件説教と比べると著しい違いが見られる。彼らの説教は一言で言えば事件の被害者ジェームズ一世賛美のための説教であった。ジェームズ一世王朝の破壊を狙った火薬陰謀事件は英国国教会派説教家に反カトリック教の姿勢を鮮明に打ち出させた。これに反し1644年11月5日に庶民院でのハールの説教はどうであろうか。ハールの火薬陰謀事件そのものより進行中の対国王軍との戦いを論じることが最優先事項であった。その説教は火薬陰謀事件よりも議会軍と国王軍との戦いを強く意識した説教であった。この日の説教が対国王軍戦勝記念説教であることを考慮するとバージェスの説教はその説教の意図に著しく反していたことになる。なぜバージェスは火薬陰謀事件を全面的に扱うことをしなかったのか。その理由は二つ考えられる。一つは火薬陰謀事件を徹底的に論じればそれはカトリック教批判とジェームズ一世賛美に終わらねばならなかったからである。しかし、バージェスの説教時ピューリタンは国王と戦っていた。対国王軍戦勝記念説教で王制支持の説教を行うことはできない。バージェス以外の説教家は火薬陰謀事件よりも進行中のピューリタン革命を重視し、ピューリタンの勝利を聴衆に確約した。ところがバージェスは説教の後半でわずかに議会派と国王軍との戦いを扱うだけである。バージェスはピューリタン革命をも本格的に論じようとはしない。長老派説教家として王との妥協を図るバージェスは議会軍の攻撃の対象であるチャールズ一世批判は行いたくなかったのであろうか。その理由も釈然としない。午後に説教を行ったハールは午前のバージェスの煮え切らない説教の内容に不満をぶつけるかのように真っ向から国王軍との戦いを論じる。説教の目次に挙げられた戦いがすべて議会軍の勝利には終わっていないが、革命を説教によって援護しようというハールの意気込みが強く打ち出されている。その意味でハールの説教は1644年11月5日の火薬陰謀事件記念日を借りた対国王軍戦勝記念説教にふさわし説教となっていると言える。バージェスと同じ長老派に属するハールであるが、「熱心な長老派」でありながらハールは対国王軍勝利を高らかに説教で祝し、庶民院の聴衆を更なる戦いへと駆り立てる。1644年11月5日の4人のピューリタンによる説教の結果は翌1645年6月14日のネズビーの戦いである。その戦いでクロムウェルは国王軍に対し決定的な勝利を収め、以後紆余曲折はありながらも1649年1月30日のチャールズ一世処刑へと歴史は容赦なく進展していくのである。

## 注

　(1)ハールについては Robin Jeffs general editor, *The English Revolution:Fast Sermons to Parliament Volume 14　November 1644* (London: Cornmarket Press, 1971) 所収の説教を使用す

る。説教の頁数は Volume 14 全体の頁数ではなく、ハールの説教の頁数である。

(2) Jeffs, p. 2.

(3) Op. cit.

(4) Op. cit.

(5) Ibid., p. 12.

(6) Ibid., pp. 12-13.

(7) Ibid., p. 13.

(8) 議会軍と国王軍の戦いについては既に本論の pp. 25-26 で論じた。

(9) Kenyon and Ohlmeyer, pp. 366-368 参照。

(10) Jeffs, p. 13.

(11) Ibid., pp. 13-14.

(12) Ibid., p. 14.

(13) Op. cit.

(14) Ibid., p. 15.

(15) Op. cit.

(16) Op. cit..

(17) これらの戦いについては P. R. Newman, *Atlas of the English Civil War*（London and New York: Routledge, 1998 ）を参照した。

(18) Jeffs, p. 15.

(19) Ibid., p. 2.

(20) 以上の戦いについては Martyn Bennett, P. R. Newman の上掲書に詳しい。

(21) Jeffs, A3.

(22) これらの対国王軍戦勝記念説教は Robin Jeffs op. cit., Vols. 18, 20, 21, 24 に集録されている。

(23) Jeffs, pp. 15-18.

(24) *DNB* のハールの項目参照。

## 第8章 マシュー・ニューコメンの火薬陰謀事件

### ―Deliverances *past* are the *pledges* of *future deliverance*―

### 8-1 はじめに

　1642年と言えば8月に国王派による挙兵によりいわゆるピューリタン革命が勃発した年であり、10月にはエッジヒルの戦いが始まり、革命は泥沼の道を歩むことになる。同年11月5日、1605年に起こった火薬陰謀事件記念日にピューリタンのニューコメンは記念説教を行うことになる。火薬陰謀事件はカトリック教徒の過激派ジェズイットが企てた国会爆破計画で、国会臨席のジェームズ一世、王妃、息子や政府の要人を国会爆破もろとも殺害しようという前代未聞の反逆事件である。本論でニューコメンを取り上げる理由は彼がピューリタンであるということである。本来火薬陰謀事件説教はジェームズ一世やチャールズ一世期には専ら英国国教会派の説教家によって事件日の11月5日に毎年行われていた。内乱が勃発し、王党派が劣勢を強いられ、ピューリタンが実権を握ると今度はピューリタン説教家が11月5日に火薬陰謀事件説教を行うようになった。問題点として考えられるのは英国国教会派説教家による説教とピューリタン説教家による説教との間にはどのような違いがあるのかということである。そもそも違いはあるのであろうか。私はこれまでバーロー(William Barlow)、アンドルーズ(Lancelot Andrewes)、ダン(John Donne)等の英国国教会派説教家による火薬陰謀事件説教を論じてきた。彼らは皆体制派説教家であるので説教の目的はジェームズ一世王朝擁護である。説教で事件の首謀者ジェズイットを徹底的に糾弾することによりジェームズ一世支持の姿勢を強く打ち出す。それはジェームズ一世が国会演説で事件記念日に事件追悼説教を期待することを受けての説教であった(1)。彼らの説教には共通した手順があった。それは (1) 事件に類似した一節を聖書から選び、それを事件に適応することによって聖書から事件を批判する。(2) 事件の残忍性 (3) ジェームズ一世世による事件発覚 (4) ジェームズ一世の奇跡的救出 (5) ジェームズ一世を救出してくれた神の慈悲強調 (6) 神の慈悲への感謝、ほぼすべての英国国教会派説教家による火薬陰謀事件説教はだいたいこのような手順を踏んでいた。事件の凶暴性、ジェームズ一世の神格化、奇跡的な救出、神への感謝、これらが英国国教会派説教家の説教には幾度となく繰り返される。それではピューリタンのニューコメンの火薬陰謀事件説教はどうであろうか。彼は1642年11月5日の火薬陰謀事件日に庶民院で説教を行っている。説教のタイトルは「教会の敵の狡猾と残虐」( *The Craft and Cruelty of the Churches Adversaries*(2))である。「教会の敵」とは事件を計画したカトリック教の過激派ジェズイットであり、彼らの「狡猾」と「残虐」がいかに事件に表れているかを論じた説教である。ピューリタンと英国国教会派はその主義・主張が異なるゆえ、当然彼らの説教にも違いが見られることが予想される。一方は体制派、他方は反体制派である。反王権派のピューリタンからしてみれば王殺害を狙った火薬陰謀事件には共鳴できるものがあるように思われるが、はたしてニューコメンは火薬陰謀事件を容認する立場を取っているのであろうか。以下本章では英国国教会説教家バーローとの比較からニューコメンの説教を論じていく。

133

## 8−2　英国国教会説教家バーローの火薬陰謀事件説教

　ジェームズ一世の国会演説の翌日 1605 年 11 月 10 日、 バーローはポールズクロスで火薬陰謀記念説教を行った。ポールズクロスは旧セントポール大聖堂の境内に設置された屋外の説教壇で，著名な説教家が説教を行っていた場所である。火薬陰謀事件説教を行ったときバーローはロチェスターの主教であったが、その後リンカーンの主教となった。バーローはエリザベス女王のチャプレンであり、ジェームズ一世即位後は王からの信頼を受け、1604 年のピューリタンとのハンプトン・コート会議の報告記ではピューリタンに対するジェームズ一世の一方的な勝利の報告書を書いたり、その他「忠誓の誓い」論争でもジェームズ一世を擁護したことでも知られている。その功労のためかバーローは欽定訳聖書翻訳委員会にも加わる。彼は典型的なジェームズ一世寄りの体制派説教家であった。バーローはエセックス伯の処刑に関して 1601 年に同じポールズクロスでエセックス伯の罪の自白及び国家反逆罪への後悔告白をロンドン市民に周知させるよう依頼を受け、説教したことがあった。バーローは 11 月 10 日に政府からの要請によりポールズクロスで火薬陰謀説教を行い、火薬陰謀事件についての真相を一般の人々に明らかにすることとなった。その説教は火薬陰謀事件についての最初の真相解明であり、その説明はおおむね正確であると言われている内容である[3]。そもそもポールズクロスで説教家は「誤りを示し、王の意志を宣言する」ために説教を命じられていた[4]。ジョン・ダンもジェームズ一世から命じられ、王の議論を引き起こした "Directions for Preachers" を擁護するために 1622 年王から説教を命じられたことがあった。いわばポールズクロスでの説教は政府の宣伝のために使用されていたのである。バーローは、ジェームズ一世の国会演説直後にその余韻も覚めやらぬうちに陰謀事件を非難する説教を行ったが、それはジェームズ一世の国会演説の内容をくみ取ったジェームズ一世擁護見え見えの説教であった。マックリュアーはその説教を "the most fulsome exhibition of this order[5]" と評しているようにジェームズ一世を褒めまくった説教である。バーローは、説教前日のジェームズ一世による国会演説の場に居合わせたが、バーローの説教はジェームズ一世の国会演説抜きでは考えられない説教である。以下、英国国教会派バーローの説教をジェームズ一世の国会演説との関連から見ていきたい。

　バーローが説教に選んだ聖書は「詩編」18 章 50 節の "Great Deliuerances giueth he vnto his King, and sheweth mercy to his anointed Dauid and to his seede for euer." （主はその王に大いなる勝利を与え，その油そそがれた者に，ダビデとその子孫とに，とこしえにいつくしみを加えられるでしょう）であった。バーローが「詩編」この一節を説教の冒頭に掲げた理由は二点考えられる。第一点はジェームズ一世が国会演説で「詩編」を引用し、自らに対する主の "mercy" に幾度となく感謝していたからである。ジェームズ一世が「詩編」を引用していたのでバーローも「詩編」を引用し、ジェームズ一世の気を引こうとしたのである。第二の理由としてはバーローがダビデとジェームズ一世の類似性を訴えたかったことが挙げられる。バーローの最初の火薬陰謀事件説教はバーロー以後の火薬陰謀事件説教の模範となる説教であった。つまり以後の説教家たちは説教の冒頭に火薬陰謀事件と類似した一節を聖書から選び、それを基にして説教を進め、最終的にはその一節を火薬陰謀事件に適応することで説教を終える。それゆえ引用する聖書、それもほとんどが旧約聖書からの一節であるが、その一節に登場する人物とジェームズ一世は重ね合わされてくる。これはジェームズ一世にとってこのうえない賛辞となることは間違いない。上

記の「詩編」18章50節を説教の主題にしたバーローの意図は容易に理解できる。バーローは「詩編」18章50節を火薬陰謀事件に適応するのである。バーローは最初主とダビデの関係を述べ、次に主とジェームズ一世、ジェームズ一世とダビデの関係に論を移していく。始めに主とダビデの関係については、「詩編」18章43節で「あなたは民の争いからわたしを救い」とあるので、主はダビデを戦いから救出してくれたことがわかる。「詩編」の作者がダビデであるかは定かでないが、バーローは「詩編」の作者をダビデと見なし、ダビデは主によって戦いから救出されたと考えている。しかもその救出は一度限りの救出ではない。ダビデが逆境に直面すれば主は必ずやダビデを救出してくれるのである。バーローにとって「詩編」は "Triumphing Song, after his［David's］many rescues and victories[(6)]" である。「詩編」は主が多くの救出と勝利をダビデに与えてくれたことに対す勝利の歌であり、感謝の歌である。主とダビデとの特殊な関係についてバーローは次のように言う。

...it seemeth that God and *Dauid* had entred a couenant each with other, Psalme 89.2, ratified on each parte with an othe, God for his parte took his oath, Psalme 89.35, *I have sworn by my Holines, that I will neuerfaileDauid*[(7)]

主は自らが選んだ者、ダビデと契約を結び、ダビデの「子孫をとこしえに堅くし、あなたの王座を建てて、よろずに至らせる」（「詩編」89章3-4節）と言ったように、ダビデと主には特別な関係がある。更に「詩編」89章35節では「わたしはわたしの聖によって誓った。わたしは決してダビデを見捨てることはしない。」と述べられ、主とダビデの堅い結びつきが強調されている。冒頭に挙げた「詩編」18章50節はいわば主とダビデとの特別な関係とダビデへの主の永遠の加護を再度確約している箇所である。ダビデの背後には常に主がおり、主がダビデを見放すことはありえない。ダビデにとっては主からの強力な援護が絶えず存在する。"deliverances" と複数形であることから主の救いは一回切りではなく、救出は幾度も続き、"for euer" である。実際ダビデの場合多くの危機と同じくらいの主による救出があった。

For the first, his［David's］Rescew from the Beares pawe, the Lions iawe, Saules iaueline, Goliaths speare, Achitophels counsell, Docgs slaunder, Schemi his reuiling, the mouth of the sword, the murren of his people, the multiplicitie of his sinne, the rebellion of his sonne...is an euident demonstration,...[(8)]

ダビデは、「熊の足」「ライオンのあご」「サウルの投げ槍」「ゴリアテの槍」「アヒトペルの助言」「ドクグの中傷」「シェミーの悪口」「刀」「人々の疫病」「多数の彼の罪」「息子の反乱」と様々な危機に直面した。しかし、ダビデはこれらの危機を主によって切り抜けることができた。バーローは何度も主の "mercy" に言及し、いかに主がダビデに"mercy"を示したかを述べる。バーローは、主の "mercy" は多すぎて数えることはできないとダビデが述べる「詩編」40章5節を引用する。

Thy mercies exceed all account, I would declare them, and speake of them, but I am not able to

135

expresse them. [9]

ダビデは主の "mercy" がいかに多いかを認め、"God had so many waysdeliuered him [David],...as if hee intended nothing else but to deliuer him:[10]" と述べ、主とダビデの密接な関係を強調する。更に、"Many are the troubles of the righteous, but the Lord deliuered them out of all,...[11]" と「詩編」34 章 19 節に言及し、正しき者に災いは多いが、主はその災いから救ってくれる、と正しい者に主の救いは限りがないことを述べる。バーローは説教の前半で主の "mercy" だけを論ずる。それも説教の冒頭に挙げた主がダビデを救出してくれた一節をジェームズ一世に適応したいがためである。バーローにとっては主の救出はまた主の "mercy" の表れでもある。ダビデへの主の "mercy" はダビデに多くの「光栄」をもたらす。

..his [David's] Honours were as many as daungers, the favour with his Prince, the loue of the people, the designed heritage ofaKingdome, the glorious wearing of a Crowne, the triumphant victories ouer his enemies, the secure establishment of his Kingdome in his sonne while he liued: these Salutes it pleased GOD to afforde him and with an othe to assure him; I will make him my first borne higher than the Kinges of the earth: [12]

ダビデの王子からの好意，国民の愛，王国の継承，栄光の王就任，敵への勝利，息子における確実な王国創立，これらすべてを神はダビデに与え，更には「神の長子＝ダビデをこの世の王よりも高い地位につける」との誓約をも神からダビデは得ているのである。ダビデには主からの数々の加護があり，主とダビデはいわば一心同体的な関係にある。主からこれほどの加護を一身に受けたダビデにはもはや恐れるものは何もない。ダビデを主の長子にするという主の誓約ほど力強い援護はない。バーローは「詩編」を引用し，主とダビデとの特別な関係を述べ，いかに主が正しい者をすべての災いから助け出したかを強調する。バーローの関心はいかにして「詩編」をジェームズ一世に適応するかである。バーローは、ジェームズ一世が特に好んだ「詩編」を説教の題材に使用したが、それをジェームズ一世自身に適応し、ジェームズ一世には神の加護があることを主張したかった。いかにしてジェームズ一世の火薬陰謀事件からの奇跡的な救出を賞賛するかが説教家に課せられた任務であった。「詩篇」18 章 50 節を説教の題材に選んだことは、ジェームズ一世がダビデと同じ関係にあることを意味する。ダビデと主との関係はそのままジェームズ一世と主の関係になる。火薬陰謀事件から奇跡的に難を逃れたジェームズ一世は同様の危機から脱したダビデとなる。バーローは、ジェームズ一世とダビデの親密な類似性について更に次のようにも言う。

It seemeth by his Maiestiesspeach yesterday; that his case & race hath bin the same with the Prophet [David] ...For no sooner was heeconceiued in the wombe, but presentlie he was hazarded, no sooner deliuered from the wombe, but inuironed with daunger, and what perils he hath passed euer since he was borne, need not to be related, they are so manifest: dismissed from those parts with a dreadfull farewell of a desperate Treacherie and entertained among vs with a Conspiracie vnnaturall & daungerous: heere Crowned with Thornes, before he could get on the Crowne of Golde. [13]

"his Maiesties speach yesterday" からバーローが国会でジェームズ一世の演説を聞いたことがわかる。ジェームズ一世とダビデを比較するとジェームズ一世を取り巻く境遇と家系はダビデと酷似している。ジェームズ一世もダビデも誕生と同時に様々な危機に遭遇し、「黄金の冠」を身につける前に数々の「いばら」の冠を被らざるをえなかったほど幾多の困難・危機に直面した。母親の胎内に孕まれるや否やジェームズ一世は危険にさらされたとか生まれるや否や危険に包囲されたとか誕生後経験した危険にバーローは言及するが、それは以下のジェームズ一世の国会演説をふまえていると思われる。

...and I amongst all other Kings haueeuer bene subiectvnto them [innumerable dangers], not onelyeuer since my birth, but euen as I may iustly say, before my birth: and while I was in my mothers belly: yet haue I bene exposed to two more speciall and greater dangers then all the rest.[14]

ダビデが様々な危機から主によって救出されたようにジェームズ一世も神の慈悲により様々な危機から救出された。上記の "two more speciall and greater dangers" はジェームズ一世がスコットランドのジェームズ六世であったときのガウリー兄弟による軟禁事件と火薬陰謀事件を意味しているが、その軟禁事件と火薬陰謀事件からの脱出はジェームズ一世への主の特別な慈悲の結果であったのである。ジェームズ一世がいかなる困難・窮地にあっても主は王を見捨てることなく、いつも援助の手を差し伸べてくれた。それほど主のジェームズ一世への思いは強い。このようにジェームズ一世と主との密接な関係を背景にしてバーローは「詩編」をジェームズ一世に適応することによって、ジェームズ一世をダビデの再来と見なす。そしてキリストはダビデの家系を引き継いでいると言われていたが、バーローの図式に従えば、ジェームズ一世の息子がキリストになる。ジェームズ一世にとってこれほどの賛辞・称賛はない。しかもジェームズ一世の体験はダビデの数々の苦しみに勝るとも劣らないものである。

All these of Dauids were great indeed, but compared to this of our gracious King [James l]: (the last, I trust, for a worse there cannot be) is but as a *minium* to a *large*, whether we consider therein, eyther the Plot it elfe, or the Con-comitance with it, or the Consequences of it.[15]

火薬陰謀事件はその計画、付随事情、結果からしてダビデ以上の苦しみを体現した事件である。ジェームズ一世は神によって窮地を脱出したが、我々は何をなすべきか。ここでもバーローはダビデと神の関係をジェームズ一世と神の関係とする。

Hath GOD done great thinges for vs. Psalm, 126.3? Let vs with the Prophet [David] aunswere him in the same kinde, and say; Wee will giue great thankes unto the Lorde. Dooth hee...poure out his benefitesvpon vs, Psalm.68.19? Let vs againe...powre out our heartes before him, for God is our hope, Psalme 62.8. Doth heegiue vs cause to triumph, it is our parts as Dauid here to aunswere him....[16]

主はダビデに「大いなること」をなしてくれた。「日々われらの荷を負われる」はほむべきである。同様ダビデと同じ境遇にあったジェームズ一世にも主は「大いなること」を成

137

し遂げてくれたので主に対し「大きな感謝」を捧げなければならない。ダビデが主に答えたようにイギリス国民も主に対して答えるのが「我々の責務」である。ではイギリス国民は何をなすべきか。それは「詩編」でダビデが行ったことで，(1)勝利の言葉で主による救出を高らかに宣言すること (2)貧者に勝利の施しをすること (3)心からのお祈りを主に捧げること (4)勝利の食事をし，並々ならぬ宴を催すことである。これは "straunge deliuerance" に際し「神の民」ユダヤ人が自ら行ったことである[17]。バーロー は，ダビデをジェームズ一世に再現させるようとしているが，バーローのジェームズ一世を意識した態度に我々はバーローの王への強い追従の念を禁じ得ない。ジェームズ一世はいわば残虐極まる火薬陰謀事件という「死」から復活したのである。「死」からの復活，それは我々に否応なしにキリストを思い出させる。ジェームズ一世はキリストとも重ね合わされてくる。

Dead in the Cabinet of the Conspirators, dead in the intention of the Villaine in the Vault, dead in the preparation of false-hearted rebels, but...hee is aliue againe, escaping from manie daungers, Heeliued,...to bee brought in vnto vs, from Hebron vnto Ierusalem, from the Northerne climat to these Southerne parte, now...hee is aliue vnto vs...from the very gates of death, from the Iawes of the deuourer, from the lowest pit. [18].

ジェームズ一世は陰謀者の小室で死に，地下納骨場での悪漢どもの計画の中で死に，偽りの心の反逆者の準備のなかで死んだのも同然であった。しかし，彼は奇跡的にその難を逃れた。そのジェームズ一世はエルサレム帰還まで種々の危機に遭遇したダビデとオーバーラップされてくる。ジェームズ一世は「死の門」「むさぼり食う人のあご」「最も深き地獄」から帰還した人である。ここではジェームズ一世は生命の危機を脱したキリストとも重ね合わされてくる。バーローは，爆破の危機を脱したジェームズ一世が満足し，国家が喜ぶまで，敵を困惑させ，福音を維持し，神の栄光へと至るまで英国民と共に生き，国民を支配することを願う。ジェームズ一世は英国及び英国民に平和と神の祝福をもたらすのである。それはまた英国の繁栄にも至る。国家の長としてのジェームズ一世に英国及び英国民のすべてが依存している。これほどまでの賛辞をジェームズ一世に捧げたバーローは最後に説教の冒頭に挙げた「詩編」の一節の「主の王」の「王」と「油注がれたダビデ」の「油注がれた」に言及する。

...I might truly haue taken occasion, to haue shewed how these titles [his King and his annointed] doe agree to our dread Soueraigne[James I], both that hee is a King, and that hee is a *Gods King*, as having in him all the partes that may concurr either in a king or inagood King, to whom that title, first attributed to *Dauid*,...the *light of Israel*, principally apperteineth, as one from whose resplendent brightnesse, al the kingdomes of Christendom may receiue their light. [19]

「王または良き王に集中する才能」を有するジェームズ一世世はまさに「良き王」であり、「神の王」である。バーローは，「神の王」「油そそがれた者」という呼びかけはジェームズ一世に一致していると言う。なぜかと言えばジェームズ一世は「王」であり、しかも

「神に選ばれた王」であるからである。更にジェームズ一世には「イスラエルの光」という呼称がふさわしく、ジェームズ一世は、キリスト教界のすべての王国がその光を受けるまばゆいばかりの輝きを有している。「イスラエルの光」は元来ダビデを意味するが、バーローはそれをジェームズ一世にあてはめている。神から選ばれ、神から油を注がれたダビデはまたジェームズ一世となってくる。ジェームズ一世もダビデ同様神から選ばれ，神権を現世で行使する神の代理人なのである。バーローは、ジェームズ一世の王権神授説を背景にダビデの再来としてのジェームズ一世を賞賛する。ダビデが様々な才能に恵まれていたように、ジェームズ一世も"pregnant wit"  "ready apprehension"  "sound iudgement"  "present dispatchh"  "impregnable memory" [20]を備えている。ジェームズ一世はいわばキリスト教界の希望の星である。神から油注がれたジェームズ一世は神聖な存在である。バーローには徹底したジェームズ一世賛美、賞賛が頻出し、それがすべてダビデとの比較からなされる。バーローにとっていかに「詩編」から火薬陰謀事件を糾弾し、いかにして「詩編」の作者と言われたダビデをジェームズ一世に適応するかが最大の関心事であった。それはジェームズ一世が特に「詩編」を愛読し、自らダビデの再来と考えたジェームズ一世の胸中を十分に汲み取った結果でもあった。ジェームズ一世は，国会演説ではダビデについてそれほど多くは言及していないが、彼の著作には「詩篇」を扱ったものが多く、「詩編」の英訳も試みたほど「詩編」には特別な感情を抱いていた。バーローの火薬陰謀事件説教はいわばダビデ再来としてのジェームズ一世賛美なのである。聖書をある時代の特別な人物、事件に適応する方法は当時にあっては目新しことではなかった。以後多くの説教家が火薬陰謀記念説教を行うが、それはすべて聖書の一部を火薬陰謀事件に適応する手法を採っているのである。特にランスロット・アンドルーズは10編の火薬陰謀説教をジェームズ一世臨席の下ホワイトホールで行っているが、それらはすべて聖書の一節を火薬陰謀事件に適応する手法によっている。アンドルーズだけではない。以後のすべての説家はすべてこの説教方法を踏襲している。火薬陰謀説教を行う説教家は以後火薬陰謀事件にふさわしい一節を聖書から探し出すことになるが，いずれの説教家も同じ手法で火薬陰謀説教を行うので火薬陰謀説教はいささかマンネリの感も与えなくはない。裏を返せばいかにしてジェームズ一世の意向に沿って説教を行うかが説教家の関心事となってくるのであって，火薬陰謀説教は一種の「儀式」じみた説教となっていく。

　バーローは，ジェームズ一世の国会演説の翌日急遽火薬陰謀事件非難の説教を行った。バーローは，ジェームズ一世の国会演説を十分意識し、「詩編」の一節をジェームズ一世に適応することによってジェームズ一世を喜ばせようとした。神の慈悲，事件の残虐，事件発覚者としてのジェームズ一世、王の神聖を王の演説と歩調を合わせるごとく忠実に踏襲している。そして旧約聖書のダビデをジェームズ一世と重ね合わせ、ジェームズ一世を十七世紀英国におけるダビデ再来として賞賛している。バーローの説教は，徹底したジェームズ一世賛美であり、御前説教家としての責務をバーローは十分に果たすことになる。そして，バーローの説教方法が以後の火薬陰謀記念説教のモデルとなっていく。以後の説教家はいかにして「詩編」の一節を火薬陰謀事件に適応するかに懸命とならざるをえなくなってくる。説教の成否はひとえに聖書の一節がいかに火薬陰謀事件と合致するか、いかにしてジェームズ一世を褒め称えるかにかかっている。その意味で火薬陰謀事件説教に関わる説教家は「聖書探し」に奔走せざるをえなくなってくる。ジェームズ一世自身も「詩

139

編」を好み，自らをダビデと評し，また評されたことがあった。自他共に許すダビデ再来であったわけである。聖書にすべての行動の規範を見い出し，それによって人々を説得し，人々に安堵を与える。ジェームズ一世後益々その勢力を増すピューリタンも聖書に彼らの行動の規範を見いだしていたことを考えれば，聖書の時代への適応がいかに一般化していたかが容易に理解できよう。御前説教家という立場上，バーローがジェームズ一世にときには追従と思われても致し方のない必要以上の賛辞を送ることは避けることのできないことだった。それに，説教家はその成否によって以後の地位が王から確約されるということもバーローは十分意識していたであろう。バーローは，この後ジェームズ一世が国内のカトリック教徒に課した「忠誓の誓い」論争に加わり，過激なカトリック教徒を批判することになるが，それは火薬陰謀説教同様王への追従で満ちた書であった[21]。そのためカトリック教会側からの反論を受けるが，そのバーローの反論の欠点を是正したのがダンの『偽殉教者』であったことを考慮すると[22]，バーローに王への追従的な姿勢が見られるのは当然のことであった。いずれにせよ，バーローのポールズクロスでの説教は手法と主題において以後の火薬陰謀記念説教の先駆けとなっているという点では無視できない説教となっている。

　バーローは「詩編」18 章 50 節を火薬陰謀事件に適応し，ダビデと同じかそれ以上の困苦をジェームズ一世は体験したと言う。「詩編」18 章 50 節は，その内容が火薬陰謀記事件に符号する。バーローの火薬陰謀事件説教は最初からバーローの意図が読みとれる内容の説教である。バーローはジェームズ一世をよく知っていた。特に聖書では何をジェームズ一世が好んでいたかをバーローはあらかじめ知っていた。それゆえにバーローは意図的に「詩編」を説教に選んだのである。また，バーローは説教前日のジェームズ一世の国会演説を聞いており，ジェームズ一世の火薬陰謀事件への態度を知っていた。事件への非難は当然である。要はそれをいかに行うかである。幸いにも説教前日ジェームズ一世は国会演説を行った。そこからバーローはどのように説教を行えばよいかを察した。それは最初に"mercy"と関係のある一節を「詩編」から選び出し，ダビデと主の関係からジェームズ一世と主の関係に移り，ダビデ同様ジェームズ一世への主の"mercy"を訴えるのである。この方法によりジェームズ一世の神格化は一層強化され，それはジェームズ一世の王権神授説擁護にもつらなる。

　バーローは，ジェームズ一世を第一にダビデと重ね合わせて扱うことを説教の重要なテーマにした。それもバーローがジェームズ一世の国会演説をしていたからである。事件からの奇跡的救出，神の慈悲，事件の残虐，ジェームズ一世の手紙の解読，これらすべてはジェームズ一世が国会演説で述べたことで，バーローはそれらを熟知していた。そしてジェームズ一世の発言に呼応するかのように演説直後の説教でバーローはジェームズ一世の発言を繰り返した。それは余りにもジェームズ一世を意識した印象が強すぎ，第三者には典型的なジェームズ一世賞賛説教の感を与えかねない。ジェームズ一世の国会演説翌日の説教ということもあり，バーローの冷静な火薬陰謀事件分析からくる抑制のきいた事件への批判というよりはむしろジェームズ一世をいかに喜ばせ，いかに王から気に入られるかに精力を注いだ説教となっていると言えよう。火薬陰謀説教の主題はあらかじめ聴衆にはわかりきったことであった。いかにして事件とその首謀者を非難し，そしてジェームズ一世を賛美するかが説教のテーマであった。その意味ではバーローの説教は聴衆の予想通

りの説教であったであろう。マックリュアーは、バーローの説教における"sycophantic flattery"を指摘しているが[23]、それもバーローの説教を読めば一目瞭然である。マックリュアーは更に「長くはなばなしい王への賞賛が続く」と言い、バーローの説教が以後の火薬陰謀事件説教の決まった方法を示したとも言っている[24]。つまりバーローの説教がこれ以後の火薬陰謀事件説教のモデルになったのである。その意味ではバーローの説教は火薬陰謀事件説教史においてはきわめて重要な位置を占めている。以後の火薬陰謀事件説教家は説教で使用する聖書の一節を「詩編」から選び、ジェームズ一世とダビデの比較からジェームズ一世を賞賛し、さらには事件への批判を向けるが、これはすべてバーローが出発点となっている。説教において事件の首謀者を批判するのは当然のことであるが、それよりもバーローはジェームズ一世の神格化に熱意を注ぎ、ジェームズ一世へ最大の賛辞を与える。英国民は 1588 年のスペイン無敵艦隊撃破と 1605 年の火薬陰謀事件回避からますますイスラエル人同様神から選ばれた民という意識を強くする。火薬陰謀事件はジェームズ一世への神の特別な"mercy"によって阻止される。ジェームズ一世はまさしく「神の選民」なのである。

## 8-3　バーローと火薬陰謀事件

バーローは説教の序文で火薬陰謀事件を「この最近の悲劇的喜劇的反逆[25]」と言っている。その意味は、恐ろしい意図の点で悲劇的で、幸運な時宜にかなった事件の発覚という点において「喜劇的」である。「悲劇」としての事件観は事件の残虐であり、「喜劇」としての事件観はジェームズ一世の奇跡的な事件からの救出である。これはジェームズ一世の国会演説を意識した言葉である。上記ではバーローがジェームズ一世の国会演説で引用した「詩編」の一節からいかにダビデの"mercy"をくみ取り、ダビデ再来としてのジェームズ一世観を論じたが、ここではジェームズ一世の国会演説での火薬陰謀事件観にバーローがどのように反応しているかを立証していきたい。

ジェームズ一世の火薬陰謀事件への態度はいかにそれが残虐であったかである。ジェームズ一世は火薬陰謀直後の国会演説で陰謀事件の残虐に再三触れ、事件は悪魔が引き起こした事件以上であるとその陰謀を非難していた。ジェームズ一世の火薬陰謀事件の残虐についてはすでに触れたので[26]、ここでは繰り返さないが火薬陰謀事件は英国歴史上未だかつて記録されたことのない事件である。火薬陰謀事件は歴史上それに匹敵する事件はないという表現は以後の説教家たちが必ずと言っていいほど使用する表現である。バーローは,自らジェームズ一世の国会演説を聞いた一人であったが，ジェームズ一世の演説を汲み，最初に事件からの神の慈悲による救出を述べ，次に王が力説していた事件の残虐に移る。バーローは次のように言う。

First in the *Plot*, observe I pray you, *a cruell Execution, an inhumane crueltie, a brutish immanities, a diuelish brutishnes, & an Hyperbolicall*, yea an *hyperdiabolicall diuelishnes* [27].

火薬陰謀事件は、「残虐な実行、非人道的な残虐、残虐な残忍性、悪魔的な残酷さ、大げさな、超悪魔的な極悪さ」である。火薬陰謀事件は残虐、悪魔性においてその限度を超え

141

ている。否，事件には悪魔以上の残虐がある。なぜならば悪魔は人の肉体の死にのみ満足するが，火薬陰謀犯は魂の死をも行うからである。爆破事件は一瞬の内に実行されるから人々は自らの罪の悔い改めの余裕がない。肉体と魂を同時に破壊する火薬陰謀事件はまさに悪魔以上の仕業で，それは「比類のない反逆」，「比類のない大量殺戮」であり，過去の歴史や聖書を見てもそれに匹敵する残虐な事件はない。事件の首謀者ガイ・フォークスは生き残り，国会議事堂と肉体が天高く舞い上がるのを見て，笑っていたかったとバーローは言う。火薬陰謀事件は，「国家のすべてを完全に破壊する矯正できない惨事であり，極めて忌まわしい計画[28]」なのである。火薬陰謀事件が国家の機能を完全に停止させるほどの壊滅的な状況を国家にもたらすことを評してバーローは次のように言う。

...in this designe［the Gunpowder Plot］...with one blast, at one blow, in one twinkling of an eye, should have bin crushed together, the Government, the Councell, the wisdome, the Religion, the Learning, the strength, the Iustice, of the whole land.[29]

英国の「政府」「評議会」「英知」「宗教」「学識」「強さ」「正義」が一瞬のうちに吹き飛ばされればいかなる結果が国家に生ずるかは自明である。バーローは国家の消滅を防ぐためにこれらの必要性を聖書から擁護するが，何と言っても最大の問題は王を失うということである。王を失うことは何を意味するか。「川の源が止められれば，川は水が流れなくなる。同様に指導者が取り除かれればその代理は何もできない[30]」ジェームズ一世世王朝にとって王を失うことは王朝の消滅を意味する。バーローはジェームズ一世が英国にとって不可欠な存在であることを強調する。英国の存続は偏にジェームズ一世にかかっている。事件の残虐を指摘し，その結果を憂慮し，併せてジェームズ一世王朝の擁護の姿勢を強く打ち出すバーローに我々はいかにバーローがジェームズ一世を意識していたかを知る。バーローはジェームズ一世とピューリタンとの間で行われたハンプトン・コート会議報告記で王を激賞し，その結果ロチェスターの主教を与えられていた。そのような経緯を知るバーローにとって火薬陰謀事件説教で彼が何をなすべきかはわかっていた。トレヴァー・ローパーはバーローを初めとするジェームズ一世へつらった説教家たちを評して"worldly, courtly, talented place-hunting *dilettanti*, the ornamental betrayers of the Church, the Bishops of King James"と言ったが[31]，まさしく彼らは「地位さがしの好事家」であった。

　ジェームズ一世は国会演説でもう一つ重要な点に触れていた。それは陰謀事件の発覚者としての王自身である。これについては上記でジェームズ一世の言葉を引用したが，ジェームズ一世は自ら火薬陰謀事件を未然に防いだと自負していた[32]。ジェームズ一世は事件の計画を記した謎めいた書簡を部下から受けとり，即座にその謎を解読した。事件発覚者としてのジェームズ一世についてはこの後の多くの火薬陰謀事件説教を行った説教家が必ずと言っていいほど言及した説教のお決まりのテーマの一つである。それもジェームズ一世の特別な才能を賞賛することになるからである。バーローも事件発覚者としてのジェームズ一世について触れることを忘れはしない。

...for the discouery of the danger［of the Plot］, we must needs adde with the same Prophet, Psal. 17.7. *Mirificastimisericordias*, thy mercies thou hast made *maruellous*; for surelie, there were wonders in the disclosing thereof [of the Plot]: As first by a letter written without a name, in a diguised hand...to a Noble Gentleman (affected that way in Religion) who hath therin discharged the part both of a loyal and honourable Subiect; his dutiehee shewed, in reuealing what was written fearing some danger might be intended, his honour appeared in the detestation of such a horrible intention. [33]

事件はその実行犯フランシス・トレシャムが義兄のモントイーグル卿に国会出席を見合わせる内容の手紙を送ったことから発覚した。モントイーグル卿が事の重大さの気づき、その手紙をもってソールズベリー伯へ行き、ソールズベリー伯が手紙を読み解き、火薬による国会爆破を見破った。ソールズベリー伯は、しかし、手紙の解読をジェームズ一世に任せた。文中の "a Noble Gentleman" とはモントイーグル卿であり、彼はカトリック教徒であった。手紙を読んだジェームズ一世については次のようにバーローは述べる。

By his Maiesties *apprehension*, who though he walketh securely, in the sinceritie of his Conscience, and innocency of his carriage (which makes him less ielous and suspitious of daunger) yet his heart gaue him (by some wordes in that letter) that there might bee some fiery Engine, perhaps remembering his Fathers Case, who was blownevp with powder....This *solertia and ingeniositie of spirit* (which in his Maiestie I haue before obserued) makes mee to thinke that speech of the heathen man to be true, *Nullusvirmagnus sine afflatudiuino*, and that in Kinges there is a diuine inspiration. [34]

バーローのジェームズ一世への追従的な賞賛が顕著な文章であるが、ジェームズ一世の良心の誠実さ、純潔な身のこなしから始まり天与の霊感によって手紙の解読を行ったという言葉はジェームズ一世に対するこのうえない賞賛となる。バーローはジェームズ一世が火薬陰謀事件を解決したことをさらに述べる。

And blowne out should they [the attendants at the Lower House] haue bin vnless the father of lightes had caused light to shine out of darknesse, by discouering and reuealing this worke of darknesse: so that we may truely now conclude with Dauid, Psal.97.11....Light is sprung vp for the Righteous, and ioyvnto them that are true hearted. [35]

「光の父」たる神が「暗闇のこの業」＝火薬陰謀事件を発見し、明らかにすることによって暗闇から光が輝き出さなければ国会列席者は吹き飛ばされただろうとバーローは言う。そして「詩編」を引用し、「光は正しい人のために現れ、喜びは心の正しい者のために現れる」という。神は正しい者を顧み、導いてくれる。火薬陰謀事件が失敗に帰したのは神のお陰であるが、それはまたジェームズ一世の謎の書簡解読のせいでもある。バーローは、火薬陰謀事件はジェームズ一世によって未然に防がれたと言いたいのであるが、「光の父」＝神とジェームズ一世はここでは同一視されている。ジェームズ一世の謎めいた手紙の解読へのバーローの言及は明らかにジェームズ一世の国会演説を反映している。バーローによるジェームズ一世のあからさまな神格化である。主の慈悲によるジェームズ一世救出、

事件の残虐、事件を未然に防いだジェームズ一世の手紙解読、これらはすべてバーローが
ジェームズ一世の国会演説を強く意識した結果である。

　バーローは典型的な体制派説教家である。彼が頭角を現したのはジェームズ一世とピュ
ーリタンとの間で行われたハンプトン・コート会議であった。バーローはこの会議の報告
を表すにあたり徹底的にジェームズ一世を擁護した。その報償としてバーローは新たな主
教職を得ることになる。これに味をしめたわけではあるまいが、バーローは以後ジェーム
ズ一世擁護の説教を行う。その典型が 1605 年 11 月 10 日の火薬陰謀事件説教であった。そ
の前日にジェームズ一世が国会で行った火薬陰謀事件批判の演説直後の説教であるだけに
バーローの説教にはジェームズ一世の演説の影響が少なからず見られる。否、バーローの
説教はジェームズ一世の国会演説がなければありえなかった説教であった。そしてバーロ
ー以後の火薬陰謀事件説教はすべてがジェームズ一世の国会演説とバーローの説教に基づ
いているのである[36]。説教で用いられる聖書の一節はもっぱら慈悲（および救出）、感謝
および祝福に関係している。ジェームズ一世の救出、事件からの救出に対する神への感謝
そして救出されたジェームズ一世祝福、これが以後の火薬陰謀事件説教の枠組みとなる。
バーロー以後の火薬陰謀事件説教はほとんどがこの流れに従っているのである。もちろん
それらの火薬陰謀事件説教はすべてが英国国教会説教家による説教である。体制派説教家
であるがゆえにジェームズ一世支持は当然のことであり、ジェームズ一世体制支持は説教
家に課せられた義務である。火薬陰謀事件説教は以後毎年事件日の 11 月 5 日に様々な説教
家によって行われることなる。ここで一つの問題が起こってくる。それは火薬陰謀事件説
教を行う説教家である。英国国教会説教家が火薬陰謀事件説教を行うのは当然のことであ
り、カトリック教会派の説教家が火薬陰謀事件説教を行わないのはこれもまた当然すぎる
ことである。ところがもう一派の説教家がいる。それはピューリタン説教家である。彼ら
は革命が始まり、王党派との戦いが激しさを増すにつれてさかんに断食説教と称する説教
を次々と行った。その断食説教のなかでピューリタン説教家が何度か火薬陰謀事件説教を
行っている。英国国教会説教家の説教はバーローの説教を見るまでもなくおおよその内
容は想像できる。ところがピューリタンは反体制派の集団である。もちろんピューリタン
のなかにも様々な宗派があり、そのなかでも最大の宗派が独立派と長老派である。後者は
王政支持の立場に回る穏健派であり、チャールズ一世処刑には反対していた。それゆえピ
ューリタン説教家といってもその宗派が問題であることは確かである。それでもピューリ
タン説教家による火薬陰謀事件説教は興味深い。本章の後半ではピューリタン説教家によ
る最初の火薬陰謀事件説教を取り上げ、英国国教会説教家の説教との類似点、相違点に着
目し、論じていくことにする。

## 8−4　ニューコメンの火薬陰謀説教

　ニューコメン（1610?-1669）は長老派に属するピューリタンである。兄のトーマスは王党
派であったが、ニューコメンは "The Agreement of the People"（1647）で極端な民主的な
提案に反対している。本章で扱う説教の中でニューコメンはジェズイットの王殺し理論・
実践を批判しているからも推測できるように、彼は王制寄りの長老派支持者であった。ニ
ューコメンは、内乱が本格化し始めた直後の 1642 年 11 月 5 日に火薬陰謀事件説教を行っ

144

ている。そのタイトルは " *THE CRAFT AND CRVELTY OF THE CHURCHES ADVERSARIES*"(「教会の敵たちの狡猾と残虐」)で、庶民院議員を前にしたウェストミンスターのセント・マーガレット教会で行われた説教である。ニューコメン以前にもピューリタンのジョン・グッドウィンが 1640 年 11 月 15 日に火薬陰謀事件説教 " *THE SAINTS INTEREST IN GOD*" を行っているが、それはまだ内乱が勃発する以前の説教である。しかしニューコメンの説教は内乱が始まった直後の火薬陰謀事件説教であり、そこで彼はどのような説教を行っているかは興味深い。ニューコメンの説教は単なる火薬陰謀事件に関わる説教であるのかそれとも内乱に直結する説教なのか。それとも他の目的があったのであろうか。彼の説教は英国国教会説教家の火薬陰謀事件説教と比較した場合、どのような説教となっているのか。ニューコメンはピューリタンなので英国国教会派説教家と同じ内容の説教を行っているとは考えにくい。両者の間にはどのような相違があるのか、共通点はあるのかを最初に論じていきたい。

英国国教会説教家バーローの説教で目立っていたのはジェームズ一世の神格化である。説教に取り上げた「詩編」の作者と言われるダビデ再来としてのジェームズ一世が特に強調されている。ジェズイットの最大の攻撃対象がジェームズ一世であり、その王朝打倒であったことを考えればジェームズ一世が説教で特に擁護され、神格化されることはなんら不思議ではない。英国国教会派説教家の目的がジェームズ一世擁護を通して体制を維持することであったので、説教家にとってジェームズ一世擁護は当然のことである。だからバーロー以降の説教家もジェームズ一世を聖書の人物ダビデにたとえ、王の神聖化、英雄化を図るのである。ニューコメンの説教ではどうであろうか。

ピューリタン説教家は英国国教会派説教家と同様聖書の一節を説教の冒頭に挙げて説教を行う。ニューコメンが取り上げた聖書の一節は以下の「ゼカリヤ書」4 章 11 節である。

And our adversaries said, they shall not know nor see till wee come in the midst among them and slay them and cause the worke to cease.

この一節はバビロン捕囚からエルサレムに帰還し、妨害にあいながらも神殿再建を完成させたゼカリヤが神殿建設反対者は「工事」を止めさせようとしていると述べたものである。ニューコメンが説教に「ゼカリヤ書」を選んだ理由は彼の時代がゼカリヤの時代に類似しているからである[37]。ゼカリヤの時代はどのような状況であったか。イスラエル人はバビロンでの捕囚人から解放されたが真理と平和の教会と国家における確立、神の神殿の再建、神の崇拝復活、エルサレムの城壁修理、主の安息日の神聖化が見られず、異なる宗教団がそれぞれの神を信仰していた時代であった。真の意味で国家が無秩序状態にあったとニューコメンは言うのである。無法状態にあったイスラエルが秩序を取り戻すまでに長い時間を要した。イスラエル国家建設に最終的に奔走した人物はゼロバベル、エズラ、そしてゼカリヤであるが、ゼカリヤについてニューコメンは次のように言う。

The third was Nehemiah, the author of this Book, who according to the good hand of his god upon him, with invincible courage and indefatigable patience against the insolent scoffes, multiplied conspiracies and terrifying reports of his enemies, against the treacheries of some of his owne Brethren and Nobles, and against the murmurings of the people, with great expence of his estate and hazard of his life, carried on this great work, and gave it a full and blessed period, to the comfort of the Jewes and terror of their enemies.[38]

ゼカリヤは身に降りかかる生命の危険をもいとわず「この偉大なる工事」を実行した。「工事」はエルサレムの城壁，城門の修復である。修復に際しゼカリヤはサマリア総督サンバラト、エドムの王ゲシェム、領主トビヤによって反対されながらも修復を完成させる。ゼカリヤの時代に対してニューコメンの時代はどうか。ニューコメンは、次のようにゼカリヤの時代が自らの時代といかに類似しているかを述べる。神の慈悲のお陰で英国民はローマのバビロンの精神的捕囚から救出されたが、いまだに完全にローマの捕囚から脱していない。「ローマの捕囚」とは英国国教会がローマ・カトリック教会の影響下にあり、それが完全に払拭されていないことを意味している。ニューコメンは以下のように英国がローマ・カトリック教会から完全に抜き切れていない現状について述べる。

…we see not that purity of Truth, that beauty of worship, that orderliness of administration, that strength of discipline, as wals and bulwarks about this our Jerusalem, which hath bin the desire, prayer, expectation of us & the ages that were before us.[39]

ローマ・カトリック教会から完全に手を切っておれば「真理の純粋さ」「崇拝の美しさ」「運営の規律正しさ」「規律の強さ」は見られるのであるが、実際にはまだ見られない。ここでニューコメンは "this our Jerusalem" という表現を使用していることに注目したい。「この我々のエルサレム」はロンドンを意味することは言うまでもない。ロンドンは旧約聖書のエルサレムなのである。エルサレムは神の国であり、ユダヤ人は神の選民である。同様に英国も神の国であり、神の選民である。選民意志の強かったユダヤ人と同じ神の選民としての英国人観である。ゼカリヤが国家統一のために宗教の統一を図り、不純な宗教を一掃したように英国も同様にゼカリヤと同じ道を歩むべきである。ニューコメンの意図するところは英国をエルサレム再来としてとらえることによって、神の国＝英国を訴えたかったに他ならない。イスラエル人がバビロン捕囚の間聖都エルサレムは放置され、神を見失っていた。それと同じようにロンドンではローマ・カトリック教が徐々に英国国教会、チャールズ一世王朝にも浸透し始め、真の宗教は見失われている。ニューコメンは、バビロン捕囚時のエルサレムの現状はロンドンの現状に対応すると言う。ニューコメンの時代に対応する歴史が神の書の中にあるとすればそれはゼカリヤの歴史であるとニューコメンは序文で書いているが、確かにニューコメンはゼカリヤの時代とニューコメンの時代を類似的に見ている。英国において真の宗教の確立にはゼカリヤ同様「悪意ある嘲笑」「残虐な陰謀」「様々な恐怖に満ちた報告」「同胞の脱会」「少なからずの人々不平」を英国民は経験している。しかしゼカリヤ同様忍耐と固い決意により財産の出費も生命の危険もなく真の宗教確立という仕事にその成果はまだ見られないが専念している。まさしく英国民はゼカリヤや彼の助手と同じ状態にある。ニューコメンは英国をゼカリヤ時代のユダ王国と同一視

し、ゼカリヤが幾多の反対・妨害にあいながらもエルサレムの城壁を修復したように英国も真の宗教確立を行うことができる。英国民はまず真の宗教確立、教会改革、カトリック教根絶を実現するためには神に栄光を捧げることが急務となってくる。その先例がゼカリヤである。ニューコメンは「ゼカリヤと英国民への慈悲深い神の手を疑うな(40)」と言うが、ニューコメンはゼカリヤのように行動すれば英国にも必ずや神の報いがあることを信じて止まない。

　ニューコメンの下院議員を前にした序論からニューコメンの説教の内容がおおよそ予想できる。ニューコメンの説教は火薬陰謀事件説教である。以下に見るようにニューコメンは確かに火薬陰謀事件を説教で扱ってはいる。しかしニューコメンの説教における真の意図は火薬陰謀事件ではない。ニューコメンの意図は「ゼカリヤ書」に書かれているゼカリヤの「工事」である。ニューコメンは「工事」を主導したゼカリヤ個人を論ずることはしない。あくまでもニューコメンの関心はゼカリヤが行う「工事」である。それではニューコメンの時代における「工事」とは何か。それは英国国教会の改革、広く言えば英国社会の改革である。それはニューコメンが幾度となく繰り返すように英国におけるローマ・カトリック教会の残存を徹底して根絶する「工事」である。その「工事」によって英国は真の宗教を確立できる。このようにニューコメンは考えている。英国国教派説教家バローの火薬陰謀事件説教では事件の残虐性を強調し、事件を計画したジェズイットを徹底的に糾弾し、事件を未然に防いだジェームズ一世の英雄化、神聖化が論じられていた。バローの説教でジェームズ一世はダビデ再来と激賞され、英国の救済者として賞賛される。しかしニューコメンではどうであろうか。バローに見られたようなジェームズ一世個人崇拝はない。エルサレム復興に尽力したゼカリヤ個人が賞賛され、さらにはゼカリヤ＝ジェームズ一世という図式が展開されることもない。あくまでも「工事」が説教の主題とされ、「工事」を妨害する敵の「狡猾」と「残虐」が説教で論じられることになる。英国国教会派説教家では個人崇拝、ピューリタン説教家では国家改革がそれぞれ説教で扱われることになる。これはそれぞれの説教の背景を考慮に入れれば容易に理解できる。一方は絶大なる絶対王制下での説教であり、その体制維持・強化のために体制の中心的人物、ジェームズ一世称賛は必須となる。ジェームズ一世なくして英国体制は維持できず、その存続はありえない。他方はその絶対王制が弱体化してきつつあった時代である。ピューリタンの台頭もある。しかし英国社会にはローマ・カトリック教の悪弊が蔓延している。その放置は英国社会が再度ローマの支配下になることを意味する。チャールズ一世ですらローマ・カトリック教と結託し、しかもその妻はカトリック教徒である。そのような社会情勢下にある英国においてあからさまにジェームズ一世及びチャールズ一世支持の姿勢を説教で表すことはできない。バローに見られたジェームズ一世激賞をニューコメンが行わないのは当然のことである。諸悪の根源たるチャールズ一世及びローマ・カトリック教会影響を取り除く「工事」が急務となる。英国国教派説教家の説教のテーマとニューコメンの説教のテーマの違いはおおよそ以上のような違いであるが、それではニューコメンは火薬陰謀事件をどのように扱っているのであろうか。それを次に見てみたい。

147

## 8-5 ニューコメンと火薬陰謀事件

英国国教会派説教家バーローの火薬陰謀事件説教の手順を概略しておこう。説教は、事件の残虐、事件を未然に防いだジェームズ一世賞賛、被害者を救出してくれた神の慈悲、神への感謝を扱う。火薬陰謀事件と類似した事件を聖書から選び、それを基にして事件を批判する。これが英国国教会派説教家の説教手順であった。とりわけジェームズ一世への神の慈悲を強調し、ジェームズ一世と神との密接な関係を指摘する。それでは火薬陰謀事件はニューコメンによってどのように捉えられているか。

ニューコメンは最初にジェズイットによる反逆の計画の狡猾と残虐に言及する。彼らはなぜ狡猾か。「彼らの知らないうちに、また見ないうちに、彼らの中にはいりこんでいく」からである。ジェズイットの残虐は「彼らの中にはいりこんで彼らを殺し、その工事をやめさせる」からである[41]。狡猾な計画と陰謀の実行が誰も知ることがなかったのはジェズイットの誓いによる固い結束のためである。36 樽もの火薬が国会近くの地下室に運ばれたが誰もそれを見ることはなく、反逆が少しも疑われることがないほど徹底して秘密裏に計画は準備された。神がジェズイットと共謀したと言われるほど完璧な準備であった。事件の残虐についてニューコメンは次のように言う。

Never any Treason before this so destructive. Others were but petty Treasons compared with this. This was the master piece of all the policy of Rome and Hell. Unless it were the Treason of Satan against the state of Man in Paradise, to blow up all Man-kind in Adam, the representative of it at once, no Treason like to this.[42]

国会爆破と共にジェームズ一世を始め国家の要人殺害を狙う火薬陰謀事件の破壊性は前代未聞であり、これに比べると他の反逆は「取るに足らない反逆」である。火薬陰謀事件はローマ・カトリック教会と地獄の狡猾が生み出した傑作である。事件の残虐とサタンとの関連性はそれほど新しい見方ではない。英国国教会派説教家の事件観と相違はない。事件被害者「英国のジェントリーの鏡、英国すべての貴族、王の血統を引く王子たち、主が油を注がれた者、王の子孫[43]」はすべて破壊の一撃の犠牲になる。事件の犠牲者についても英国国教会派説教家と同様な表現である。火薬を使った国会爆破による殺戮はこれまで聞かれたことはなかった英国史上で最初の爆破事件であった。

And that with such a slaughter, as was never heard before. Shew me in any History a president of the like slaughter as was intended here.[44]

英国史上前例のない事件としての火薬陰謀事件観は英国国教会派説教家にも頻出する見方である。聖書でもアビメレク, サウル, アタリアによる殺害から逃れた人もいたが、火薬陰謀事件では国会議事堂参列者すべてが殺害の対象となる。

But heere oh mercilesse cruelty, not one man that had escaped, neither King, nor Prince, nor Lord, nor any of that Honourable Assembly, though all of them,…were men each one resembling the Sonne of a King, yet they had all perished together, in a moment, not one escaping.(45)

一人残らずすべてが一瞬のうちに殺害されるという表現も英国国教派説教家に頻出する表現である。ジェズイットに比べると悪魔でさえ慈悲深くなってくるほど事件は残虐に満ちている。爆破が成功していたら国はベスビオス山やエトナ山となり、アケルダマ、ゴルゴタになってしまう。事件の影響は大きく、教会と国家は無秩序状態化し、英国の法律、自由、宗教はすべて「火の深淵に飲み込まれ、灰の中に埋もれてしまう(46)。火薬陰謀事件が国家に与える影響は計り知れないほど大きい。事件の社会への悪影響は英国国教派説教家もしばしば言及しているので、ニューコメンの見解には新しさはない。事件は幸いにも成功しなかったが、なぜ事件が失敗に終わったのか。これについてニューコメンは事件の失敗は単に国家の強いが警戒心や用心深さのためではなく、「神の摂理」のお陰であるという。

And then it [the plot's failure] was not any State vigilancy or prudence, but merely divine providence that brought to light this worke of darknesse.(47)

火薬陰謀事件を事前に明るみに出したのは神の摂理であるという考えはニューコメン以前の英国国教派説教家に共通した考えで、それはまた神の慈悲（"mercy"）とも密接に関連してくる。最終的に事件を未然に防いだ神に感謝を捧げることで説教が終わるのが英国国教派説教の手順であった。ニューコメンの神による事件からの救出は英国国教派説教家となんら変わるところはなく、両者に共通した考えである。ニューコメンの説教の目的は事件発明の際の敵の巧妙さと残虐を明らかにし、併せて事件を未然に防いだ神の摂理を示すことにある。バーローは事件発覚者ジェームズ一世の背後にある神の慈悲を強調したが、ニューコメンは個人ではなく「神の摂理」を全面に持ち出す。個人に関係なく神の摂理こそが歴史を動かすとニューコメンは考えている。これは神の選民としての英国人の見方につながるものである。ニューコメンは、ジェズイットがいかに巧妙に事件を計画したか、いかに事件が残虐であるかを説教で説き、事件は神によって終結されたと見なすのである。あくまでも説教の攻撃対象は事件計画者のジェズイット及びその背後で暗躍するローマ・カトリック教会であるが、絶えず英国を見守っている神の存在をもまたニューコメンは強調する。ニューコメンの説教は単に火薬陰謀事件について述べるだけではない。ニューコメンの時代に英国国教会に取って代わろうとしていたローマ・カトリック教会が説教の攻撃の対象である。火薬陰謀事件も英国国教会を牛耳っている「敵」もいずれもローマ・カトリック教徒である。ローマ・カトリック教会の影響をすべて英国から取り除き、真の宗教の確立こそがニューコメンの説教がもっとも言わんとすることである。

　火薬陰謀事件は神の摂理により未然に防がれたとする考えはすでに触れたように英国と神との密接な関係を示すものであり、それはまた神の民たるイスラエル再興としての英国国観に通ずる主張でもある。国会爆破事件からの救出は神がかり的な救出である。1588 年のスペイン無敵艦隊への勝利も神がかり的な勝利であった。1603 年のエリザベス女王の後継者も 1605 年の火薬陰謀事件からの救出も同じく神による救出であった。英国の背後には

絶えず神がいるという考えは当時としては良く知られていたもので、それは英国人の選民
意識をも高めてくれた。ニューコメンは英国民のために神は多くの救出を行ってくれたと
言う。旧約聖書に見られる救出は「多くのしつこい要求、止むことのない祈り[48]」によっ
て行われたが火薬陰謀事件の場合は神の自由な慈悲によって行われた。

But this Deliverance came not upon the wings of our prayers, but Gods free "mercy",
wee knew not our danger, and therefore could not make Deliverance the subject of our
Prayers. Masses were said in Rome, for the good successe of the Catholickedesigne, but
no Prayers in England for our Deliverance from their Treason, and yet wee delivered,
admirable "mercy"! A people to be delivered by their God, before they seeke
Deliverance.[49]

普通救出を神にお願いする場合人々は神に祈るが火薬陰謀事件の場合は祈りを行う前に神
が自由に慈悲をたれてくれ、英国を救出したというのである。神の自由な慈悲は神がいか
なるときにも英国を見守っていることの証である。これは神と英国との密接な関係の表れ
である。事件からの神の救出は「燃える炉の中の三人の子供たち[50]」の救出にも見られる。
「燃える炉の子供たち」とは言うまでもなくネブカドネザルの命に反して炉に投げ込まれ
たが、炉の中を無傷のまま歩いた「ダニエル書」のシャドラク、メシャク、アベド・ネゴ
ことに言及している。奇跡的な救出を強調するニューコメンにとって事件の解決は「神の
行い[50]」であった。神の慈悲によって事件は未然に終わったという考えはバーローを初め、
英国国教会派説教家にもよく見られた指摘であったが、ニューコメンの神による救出観も
彼らと同じものである。ただ違いはバーローの場合神の慈悲とジェームズ一世を結びつけ
ていたのに反し、ニューコメンの場合は王を慈悲と結びつけなかったということである。
ニューコメンは「エステル記」のハマンの王殺害計画を聞いたモルデカイがエステルに知
らせ、その結果王は救出されたことを知った王はモルデカイに対しどのような名誉、威厳
が与えられたかと問う王に触れているが、11 月 5 日の火薬陰謀事件には「エステル記」以
上の年代記に値する短い記録を見ていると言う。

You have seene how the God of Heaven prevented and disappointed a Treason as darke
and cruell as Hell, intended against the whole State and Kingdome.[51]

「地獄と同じくらい暗く残虐な反逆」である火薬陰謀事件からの救出に対し、英国民は何
をなすべきか。それはエステルの夫が言ったように「事件救出に対しいかなる名誉、威厳
が神になされたか」を問うことこそが英国民を代表する下院議員の義務となってくる。これ
は言うなれば救出のお礼としての神への感謝である。神への感謝はまた英国国教会派説教
家が火薬陰謀事件説教で述べていることである。ニューコメンは火薬陰謀事件から今日に
至るまで神の栄光の促進、福音の普及、カトリック教会抑圧のために何がなされてきたか
と言う。ここで看過できないのは最後の「カトリック教会抑圧」である。これまで見てき
たようにニューコメンの説教は英国国教会派説教家の火薬陰謀事件観と類似点があったが、
ニューコメンが説教で最も強調したかったのは「カトリック教会抑圧」である。これがニ

ニューコメンの説教をピューリタン的な説教とならしめ、英国国教会と著しく異なる点であると言える。「カトリック教会抑圧」はニューコメンの説教の重要なテーマの一つで、カトリック教の形骸化した教義の一掃によりより純粋な宗教を取り戻したいというのがニューコメンの、そしてピューリタンの願望なのである。形式化したローマ・カトリック教会との決別こそが英国における真の宗教再生となるとニューコメンは考えている。しかし真の宗教復活には神への十分な感謝の念が必要である。ゼカリヤは主に対し称賛、称賛の聖歌を返したが、自らになされた恩恵に従って主のもとに戻ることはなかった。だからゼカリヤ、ユダ王国、エルサレムには主の怒りが下されたのである。英国についても同様なことが言われるのではないか。英国も英国になされた神の恩恵に従って神のもとに戻ることをしていない。「神のもとに戻る」とはローマ・カトリック教の偶像崇拝的な神ではなく、真の神に戻ることを意味する。何が英国をして「神のもとに戻る」ことを可能としていないのか。それはローマ・カトリック教会の英国国教会における不純な残存である。不純なローマ・カトリック教を英国から追放することによって英国は本来の宗教を取り戻すことができる。のろうべきローマ・カトリック教会の慣例が英国に見られるのに神は英国の追従的称賛を望むであろうかとローマ・カトリック教会と完全に手を切っていない英国国教会の現状が批判される。

Care I, saith God, for the flattering praise of England, when I see the cursed practices of England![52]

更に火薬陰謀事件からの救出以来神の純粋な真理が汚され、ローマ・カトリック教会のはなはだしい誤りが受け入れられ、神の布告が汚され、ローマ・カトリック教会のひどい迷信が英国では実践されている。

Have not my purest Truths been adulterated in England, and Romes grossest errours entertained in England, and that even since this Deliverance[53]?

腐敗した英国国教会の現状に怒りを発し、ローマ・カトリック教会を野放しにしている英国国教会の姿勢を激しく糾弾する。ローマ・カトリック教会の影響を脱し切れない英国はローマ・カトリック教司祭やジェズイット取り締まりの法律を施行することもない。ローマ・カトリック教会の迷信と偶像崇拝に自らを手渡すために神はローマの残虐行為から英国民を救出したのか。ローマ・カトリック教会に自らを手渡すことが主による恩恵に従って主のもとに帰ることなのか、とニューコメンは激しい口調で英国民のローマ・カトリック教への中途半端な生ぬるい姿勢を指摘する。

Did I deliver you this Day from Romish cruelties, that you should deliver up your selves to Romish Superstitions and Idolatry? Is this to returne to the LORD, according to the benefits hee hath done?[54]

ニューコメンからすればローマ・カトリック教徒が計画した火薬陰謀事件から英国を救出

し、事件関係者はすべて根絶されたのに英国国教会は依然としてローマ・カトリック教の影響の下にあるのは理解しがたいことである。火薬陰謀事件に関わったローマ・カトリック教徒を処罰し、英国に秩序を取り戻したように英国国教会もローマ・カトリック教から脱却する必要がある。ローマ・カトリック教からの離脱により英国国教会は真の姿を取り戻せる。ニューコメンにとってローマ・カトリック教会は真の英国社会を築くに際し、耐え難い障害である。この障害を乗り越えることなしに英国社会は健全な社会にはなりえない。ニューコメンの火薬陰謀事件説教は英国国教会派説教家の説教とは異なり、事件を引き起こしたジェズイット糾弾から始まり、最終的にはニューコメンの時代のカトリック教の影響下にある英国国教会の現状を批判し、その影響から完全に抜け切ることを強く訴えるのである。英国国教会派説教家の火薬陰謀事件説教では説教はもっぱら事件だけを扱い、事件の凶悪性、残忍性を強調し、事件発覚者となったジェームズ一世の神格化、事件救出者として神の慈悲称賛、神への感謝で終わっている。ニューコメンの説教は事件についての記述では英国国教会派説教家との類似点が見られるが、ジェームズ一世の神格化をニューコメンは行っていない。ニューコメンはジェームズ一世については数回言及するが、ピューリタンであるためか王の英雄化、神格化は見られない。ニューコメンが説教に取り上げた「ゼカリヤ書」4章11節に「敵はイスラエル人を殺し、工事を止めさせる」という表現があるが、ニューコメンにとっては「工事」が説教での重要なテーマとなっている。英国国教会派説教家にとっては4章11節をいかに火薬陰謀事件に適応するかが説教の重要な点になる。英国国教会派説教家ならば火薬陰謀事件と類似した危機的状況にある人物が救出される一節を説教の冒頭に掲げ、その救出と火薬陰謀事件からの救出とを重ね合わせる。ところがニューコメンの聖書の一節には「救出」がない。「イスラエル人の知らないうちに、また見ないうちに、彼らのなかにはいり込んで彼らを殺し、工事をやめさせよう」の一節でイスラエル人が生命の危険にさらされることはなく、ただ彼らの「工事」の中断が問題視されている。英国国教会派説教家ならばこの一節よりもはるかに危機的状況にあるイスラエル人が取り上げられ、彼らが奇跡的に救出される場面が強調される。つまりピューリタンにとっては「個人」よりは「工事」が重要な役割を果たす。ピューリタンにとっての「工事」とは何か。それは繰り返して言うが英国国教会のカトリック教会影響からの脱却である。ピューリタンにとって火薬陰謀事件におけるジェームズ一世の救出はそれほど重要ではない。だからニューコメンはほとんどジェームズ一世を説教では取り上げないのである。むしろ個人崇拝よりも国自体がいかにしてカトリック教化から抜けきるか、それが急務なのである。「個人と神」の関係より「国家と神」の関係がより重要視される。英国国教会派説教家にとってはジェームズ一世を称賛することによりジェームズ一世王朝を維持することが国家体制維持へ至ることは自明であり、王なくしては国家は成り立たない。しかしピューリタンにとっては王制は必要ない。彼らの理想は共和制である。その共和制樹立の前提条件としてカトリック教徒の英国からの追放こそが必要で、国民の意思統一を図る。それがあって初めて「工事」は可能となる。

## 8−6 「ヒゼキア書」4章11節と火薬陰謀事件

　ピューリタンは最終的には王制打破により共和制樹立を試みるのであるが、元々長老派

で王よりのピューリタンであったニューコメンが説教でジェームズ一世やチャールズ一世について詳細に論じることがないという事実は彼の反王制の一面を示しているのかもしれない。ニューコメンは反王制と言うよりもローマ・カトリック教へ傾倒していったチャールズ一世に反意を示しているのであり、実は英国国教会のカトリック教化がニューコメンの大きな関心事であった。1605 年の火薬陰謀事件ではジェームズ一世個人よりも事件を引き起こしたジェズイットの「狡猾」と「残虐」にニューコメンは注目した。そのジェズイットの「狡猾」と「残虐」が今なお英国において見られるのである。ニューコメンの説教の特徴は英国からのカトリック教の完全なる追放である。なぜニューコメンは火薬陰謀事件日に説教を行ったのか。それはローマ・カトリック教会が引き起こした事件であったからである。火薬陰謀事件も英国国教会のカトリック化ともローマ・カトリック教会が関わっていることである。ピューリタンにとって英国社会を震撼させた火薬陰謀事件の延長に英国国教会のカトリック化がある。それを阻止するには英国民はより真の神への信仰を取り戻す以外に道はない。神への真摯な態度が英国民には希薄である。神から恩恵を受けていながら神をないがしろにしている英国民をニューコメンは叱咤する。庶民院議員にむかって事件日の 11 月 5 日に何かを行えと言う。神は、「この日」の自らの慈悲に従って神に戻る栄光を議員に取っておいてくれている。「神のもとに戻る」とはカトリック教からの離脱である。ニューコメンは次のように言う。

You have begun to do more for the repressing of Popery, for the reforming of the Church in doctrine, worship, disciplines, then your forefathers have done ever since the first hand was put to the work of reformation.[55]

下院議員はローマ・カトリック教会抑圧、教義、礼拝、規律において教会改革のためにより多くのことを行い始めた、と議員の脱カトリック教の尽力を認めてはいる。でもその脱カトリック教は完全とは言えない。これからはその脱カトリック教を徹底的に推し進めなければならない。

Go on to root out, not only Popery but all that is Popish. Let this day adde something towards the perfection of that work. …Why to meet this day, if not to deliberate and advise something that might tend to the farther honour of the Authour of this days deliverance and the farther confusion of the Authour of this days treason, the Romish Religion?[56]

ニューコメンは、ローマ・カトリック教のみならずローマ・カトリック教的なものすべての根絶を下院議員に強く訴える。今国会を開催しているのは火薬陰謀事件救出者・神の名誉をさらに高め、反逆の張本人・ローマ・カトリック教会を混乱に陥らせることを考慮し、助言するために他ならない。救出に対しての神への感謝と敵であるローマ・カトリック教会を混乱に陥れ、ローマ・カトリック教徒の英国からの追放こそが急務である。

I beseech you make this the work of yours: and when you you returne to your Parliament

House again let the first question put to vote this day be *Davids Quid retribuam?* Psalm. 116. *What shall I render to the Lord for all his benefits towards me?* Let this be the question, and the God of wisdom and grace direct you in your Resolves.[57]

"this"とは「神の名誉をさらに高め、反逆の張本人・ローマ・カトリック教会をさらに混乱に陥らせること」であるが、この二つが議員の「仕事」とならなければならない。この「仕事」はまた「ゼカリヤ書」4章11節の"the worke"に対応する。「詩編」116章12節はダビデが大病から回復したあとに歌われたと解する者もいるが、なにか個人的な危機状態からの救出に際して「わたしに賜ったもろもろの恵みについて、どうして主に報いることができようか」の一節はそのまま今の英国民についても言えることである。神の栄光、教会の平和と善、王国の統一、カトリック教の一掃、これらが今英国民が行わねばならない「仕事」である。今英国が直面している最大の問題はカトリック教化している英国国教会を本来の姿に戻すことである。「カトリック教の一掃」こそが英国民にとっての最大の課題である。しかしそれはまだ完全には行われていない。なぜか。それは英国民の神への感謝の念が十分でないからである。

…due thankfulnesse for former deliverances is a happie meanes to procure new. God is never weary of delivering a people that studyes thankfulnesse.[58]

以前の救出への十分な感謝があれば新たな救出を手に入れることが出来る。神は感謝を考慮する国民を救出することに飽きることはない。ニューコメンは、英国民は火薬陰謀事件に対して神への感謝を忘れていることを指摘する。神への感謝の念の希薄化が今の英国におけるカトリック教一掃の遅々とした進捗をもたらしているのではないかとニューコメンは考えるのである。カトリック教徒の狡猾な残虐な気質は変わらないし、英国民壊滅陰謀は彼が自らの陰謀によって自らを破滅させるまでは止むことはない。カトリック教会を英国内にほっておけばやがて英国は完全にカトリック教化してしまう。その一例がアイルランド問題である。アイルランドのカトリック教徒は反乱を起こし、英国にとっては脅威の的となっている。彼らを現状のままに放置しておけば彼らはいずれ英国内のカトリック教徒と手を組み、英国をも完全にカトリック教国としてしまう。アイルランドの脅威についてニューコメンは次のように言う。

Our adversaries in Ireland have bin plotting their present rebellion these seventeen years as some have deposed. These seventeen years they have bin making fireworks and laying traines for the kindling of that combustion which now devours that miserable Kingdome.[59]

アイルランドのカトリック教徒は17年間も反乱を企て、「花火」を作り、それに点火するために導火線を敷いている。カトリック教徒は火薬陰謀事件を思い起こさせる爆破を計画しているというのである。アイルランドのカトリック教徒は火薬陰謀事件を引き起こしたカトリック教徒と同様、国家の破壊を目論んでいる危険な存在である。ここでニューコメ

ンは国会の中断について考える。英国の国会がカローマ・トリック教会の荘厳な儀式のようになるのを恐れ始めた国会中断はどこから来ているのか。国会中断・解散は英国の敵の陰謀にその原因はある。英国民の敵は英国の強さが国会にあることを知っているので、国会を断ち切ろうとしている。

So our adversaries knowing our strength to lye in our Parliaments have bin ever plotting to cut off them. One Parliament they attempted to blown up without powder that so our Parliaments being intermitted, interrupted they might at once lay bandes upon us, and put out our eyes that we should not see our owne bondage, slay us in our Lawes and liberties and we should neither know nor see.[60]

カトリック教徒は国会の機能を停止させ、議員を拘束し、拘束を見ることができないように目をくり抜き、英国の法律と自由を行使し英国民を殺すことである。カトリック教徒の行動を放置すればそれが何を英国にもたらすかは自明である。その前例はアイルランドである。カトリック教が勢力を保持しているアイルランドを見れば英国のカトリック教化がどのような結果を英国に生ずるかは自ずと明らかになる。だからなんとしても英国のカトリック教化を防がねばならない。英国国教会のカトリック教的な儀式の一掃、カトリック教徒の英国からの追放により、英国国教会の腐敗を取り除く必要がある。これをニューコメンは幾度となく繰り返す。英国はいまだ「救出」を必要としている。救出には神の助けが必要であり、そのためにカトリック教会とは手を切る必要がある。国会議員に向かってニューコメンは決然と敵と立ち向かえと檄を飛ばす。

God hath opened to you a great doore of opportunity for the promoving his Churches good but their [sic] are many adversaries. God hath called you together to a great work: but you must look our adversaries will do their utmost either by craft or cruelty to cause the work to cease.[61]

教会の善を推進するために神はチャンスの大きなドアを開けてくれた。これはカトリック教会を念頭においての言葉であり、「教会の善を推進する」とはカトリック教会にはできない宗教の改善を意味している。その宗教改善が「素晴らしい仕事」である。「素晴らしい仕事」に着手するかいなかは英国民一人一人の意思にかかっている。門は開かれている。ただ必要なのは実行のみである。ただ敵は「狡猾」と「残虐」によってその仕事を止めさせることに全力を尽くす。しかし恐れる必要はない。なぜならば火薬陰謀事件という前例があり、神は英国民を事件から救出してくれたからである。「過去の救出は未来の救出の証である。」これは過去に生じたことは未来にも生じるということを意味する。1588年のスペインの無敵艦隊により英国は敗北の危機にあったが神の慈悲によりその危機を脱した。1605年の火薬陰謀事件に際しても同様に神の奇跡的救出により惨事を未然に防ぐことができた。英国が危機的状況に陥ると必ず神が救出してくれることは歴史が証明している。とすれば今の英国のカトリック教化の窮状からも必ずや神が救出してくれるはずだ。神の救出は一度で終わるものではない。神への真摯な信仰心を抱くことにより、神は困難に直面してい

る人たちを助けてくれる。このようにニューコメンは考える。形骸化したカトリック教では国民は救出されない。この考えにはピューリタンの「信仰のみ」の姿勢が強く反映されている。形式化した権威的になりすぎたカトリック教では個人の信仰心よりもなによりも教会への帰依が必須である。それに反しピューリタンは「聖書」のみの考えで、極端に言えば教会は無用である。いかに個人が神と向き合うことが教会を通して神と向き合うことよりもはるかに重要である。ピューリタンニューコメンのカトリック教会への批判は根強い。火薬陰謀事件を考えると、人々は事件の危機については皆無であった。それでも彼らは救出された。英国のカトリック教化という今の事件において人々はその危険を目の当たりにしており、「祈り」「涙」「断食」によって救出を求めて神のもとへ避難できる。祈りと涙の他に絶え間なく天国へ急行するキリストの諸聖人がいる。だから救出が達成できないことはないとニューコメンは言うのである。英国人の「大義」の善と偉大さを忘れるなとニューコメンは議員に強く訴える。英国国教会の脱カトリック教会はピューリタンにとっては「大義」である。この大義があればこそピューリタンは迷うことなくカトリック教会と戦うことが出来る。大義なき戦いは無惨な敗北に終わる。ピューリタンは大義を共有することにより、カトリック教会追放の戦いに勝利を収めることが可能なのである。ニューコメンはさらに聴衆を安心させるためにルターがドイツの宗教改革に際し友のメランヒトンに述べた言葉を引用する。宗教改革は人間が行うのではなく神が行うものであり、宗教改革という大義が聖なるものであり正当であれば、なぜ我々は神の約束を信用しないのかとニューコメンは問いかけるのである。神は我々との相談もなしにこの大義を決定し、守ってき、その大義を適切に終結させている。ルターの言葉特に最後の箇条は今の英国人に適応されえないのか。特に神はありのままの即座の摂理によって相談することもなく相談を受けることもなく人々の手中にある神の仕事を続けた。神は宗教改革の大義に望まれるものを与え、結果を祈った、だから人々はそれを確信できる、とニューコメンは言う。大義が正しければ神は自らその大義を実現させてくれる。ニューコメンが直面している英国からのカトリック教追放はいうなれば宗教改革である。ルターの言葉が雄弁に物語るように宗教改革を推し進めてくれるのは神である。だから英国の宗教改革が失敗に終わることはないとニューコメンは聴衆に安心感を与える。英国におけるカトリック教は英国では無用である。それは人々の真の信仰心を無視するものである。だからカトリック教を英国から取り除く必要がある。これは英国にとっては大義としての宗教改革である。そしてその大義を実現してくれるのが神なのである。その宗教改革は現在のためのみならず未来のためでもある。

The things that you have now to do, are not only for the present but future ages. Your actions will live in the memory of men, as long as men shall live upon earth. Your work for eternity: Therefore be exact: work by rule, by line and plummet.[62]

ニューコメンは幾度も現在の宗教改革はただ現在のためだけでなく未来のためにあるのだと繰り返す。一時的な宗教改革ではなく未来永劫に続く宗教改革である。宗教改革が永遠に続くためには「厳密」でなければならず、「定規、線、測沿線」によらねばならない。感情の赴くままの宗教改革では長くは続かない。しっかりとした計画のもとでの宗教改革こ

156

そが真の宗教改革であるとニューコメンは言いたいのである。宗教改革のためにはまず自らが「純粋」で「善良」でなければならず、ひたすら神の栄光に目を向ける必要がある。「何を行うにせよ神のために行え(63)」これが真に宗教改革を行う人のモットーとなる。「我々の願望は流血なしで純粋と平和のなかで宗教の樹立を手に入れることであった(64)」とニューコメンは言う。宗教改革はまさに神の意思でもある。ひるむことなく改革という神聖な仕事を続けなければならい。それもキリストが背後にいるので失敗の危険はない。

Goe you on undauntedly in that blessed work of reformation. Think you heare Christ speaking to you,…Beare up courageously against the storm,…Think you heare Christ so saying unto you.(65)

キリストが絶えず助けてくれるから改革は必ずや成功するとニューコメンは聴衆に確約する。ただ我々が危惧しなければならないのは人々の"humiliation"である。

We observe it in particular persons that if they slide out of profane and sinfull ways, into ways of more retirednesse without any evidence of a sincere and proportional Humiliation: That reformation seldom proves lasting or saving.(66)

俗的な罪深い生き方から誠実な謙虚さの形跡なしで世間と交渉を絶つ生き方に陥ることがあれば改革はめったに永続しない、とニューコメンは言う。ヨシアの輝かしい改革にもかかわらず主の怒りがエルサレムから取り除かれることはなかったのはなぜか、それはエルサレムに謙虚が見られなかったからである。

…the Land [Hierusalem] was never humbled for the Idolatries or Bloudsheds of Manasses, but looked upon the reformation as sufficient without humiliation which verily hath been Englands course to this day: we have blessed ourselves in a kinde of Reformation. But never took to heart the Idolatrous and bloudy Laws enacted by our forefathers to bee humbled for them.(67)

エルサレムは偶像崇拝やマナセの流血があったにも関わらず謙虚な姿勢を示さなかった。マナセはゼカリヤの息子であるが異教崇拝を復活し、祭壇や偶像が神殿に置かれさえした。宗教改革は謙虚なしでも十分とみなしたが、それが神の怒りを買った。そのエルサレムの状況が今日まで英国の状況でもあった。英国人は先人によって制定された偶像崇拝のための残虐な法律を心に留めることはしなかった。宗教改革の敵は内外にある。内なる敵は英国民の神への態度である。エルサレムの例で明らかなようにイスラエル人すべての神への謙虚な姿勢が失われたが故にイスラエル人は神の怒りを招いた。英国も同様であった。外的な敵は宗教改革を阻止しようとする敵である。「ゼカリヤ書」4章11節ではユダびとが「荷を負う者の力は衰え、そのうえ、灰土がおびただしいので、われわれは城壁を築くことはできない」と言ったが、英国の宗教改革では「荷を負う者の力が衰え」たが故に宗教改革を行うことは出来ないと、言ってはならない。英国を破壊することは神の目的・意図では

157

ない。神の目的・意図はロンドンと英国を謙虚にさせ、弱体化させることであった。なぜなら英国は平和が長く続いたために経済的に裕福になり、神への信仰心が希薄化したために神は英国の富と自負心を除去すると言っているのである。だから進んで心地よく神の自由のままに身を任せば我々はそれによって我々の「生命、法、宗教」を得て、確保できる。しかし富に執着すれば富のみならずすべてを失うことになる。すべてを神にゆだねひたすら謙虚な姿勢を神に示さなければならない。物欲的な利己的な態度は神を喜ばすことはない。ニューコメンによれば変化には完全な変化と腐敗的変化がある。宗教を腐敗させるために宗教を変えることはカトリック教の陰謀であり、仕事である。ローマ・カトリック教の変化を変え、彼らの革新を時代遅れなものとし、宗教を純粋な元の完全さへ変えることは英国議会の目的であり、仕事である(68)。ニューコメンにとってカトリック教会の変革は逆に宗教を破壊するものであり、ピューリタンの宗教改革こそが真の宗教改革である。英国の宗教改革を行うのは議会であり、英国民が謙虚な態度で神に接すれば神は英国を去ることはない。

God hath not left, God will not leave his cause, his work, his people.(69)

英国の歴史を見ても神は英国を去ってはいない。英国の存亡危機に際しても神は英国を助けてくれた。神はその大義、仕事、民衆を止めることはない。神と英国との密接な関係を述べるニューコメンは英国内においていかに宗教改革が急務か、いかに必要不可欠であるかを強調して止まない。

## 8－7　むすび

　ニューコメンの火薬陰謀事件説教のタイトルは「教会の敵の狡猾と残虐」である。ローマ・カトリック教会がいかに狡猾に残虐に英国を苦しめてきたかを述べている。火薬陰謀事件説教なのでニューコメンは火薬陰謀事件を最初に取り上げねばならない。しかし彼の火薬陰謀事件の取り上げ方は英国国教会派説教とは類似点もあるが相違点もあった。事件の残虐を指摘し、神の慈悲を訴えるニューコメンは英国国教会派説教家と大して変わらない。ただ相違する点は英国国教会派説教家と異なりジェームズ一世を称賛しないことである。英国国教会派説教家は露骨なまでにジェームズ一世を激賞した。しかし、ピューリタン説教家のニューコメンにとって説教の中心は個人崇拝ではない。あくまでも彼らの関心はゼカリヤが主導したエルサレムの城壁再建という「工事」同様ピューリタンによる宗教改革という「工事」である。この「工事」こそがピューリタンに課せられた国家を左右する大事業であった。英国国教会派説教家とのもう一つの大きな相違点は聖書の火薬陰謀事件への「適応」である。英国国教会派説教ならば説教で取り上げる聖書の一節はある人物が生命の危機に陥られる事件である。そしてその危機的状況からいかにして奇跡的に救出されるかが説教で述べられる。聖書での救出が火薬陰謀事件の救出と重ね合わされる。最後に奇跡的救出を行ってくれた神へ感謝をする。これが英国国教会派説教家のお決まりの説教方法であった。ところが「ゼカリヤ書」ではゼカリヤの危機的状況は描かれない。エルサレムの城壁再建妨害がゼカリヤの危機的状況であると言えないこともないが、その

工事は、敵がゼカリヤの生命を落とすような危機ではない。「ゼカリヤ書」の一節ではあくまでも「工事」妨害とそれを行う敵の狡猾さと残虐が重視される。ニューコメンにとってゼカリヤ個人より「工事」が説教の主題となる。だから英国国教会派説教家と異なり、ゼカリヤ＝ジェームズ一世という図式をニューコメンは取らない。バーローの説教に見られたダビデ＝ジェームズ一世というお世辞めいた図式はニューコメンには見られない。確かに英国国教会派説教家とピューリタンの説教には相違はある。一方はジェームズ一世体制の維持・強化を説教の目的とするが、ピューリタンは英国国教会の変革を説教の第一目的とする。両者にとってローマ・カトリック教は共通の敵であるが、特にピューリタンにとって眼下の敵ローマ・カトリック教会を英国より追放し、英国におけるローマ・カトリック教の残存を一掃することは社会変革の第一歩である。その意味でニューコメンの説教は火薬陰謀事件説教というよりは英国国教会をいかに変革するかが最大課題となっており、それはまたピューリタン社会樹立への大きな後押しとなっている。

　ニューコメンの説教は内乱が本格化した直後の説教であるが、彼は内乱にはほとんど言及していない。むしろニューコメンの説教の1年前の1641年10月のアルスターの反乱から始まったアイルランド・アルスターのカトリック教徒反乱がより切実な問題であった[(70)]。ところがこの問題についてもニューコメンは本格的に論じようとはしない。同じカトリック教徒を英国内で放置しておけばそれがどのような結果を英国にもたらすかはアイルランドを見れば容易に理解できる。アイルランドのカトリック教徒問題はこの時代に大きな事件であり、ピューリタン説教家にもこの事件に言及する説教家がいる。ピューリタンの関心はむしろ国内のカトリック教徒であり、彼らの英国からの根絶こそが新しい社会の誕生をもたらす。ニューコメンの説教における最大の関心事は英国国教会のカトリック教化であった。一言で言えばロード大主教による英国国教会のカトリック教化である。祭壇、東方礼拝、聖画、十字架、十字架像といったカトリック教の儀式が取り入れられ、カルヴィニズムよりアルミニズムが重視されるようになっていた。チャールズ一世側にはカトリック教徒が多く、王の妻はカトリック教徒であった。あるいは大反逆罪で訴えられたカトリック教司祭やジェズイットが釈放されたりした。カトリック教の悪弊が英国国教会を支配し、それはまた国王にも影響を及ぼしていた。英国内のカトリック教化は宗教のみならず社会全般にも及び、英国国教会の脱カトリック教はピューリタンにとっては極めて重要な問題であった。なんとかして英国国教会のカトリック教を一掃しなければ英国はカトリック教国になってしまう。このような強い危惧がニューコメンにはあった。火薬陰謀事件説教でありながら事件については詳細に論じることはなく、もっぱら英国国教会のカトリック教化を論じる理由は英国のローマ・カトリック教化への危惧があったからである。ニューコメンの説教は単なる火薬陰謀事件説教ではない。それはカトリック教を英国国教会から追放することによって英国社会の変革を訴える説教である。この変革志向が「ゼカリヤ書」の「工事」であり、ニューコメンはジェームズ一世擁護による現状維持の姿勢は示さない。「信仰のみ」の精神から神への敬虔な謙虚な姿勢を人々に求めるニューコメンは社会変革の成功を信じて止まない。英国はイスラエル同様神の国である。ニューコメンはロンドンを"this our Jerusalem"[(70)]と呼び、英国民はイスラエルと同じく神によって選ばれた国民であることを示唆している。「1640年以前の世紀には、多くの者がイングランドを、神が絶えず介入して保護する選ばれた国家と見ていた」と書いたのはクリストファー・ヒル

159

であるが[71]、その考えは 1642 年 11 月 5 日に火薬陰謀事件説教を行ったニューコメンにも見られる。クロムウェルが「キリストの革命」と呼んだ背景にも神が絶えず英国を見守っているという感覚があり、それゆえに神が長期議会を招集し、神がニュー・モデル軍を造ったとクロムウェルは言うことができたのである[72]。イスラエル人が幾多の困難にあいながらも最終的には神により救出されたように神の国、英国も多くの危機的状況に陥りながらも、必ずや神によって救出される宿命にある。神は英国を去りはしないのである[73]。ニューコメンは説教の庶民院議員に向けた序論で彼の時代をゼカリヤの時代とパラレルに見ている。イスラエルの人々はバビロン捕囚から救出されたが真理と平和の教会と国家における確立、神の神殿再建、神の崇拝復活等に長い時間を要した[74]。これの意味するところは英国人も火薬陰謀事件から救出されたが未だに真の意味で英国は再建されていないが、バビロン捕囚後にイスラエルが復興したように必ずや英国にも復興する時期がくるということである。イスラエル人を自らの生きる先例とした一ピューリタンの自信に満ちた説教は英国国教会派説教家が体制維持を訴えたのとは異なり、新しい社会の到来を信じて止まない説教である。その到来への確信はイスラエル人の歴史である。確かに今英国には「真理の純粋さ、崇拝の美しさ、教会管理の法令、規律の強固[75]」はないが、これらはいずれ英国にも必ず実現される。なぜかと言えば英国が歩む未来の姿はイスラエルにすでにその洗礼が見られるからである。イスラエルに起こったことは必ず英国にも起こる。これがニューコメンの説教の根底に流れるテーマであった。

　体制の維持、新しい社会の誕生、これらを英国国教会派説教家とピューリタン説教家はそれぞれ執拗に追求した。英国国教会派説教家は火薬陰謀事件説教で事件を取り上げることによって国家の安泰を国民に訴えた。それに反し、ピューリタン説教家は火薬陰謀事件を取り上げながらも事件そのものよりは新しい社会建設によりエネルギーを注ぎ、国民の意思統一に奔走した。新しい社会建設には最初に英国国教会の脱カトリック化を徹底しなければならない。英国がカトリック教の影響を一掃するときに初めて英国は生まれ変わった国家となる。時代の流れとしては王制は時代遅れの政治体制となりつつあった。中央集権的な国家体制よりも今度は国民個人が重視されてくる社会が誕生してくる。ピューリタン革命はまさしくその新しい社会建設を目指した革命であった。ニューコメンは革命を本格的には論じていないが、ピューリタン説教家による火薬陰謀事件に言及はしながらも事件を起こしたカトリック教徒の「狡猾」と「残虐」に焦点を合わせ、その二つが今なお英国でその影響を深めつつあるカトリック教会の本質であることを訴えたいのである。英国国教会は Laud の主導によりますますそのカトリック教へと傾倒していった。チャールズ一世の妻であるカトリック教徒ヘンリエッタ・マリアの陰謀、1641 年のアイルランド反乱は英国内におけるカトリック教徒の脅威を示すものであった。ヒルによればローマ・カトリック教会の恐怖は 1640 年代初期にピークに達したが[76]、1642 年 11 月 5 日のニューコメンの火薬陰謀事件説教はそのヒルの言葉を裏付けている。ニューコメンは、英国国教会のカトリック教化は火薬陰謀事件の延長であることを強調し、反カトリック教の姿勢を強く打ち出す。ニューコメンの説教は、カトリック教の影響を英国国教会から排除することによって新しい英国社会の建設を呼びかける愛国的な説教でもあった[77]。

# 注

(1) 以下の注 14 を参照。

(2) ニューコメンのテキストは Donald Wing STC907 を使用した。

(3) Joel Hurstfield, "Gunpowder Plot and the Politics of Dissent"in Haward S. Reimuth ed. *Early Stuart Studies* (Minneapolis: University of Minnesota Press, 1970), p. 110.

(4) Millar MacLure, *The Paul's Cross Sermons 1534-1642* (Toronto: University of Toronto Press, 1958), p. 20.

(5) Ibid., p. 97.

(6) William Barlow, *The Sermons Preached at Paules Crosse, the tenth day of Nouember, being the next Sunday after the Discouerie of this late Horrible Treason* (London, 1606). Pollard and Redgrave STC Vol. I, 1445, B. なお旧約聖書の日本語訳については以下を使用した。『旧約聖書』（東京：日本聖書協会、1962 年）。また、『聖書　新共同訳』（東京：日本聖書協会、1992 年）をも参照した。その他『旧約聖書略解』（東京：日本基督教団出版局、1975）も参照した。

(7) Barlow, B.

(8) Ibid., C.

(9) Ibid., B2.

(10) Ibid., B3.

(11) Ibid., C.

(12) Ibid., B3.

(13) Ibid.,D3.

(14) C. H. McIlwain ed. *The Political Works of James I* (New York: Russsell & Russell, 1965), p. 282.

(15) Barlow, C3.

(16) Ibid., E2.

(17) Ibid., E-E2.

(18) Ibid., E2.

(19) Ibid., E3.

(20) Op. cit.

(21) Barlow, *An Answer to a Catholike English-Man* (London, 1609) 参照。

(22) John Donne, *Pseudo-Martyr* (New York: Scholars' Facsmiles &Reprint, 1974) 参照。

(23) MacLure, p. 89.

(24) Op. cit.

(25) Barlow, A3.

(26) Ibid., pp. 3-4 参照。

(27) Barlow, C3.

(28) Ibid., D.

(29) Ibid., D2.

(30) Ibid., D3.

161

(31) Trevor-Roper, "King James and His Bishops" *History Today*, Sept., 1955, p. 581.

(32) P.5 参照。

(33) Barlow, E.

(34) Op. cit.

(35) Op. cit.

(36) Mary Morrissey, *Politics and the Paul's Cross Sermons 1556-1642* (Oxford: Oxford University Press, 2011), p. 148.

(37) Newcomen, A3.

(38) Op. cit.

(39) Op. cit.

(40) Op. cit.

(41) Ibid., p. 23.

(42) Ibid., p. 24.

(43) Ibid., p. 25.

(44) Op. cit.

(45) Ibid., p. 26.

(46) Ibid., p. 27.

(47) Ibid., p. 28..

(48) Ibid., p. 29.

(49) Op., cit.

(50) Ibid., p. 30.

(51) Ibid., p. 31.

(52) Ibid., p. 32.

(53) Op., cit.

(54) Op. cit.

(55) Ibid., p. 33.

(56) Op. cit.

(57) Op. cit.

(58) Ibid., p. 34.

(59) Ibid., p. 35.

(60) Ibid., pp. 35-6.

(61) Ibid., p. 56.

(62) Ibid., p. 59.

(63) Op. cit.

(64) Ibid., p. 61.

(65) Op. cit.

(66) Ibid.,p. 63.

(67) Op. cit.

(68) Ibid., p. 68.

(69) Ibid., p. 70.

(70)アイルランドの反乱については *THE IRISH REBELLION; OR, AN HISTORY OF THE ...GENERAL REBELLION...OCT., 1641*(Milton Keynes UK, 2005) に詳細に記されている。また Samuel Rawson Gardiner, *History of England from the Accession of James to the Outbreak of the Civil War, 1603-1642*, Volume 10: 1641-1642 (Cambridge: Cambridge University Press, 2011), Chapter CI をも参照。

(71) Christopher Hill, *Religion and Politics in 17th Century England* in *The Collected Essays of Christopher Hill* Vol. II (Brighton : Harvester Press, 1986), p. 323.

(72) Christopher Hill, *A Nation of Change and Novelty: Radical Politics, Religion and Literature in Seventeenth-Century England* (London and New York, 1990), p. 55.

(73) Christopher Hill, *The English Bible and the Seventeenth-Century Revolution* (London: Penguin Books Ltd.,1994), III の 12 に "God is Leaving England" があり、神が英国を去ろうとしていることへの人々の危惧が書かれている。

(74) Newcomen, A3.

(75) Op. cit.

(76) Hill, *The English Bible and the Seventeenth-Century Revolution,* p. 297.

(77) ニューコメンの説教のタイトルにある「狡猾」と「残虐」については本論では英国国教会へのローマ・カトリック教の影響と英国のその影響からの脱却について主として論じたので、取り上げることはしなかった。ニューコメンは説教では Adam Contzen なるドイツ人ジェズイットを取り上げ、彼の「狡猾」と「残虐」を長々と論じている。説教の 36 頁以下を参照。

## 第9章　ウィリアム・ストロングの火薬陰謀事件
### 9−1　はじめに

　1644 年 11 月 5 日のスパーストーの説教から 2 年後、ウィリアム・ストロングは 1646 年 11 月 5 日にウェストミンスター寺院に隣接している聖マーガレット教会で庶民院議員に向けて火薬陰謀事件説教を行った。これだけなら格別我々の注意をひきつけはしない。ただストロングが独立派ピューリタンであるということを考えるとその説教を単なる火薬陰謀事件記念説教と見なすことはできなってくる。1605 年 11 月 5 日の火薬陰謀事件以来毎年英国国教会説教家がもっぱら事件日に火薬陰謀事件説教を行っていた。しかし、ピューリタンが社会的に勢力を得て、王党派が劣勢に追いやられるにつれてピューリタン説教家が台頭し、彼らの説教が主流となってくる。ストロングが火薬陰謀事件説教を行った 1646 年はピューリタン革命が起こってから 4 年が経過していた。1646 年に入ると 1 月のデヴォンでの勝利、2 月のトリントンの戦い、4 月のチャールズ一世のオックスフォード逃亡、5 月のスコットランド軍へのチャールズ一世の投降、7 月の議会軍によるウスター占領、8 月の王党派最後の拠点コーンウォールの守備隊降伏が続き、議会派は徐々に革命の主導権を握っていく。内乱は明らかに議会派に有利に進行していた。そのような国内情勢の中でストロングは 1646 年 11 月 5 日の火薬陰謀事件記念日に説教を行う。火薬陰謀事件説教は元々事件日の 11 月 5 日に事件の全容を国民に周知させることを目的とした説教である。事件後の英国国教会説教家による記念説教では何よりも事件を未然に防いだジェームズ一世を賞賛し、英国への神の慈悲を強調する説教が主である。ところがストロングの説教を読んでみると火薬陰謀事件についての記述は見られるがジェームズ一世の事件からの奇跡的な救出への喜びは書かれず、ジェームズ一世の名も一度も出てこない。ストロングの火薬陰謀事件はそれまでの英国国教会説教家による説教とはその内容を全く異にしている。一体ストロングの火薬陰謀事件説教の真意は何か。本章では以下の点に中心にして論を進めていきたい。第一点はジェームズ一世による 1605 年 11 月 9 日の国会演説である。以後の英国国教会説教家の火薬陰謀事件説教はジェームズ一世のこの国会演説を踏襲しているからである。第二点はストロングの火薬陰謀事件観である。第三点は説教で扱う聖書の一節と火薬陰謀事件との関係である。ストロングは「エズラ記」を説教の冒頭に掲げるが、その聖書の一節と事件の関係はどのように説明されるのかである。第四点としての論点はストロングの火薬陰謀事件の主題は火薬陰謀事件であったのかである。結論としてストロングの火薬陰謀事件説教は、説教時の英国社会と密接に関係しており、火薬陰謀事件そのものよりは英国社会の現状改革を訴えた説教であることを論じていきたい。

### 9−2　ジェームズ一世の 1605 年 11 月 9 日の国会演説

　最初に取り上げねばならないのはジェームズ一世の国会演説である。その理由は、ストロングの説教のタイトルが「慈悲の祝賀と賞賛」とあるように彼の説教では事件における「慈悲」が特に重視されているからである。スパーストーが「慈悲」を強調していたようにストロングもまた説教で「慈悲」を強調してやまない。英国国教会説教では火薬陰謀事件は神の慈悲によってジェームズ一世は救われたと言うが、それはジェームズ一世の国会演説に呼応

164

したものである。ジェームズ一世の国会演説は火薬陰謀事件から 4 日後の演説であるだけに王の事件からの無傷の救出への思いが強い。ジェームズ一世は演説のなかで特に「神の慈悲」のおかげで事件は未遂に終わったと神への感謝を強調する。「神の慈悲による危機からの救出」はジェームズ一世国会演説の基調である。ジェームズ一世は演説の中で「詩編」145 章9 節の "Misericordia Dei supra omnia opera eius" に触れるが、それはダビデが主の慈悲を強調している一節である。ジェームズ一世の演説では神による王の奇跡的救出が強調される。ジェームズ一世は演説の目的について以下のように明確に述べる。

So now my Subiect is to speake of a farre greater Thanksgiuing then before I gaue to you, being to a farre greater person, which is to God, for the great and miraculous Deliuery he hath at this time granted to me, and to you all, and consequently to the whole body of this Estate.[1]

演説の目的は神に対して以前よりも「はるかに大きな感謝」を語ることにある。なぜかと言えば神はジェームズ一世を始めとして国会にいたすべての人に「すばらしく奇跡的な救出」を与えてくれたからである。「奇跡的救出」と「神への感謝」は演説のキーワードである。「神への感謝」は言うまでもなく神の慈悲への感謝である。以後火薬陰謀事件記念説教を行う英国国教会説教家はこの二つを説教で取り上げ、ジェームズ一世と神を賞賛することが彼らの暗黙の義務となる。更に事件の残虐性も説教の重要な点である。事件の残虐性は以後の説教家が扱ったテーマでもあったが、ジェームズ一世は火薬陰謀事件が残虐極まりない事件であったかを強調する。

This [the Gunpowder Plot] was not a crying sinne of blood, as the former [the Gowrie Plot], but it may well bee called a roaring, nay a thundring sinne of fire and brimstone, from the which God hath so miraculously deliuered vs all.[2]

火薬陰謀事件ははなはだしい血をもたらす罪ではなく、「火と硫黄の轟く、否、雷鳴のような罪」で、そこから神が奇跡的に王を救出してくれたのである。事件の残虐性についてジェームズ一世は更に次のように言う。

First, in the crueltie of the Plot it selfe, wherein cannot be enough admired the horrible and fearefull crueltie of their device, which was not onely for the destruction of my Person, nor of my Wife and posteritie onely, but of the whole body of the State in generall; wherein should neither haue bene spared or distinction made of yong nor of old. of great nor of small, of man nor of woman: The whole Nobilitie, the whole reuerend Clergie, Bishops, and most part of the good Preachers, the most part of the Knights and Gentrie;[3]

この一節は火薬陰謀事件の "the horrible and fearefull crueltie of their device" を指摘するのみならず、国会の参列者をも挙げている。国会議事堂爆破計画は王、王妃、子息、国家の要人、老若男女、貴族、聖職者、主教、説教家、ナイト及びジェントリー、これらすべての人を殺害することになる事件であった。ジェームズ一世は殺害方法には人間、動物、それに「水」と「火」があるが、そのなかでも「火」による殺害は最も凶暴かつ残酷であると言い、火薬陰謀事件の残虐性を非難する。

　次にジェームズ一世が論ずるのは事件の動機である。なぜジェズイットは王殺害を狙い、国会議事堂爆破を計画したのか。ジェームズ一世からすれば事件の動機は、「ささいな理由と言えない理由」である(4)。事件の首謀者が王のために破産したり不満を抱いている者であればこの事件は復讐である。しかし、ジェームズ一世は彼らをそのような事態に至らせたことはない。事件は、「単に宗教のみ(5)」が引き起こした事件であった。事件の首謀者ガイ・フォークス（Guy Fawkes）によれば火薬陰謀事件はカトリック教徒に対する "cruell Lawes" のためであった。英国内におけるカトリック教徒への弾圧・抑圧が彼らをして王殺害という暴挙に走らせたのである。しかし、ジェームズ一世からすればすべてのカトリック教徒を弾圧したわけではない。彼は国内の平和・秩序維持のために一部反体制的な過激なカトリック教徒・ジェズイットを取り締まっただけで、王に対して忠実なカトリック教徒まで弾圧したことはなかった。ジェームズ一世は従順なカトリック教徒に対しては寛容な態度をもって接していたのである。ジェームズ一世がカトリック教徒を厳しく取り締まったとしたらそれは彼らが国内の秩序を乱すために他ならなかった。国内の秩序維持のためにジェームズ一世がとった法的手段の一つが「忠誠の誓い」であったことは言うまでもない。ジェームズ一世王朝維持のためには国状安定は不可欠である。ところが一部過激なジェズイットが国内を混乱に陥れようとしている。その第一歩が火薬陰謀事件であった。

　第三にジェームズ一世は火薬陰謀事件発覚の経緯について述べる。ジェームズ一世は事件についての謎めいた書簡を受けとり、即座にその真意を読み取ったのである(6)。これは事件の首謀者の一人のフランシス・トレシャム（Francis Tresham）が、親戚のモントイーグル（Monteagle）卿に国会議事堂爆破陰謀の全容を知らせるメモを送り、それをモントイーグルはソールズベリー（Salisbury）伯爵に見せ、伯爵はその意味を読み取ったが、メモの解読をジェームズ一世に任せるために王にそのメモを見せたのである。そのメモを即座に理解し、事件の真相を突き止めたのはジェームズ一世であった。火薬陰謀事件を未然に防ぎ、国を救ったのはジェームズ一世自身であったのである。これ以後の英国国教会説教家たちはこぞってジェームズ一世自らによる手紙の解読に言及し、神憑り的なジェームズ一世を激賞し、王の神格化を吹聴する。このようにジェームズ一世は火薬陰謀事件からの奇跡的救出、神の慈悲、事件の残虐性、動機、及び事件発覚者としての自分自身について述べる。特にジェームズ一世は神の慈悲を訴える。信心深い王に対して神は事件直前に慈悲を示し、王の生命を危機から救ってくれたことを王は強調する。ジェームズ一世は

166

神の慈悲について "this his mercifull Delivery" [7]、"a divine worke of his "mercy" [8]、"Thanksgiuing to God for his great "mercy" [9]といった表現を演説の中で幾度も使用し、事件発覚の背後には神の慈悲があったことを繰り返す。そして "Misericordia Dei supra omnia opera eius." 即ち、「神の慈悲は神のすべての御業を超える」と神の慈悲を讃えるのである。ジェームズ一世が国会演説で何よりも強調したかったのは火薬陰謀事件からの救出は神の慈悲によるものであり、それに対する神への感謝であった。

　次にジェームズ一世は暗に臣民が火薬陰謀事件を非難する熱意に燃え、王に対する「柔順な愛情」を示すことを期待する[10]。王への「柔順な愛情」とは火薬陰謀事件を非難し、王を擁護することである。事件関係者は「宗教における彼らの誤りへの唯一盲目的な迷信」により事件は引き起こされたと言い[11]、カトリック教徒に対して寛容な態度を示している。しかし、事件関係者には厳しい態度を取ることをジェームズ一世は忘れはしない。ジェームズ一世にとって王は国家である。王なくして国家なしという絶対王政に頑なに執着している。ジェームズ一世の「柔順な愛情」表明要請は過激なカトリック教徒の蛮行を国民に知らしめ、事件が人々の記憶から消え去ることを極度に恐れたジェームズ一世がとった策であった。ジェームズ一世の国会演説はまた過激なジェズイットへのジェームズ一世の処置が誤っていないことを示している。ジェームズ一世は演説の中で国会の目的として「神の栄光と王と国民の確立及び富の促進[12]」を挙げ、ジェームズ一世は国益に資することに神から命じられていると述べ、自らのカトリック教徒への政策に誤りはないことを強調する。そして聴衆に国内の潜在的な悪事の発見及び反逆者の横柄な行為鎮圧に励行するよう訴える。そして、王の繁栄と隆盛が国家の繁栄と一致するとも言う。

　ジェームズ一世の国会演説で王は「詩編」の "Misericordia Dei supra omnia opera eius." を引用していた。ダビデはその生涯において数々の危機に直面し、そのたびに神に救出されている。つまりダビデはジェームズ一世と同じ危機に遭遇している。ジェームズ一世は自らをダビデに重ね合わせているのである。確かに当時の説教家にはジェームズ一世をダビデ再来として賞賛している説教家もいる。タイポロジー的な聖書解釈によりジェームズ一世を聖書の様々な人物に適応するのである。だからジェームズ一世はダビデやソロモンやキリストにすら適応され、神格化される。説教家は火薬陰謀事件説教を行うに際し、聖書の一節を「詩編」からもってくる。なぜかと言えばタイポロジカルにジェームズ一世をダビデと解釈したいからである。ジェームズ一世後の説教家たちは聖書の一節をジェームズ一世に適応するが、ジェームズ一世はさすがに「詩編」を自らに適応はしない。ジェームズ一世が聖書のなかでも特に「詩編」を愛読し、英訳もしていたことはよく知られている。自らの生命の危機に際し、「詩編」を引用したのはジェームズ一世がダビデと同じ体験をした人間であることを一般国民に示し、それにより自らの神格化の強化を計る狙いがジェームズ一世にはあったと考えられる。いずれにせよジェームズ一世とダビデの関係をタイポロジカルに解釈するのは王以降の説教家たちであり、ジェームズ一世の国会演説に呼

167

応して事件を批判し、王を神格化した最初の説教家はウィリアム・バーローであった<sup>(13)</sup>。

　ジェームズ一世の国会演説後、英国国教会説教家による火薬陰謀事件記念説教には共通した手順があった。それは（1）事件に類似した一節を聖書から選び、それを事件に適応することによって聖書から事件を批判する。（2）事件の残忍性（3）ジェームズ一世による事件発覚（4）ジェームズ一世の奇跡的救出（5）ジェームズ一世を救出してくれた神の慈悲への感謝である。英国国教会説教家による火薬陰謀事件説教はだいたいこのような手順を踏んでいた。それではピューリタンのストロングの火薬陰謀事件説教はどうであろうか

## 9－3　ストロングと火薬陰謀事件

　ピューリタンのストロングは、1646 年 11 月 5 日の火薬陰謀事件日にウェストミンスター寺院と同じ敷地内にある聖マーガレット教会で説教を行った。その説教のタイトルは「慈悲の祝賀と賛美。1646 年 11 月 5 日、ウェストミンスター寺院、聖マーガレット教会で名誉ある庶民院への説教で述べられる。すぐれた古くからの慈悲、カトリック教会と非道なる火薬陰謀事件の陰謀からの国民と全王国の救出のための国民の感謝の日」（The Commemoration and Exaltation of mercy. Delivered in A SERMON Preached to the Honourable, the House of Commons, at Margarets Westminster, *Novemb*. 5. 1646. Being the day of their publike thanksgiving, for that eminent and Ancient mercy, the Deliverance of them, and the whole Kingdome in them, from the Popish and Hellish Conspiracy of the Powder Treason<sup>(14)</sup>）である。ストロングが説教に選んだ聖書の一節はスパーストーと同じ「エズラ記」9 章 13－14 節で、ストロングは説教の前半で 13 節を、後半で 14 節を扱う。ストロングの説教方法は、最初に "Doctrine"（教理）を、次に "Use"（適応）を論じる方法である。前半、後半とも同じ構成になっている。ストロングの説教で気づくのはそれまでの英国国教会説教家による説教との違いである。厳密に言えばストロングの説教は上記の英国国教会説教家の手順を踏襲していない。ピューリタンであるストロングの説教が英国国教会説教家と異なるのは当然で、彼が英国国教会説教家の説教手順をそのまま受け継ぐ必要はない。しかし、彼の説教は火薬陰謀事件日における記念説教であるので、ピューリタンと言えども火薬陰謀事件を取り上げざるをえない。確かにストロングは説教で火薬陰謀事件に言及し、そこからストロングの火薬陰謀事件への態度を見ることができる。一つは説教の序文である庶民院議員への献呈書簡での過去の英国史で示された神の慈悲の例として 1588 年のスペイン無敵艦隊による英国襲来と 1605 年の火薬陰謀事件を挙げ<sup>(15)</sup>、それ以来類似した多くの危機から英国は救われたと言う。ストロングが火薬陰謀事件に言及しているのは次の一節である。

168

Perusing the Annals of *England*, we finde *Anno* 1605・ A glorious deliverance recorded, which God vouchsafed to the Representative body of this Nation, and in them to the whole Kingdome, from a *Popish hellish Conspiracy*, of long deliberation and sudden execution. The wood was laid in order, and the child as it were bound upon the wood; the knife prepared, and the hand lifted up; and then came the voice from heaven, *stay thine hands.* [16]

1605年に周到な準備から突然実行された「カトリック教徒の忌まわしい陰謀」から神による国会議員の救出が記録されているとストロングは火薬陰謀事件について書いているが、"the Gunpowder plot"という表現はない。後半の「まきがきちんと置かれ云々」は史実とは異なる。「天からの声、あなたの手をとどめるがよい」は事件が実行直前に発覚したことに言及しているが、ストロングは事件の発覚は神によるとみなしている（英国国教会説教家はジェームズ一世によって事件は未然に防がれたとした）。また火薬陰謀事件が成功したら英国は多くの命を失い、「われらの族長」をも失ったであろうと言うが、事件のもたらす英国への影響についての見方は正しい。

Had this plot [of the Gunpowder Plot] taken, it would have cost many mens lives, and these the cheife of our Tribes; and how much bloud might have followed, who knows?[17]

「われらの族長」とはもちろんジェームズ一世をさす。スパーストーは "the head" とジェームズ一世を評していたが、ストロングはスパーストー同様王の名前を出すことはしない。「いかに多くの血が流れたかもしれなかった」では事件の残虐性に言及している。次の一節では火薬陰謀事件の背景にはローマ・カトリック教会があったことを述べている。

The thing was plotted beyond the Seas, with the influence doubtlesse of all the policy of Rome: Instruments chosen and brought over of purpose, men skilfull to destroy: It was communicated but to a few, and to these under the oath of secrecy, receiving the Sacrament thereupon.[18]

ここではストロングは、事件の実行犯はカトリック教徒であること、事件がカトリック教の影響を受け、ローマで計画されたこと、爆破用の火薬がローマから持ち運ばれたことや熟練した実行犯選出、少数の人へ計画を伝えたこと、すべてがカトリック教会の主導の下で行われたことを指摘する。ストロングは事件の準備と事件後の実行犯の行動についても記し、事件の実行犯は自らの作ったわなにかけられ、穴倉に落ちたとも言っているが[19]、

169

これらの記述も史実に合っている。ストロングは前半の‘Use’（適応）で火薬陰謀事件を総括して以下の点を挙げている[20]。

(1)The more bitter the enemies, and the more deadly the danger, the greater the deliverance, when the snares of death doe compasse us about and the paines of hell take hold of us.

(2)The deeper a plot is laid, and then to be defeated, the greater the mercy: They have taken crafty Counsell against thy people and they consulted against thy hidden ones.

(3)The more confident an enemy is of successe, the greater is the mercy in such a Deliverance, when they are folded together as thornes in a confederacy, and drunken with confidence as drunkards, then they shall be consumed as stubble fully dry.

(4)The more immediately the hand of God is seene in any deliverance, the greater it is; when the Lord makes his bow naked and his arme bare and doth ride for his peoples safety upon his charets of salvation.

(5)That it should not end only in our Deliverance, but in the enemies destruction.

(1)から(5)までは敵の敵意が激しければ激しいほど、危険が致命的であればあるほどそれだけ神による救出は偉大であること、陰謀が秘密裏に企てられ、それが失敗に帰せば慈悲はそれだけ偉大となる、敵が陰謀の成功に自信を持てば持つほど救出において慈悲は偉大である、神が救出をすぐに行えば行うほど救出は偉大なものとなる、神は救出で終わるのでなく敵の破滅で終わることを述べている。以上は一言で言えば火薬陰謀事件における神の慈悲の偉大さである。これはジェームズ一世の国会演説での主張と同じである。火薬陰謀事件ではすべてを解決してくれたのは個人ではなく神である。ストロングの火薬陰謀事件についての記述を見ると、ストロングは事件についてほぼ正しく理解していることがわかる。上で挙げた英国国教会説教家の説教手順は（1）事件に類似した一節を聖書から選び、その事件への適応によって聖書から事件を批判する。（2）事件の残忍性糾弾（3）事件発覚者としてのジェームズ一世賞賛（4）ジェームズ一世の奇跡的救出賞賛（5）ジェームズ一世救出に際し神が示してくれた慈悲への感謝であった。このなかで(1)に関してストロングは「エズラ記」9章13−14節を説教の冒頭にあげているがインパクトは薄い。なぜかと言えば聖書の人物が生命の危機に直面し、そこから神によって救出されるのが英国国教会説教家のお決まりであったからでる。「エズラ記」9章の前半13節ではイスラエル人の実際の罪よりも軽い罰を神は下し、彼らを救出してくれたことが述べられているが個人ではなくイスラエル人全体への神の救出が強調されている。英国国教会説教では説教の主題はジェームズ一世という個人であり、王の神格化を英国国教会説教家たちは行った。「エズラ記」9章の後半14節では罪への逆戻りが扱われており、火薬陰謀事件とは直接関係はない。

170

(2)の事件の残虐性についてもストロングは特に強調はしていない。(3)の事件発覚者としてのジェームズ一世賞賛についてストロングはジェームズ一世の名前を説教で用いることをしていない。これは上で論じたスパーストーと同様の態度である。王政廃止を求めるピューリタンからすればジェームズ一世を賛美することはありえない。(4)は(3)と関連があるが、ジェームズ一世の奇跡的救出を"Stay thine hands."と天からの声によって事件は未然に終わったことを述べるにとどまる。ストロングの説教が英国国教会説教家と一致している点は最後の(5)である。火薬陰謀事件における神の慈悲はジェームズ一世がとりわけ重視したものでありその後の英国国教会説教家もこぞって事件における神の慈悲を取り上げ、ジェームズ一世に追従的態度を示した。ストロングの説教のタイトルが「慈悲の祝賀と賛美」である。火薬陰謀事件において神によって示された慈悲を祝い、賛美することが彼の説教の主題である。とすればストロングの説教ではジェームズ一世ではなく慈悲をもたらした神こそが大々的に論じられるべき説教となってくる。あくまでも説教の主役は神であり、ジェームズ一世ではない。ジェームズ一世への賞賛が顕著な英国国教会説教家に対し、ストロングはジェームズ一世個人への賞賛を行わない。反王権派、共和制支持派の独立派のストロングからジェームズ一世賞賛の声が聞かれないのは当然である。ストロングは 11月 5日に集まったのは慣習に従って事件記念日追悼を行うためではなく、神が称えられ、我々が神への賞賛を栄光あるものにするためであると言う⁽²¹⁾。また口先だけの神への祈りや賛美によって人の心は大きくならない、心が大きくされるために集まっているとも言うが⁽²²⁾、ピューリタンの神への祈りや賛美は形骸化したカトリック教徒とは異なることを暗に示している。自らの宗教心を聖者のように「輝かしい神の気遣いへの熱心な愛」を持てば人が天国に行くとき彼らの能力は拡大される⁽²³⁾。また神の栄光の賛美は人間の力だけでは不可能で、それができるのは悪によって閉ざされている口を神が開いてくれるからである。口を閉ざし、我々の罪を大罪と考えなければ我々は形式的な告白によって罪を片付ける。神から受けた慈悲を些細なものと考えると言葉だけの感謝で十分となる。最後に事件日に集まっている理由は神の前でへりくだるためである。ストロングにとって火薬陰謀事件日に集まっている理由はあくまでも火薬陰謀事件記念説教日の主役は神であり、決してジェームズ一世ではないことを告げるためである。ストロングは次のように言う。

> But there is a God *that reveals secrets, before whom Hell and Destruction are open; much more the hearts of the sonnes of men;* and he discovered it.⁽²⁴⁾

謎めいた手紙を解読したのはジェームズ一世ではなく神である。神の前には地獄も破壊も丸見えで人間の心も隠し事はできない。だから神が火薬陰謀事件を発見したとストロングは言う。事件を未然に防いだのはジェームズ一世ではない。さらにストロングは次のようにも言う。

> Hee [God] will certainly outwit them [plotters] all at last, and take the wise in their owne craftinesse.⁽²⁵⁾

神は事件陰謀者よりも賢い。後半は「ヨブ記」5章13節を踏まえての言葉であるが、神は賢い者（ここでは悪賢い者である）を「彼ら自身の悪だくみによって捕らえ、曲がった者の計りごとをくつがえされる」。事件はまさに実行者自らによって明らかになり、彼らの陰謀は無に帰す。神の知恵の威力に比べいかに人間の知恵ははかないか、いかに矮小かをストロングは述べ、火薬陰謀事件はすべて神によって解決されたと言う。また、次の引用文では神がいかに陰謀者たちより賢いかを述べている。

> He [God] did laugh them [the conspirators] to scorn, did blow upon their counsel,
> made the device to be of none effect, and wherein they concluded with themselves
> proudly hee was above them.[26]

神による陰謀者たちへのあざ笑い、彼らの協議の軽視、なんの効果もない彼らの策略、神の知力が陰謀者たち勝っていると最後に言い、陰謀者たちは神に完敗したことを認めた。事件がすべて未然に終わったのはジェームズ一世のお陰ではなく神による。いかに巧妙に事件を計画しても神によってすべては解決される。英国国教会説教家のように個人崇拝をストロングは避けている。これは英国国教会説教家とピューリタン説教家の大きな違いである。彼の論点は他にある。火薬陰謀事件日記念説教において説教家が事件を取り上げ、事件を詳細に論じ、ジェームズ一世と英国を擁護するのは当然のことであったが、ピューリタン説教家ストロングはそうではない。とすればストロングの説教の真意は他にあることは十分予想される。彼の「真意」はどこにあるのか。この問題を解く鍵はストロングが説教の冒頭に挙げた聖書の一節にある。この一節を吟味することによりストロングの説教の主題が明らかになってくる。

### 9－4 「エズラ記」9章13節－14節と火薬陰謀事件

ストロングが説教のテーマに挙げた聖書からの一節はスパーストー同様旧約聖書「エズラ記」9章13－14節である。

> After all that is come upon us for our evill deeds and for our great trespasse,
> seeing that thou our God hast punished us lesse then our iniquities deserve, and
> hast given us such a deliverance as this:
>
> Should we againe break thy Commandements and joyne in affinity with the
> people of these abominations? Wouldst thou not be angry with us till thou hadst
> consumed us, so that there should be no remnant nor escaping?

（われわれの悪い行いにより、大いなるとがによって、これらすべてのことが、すでにわれわれに臨みましたが、われわれの神なるあなたは、われわれの不義よりも軽い罰をくだして、このように残りの者を与えてくださったのをみながら／われわれは再び

あなたの命令を破ってこれらの憎むべきわざを行う民と縁を結んでよいでしょうか。あなたはわれわれを怒って、ついに滅ぼし尽くし、残る者も、のがれる者もないようにされるのではないでしょうか。）

「エズラ記」はバビロン幽囚のイスラエル人がペルシア王クロスによってエルサレム帰還を許され、帰還後サマリア人の反対があったにもかかわらずエルサレムに神殿を再興し、エズラがその後エルサレムに帰ってきたことが記されている。ストロングが挙げた一節はイスラエル人の雑婚の報告である。幽囚から帰国したイスラエル人がイスラエル人以外の女性と結婚し、律法を破ったのである。イスラエル人や祭司やレビ人は、カナン人等異民族との関係を絶つことなく、逆にこれらの国々の娘と結婚をし、聖なる種族がこれらの国々の民と混じり合い、その神聖さを失った。問題はイスラエル人の異教徒との結婚ではない。結婚により異教徒の偶像礼拝がイスラエル人に入り込んで来たことが最大の問題点であった。神が忌みきらう偶像礼拝や不品行が異教徒との婚姻によってイスラエルの中に持ち込まれたこと、これがエズラを最も悩ませたことであった。それはちょうど荒野の旅を続けているイスラエル人にモアブ人の娘たちが入り込み、イスラエルの男たちが彼女たちと不品行を犯し、彼女たちの神々を拝み始めた状況に類似している。先住の民の忌まわしい行ないをユダの王アハズやマナセなどが取り入れ、それゆえに彼らはその土地から引き抜かれた。それにも関わらず神が完全に罰することをしなかったので残された者がいる。9章 14節は「私たちは再び、あなたの命令を破って、忌みきらう行ないをするこれらの民と互いに縁を結んでよいのでしょうか。あなたは私たちを怒り、ついには私たちを絶ち滅ぼし、生き残った者も、のがれた者もいないようにされるのではないでしょうか」と書かれている。これまで以上にイスラエル人は神が彼らを壊滅させるにふさわしい状態になってしまった。エズラには正しい神と罪に汚れた姿の対比がある。そこから真の悔い改めと罪への悲しみが生じてくる。「エズラ記」9 章 13－14 節は単なるイスラエル人の異国民との雑婚だけが主要な点ではない。ストロングがこの一節を説教の主題にしたのも雑婚を論じるためではなかった。ストロングは、イスラル人は幾度となく罪を犯しながらもその罪を悔い、結果として神から生き残りを許されていたことを訴えたかったのである。神による生き残りが "such a deliverance as this" で、この「救出」の祝賀が 13 節の主題である。ストロングが説教で強調したかったのは英国民が過去における 1588 年の無敵艦隊と 1605 年の火薬陰謀事件からの神の慈悲による救出を忘れずに今一度神の慈悲に対して感謝をすべきだということである。「エズラ記」には以前の罪へ戻ることへの「重大な心底からの嫌悪」が含まれている(27)がそれは三つの議論によって主張されている(28)。

1．神の正義と神の以前の裁きの記憶。バビロンにいるときはシオンを思い出し、シオンに戻るとバビロンを思い出す。
2．神の慈悲と処罰と救出。主は罪に応じてイスラエル人を扱わなかった。主は怒りを奮い立たせることもでき、幽囚の地バビロンでイスラエル人の墓を作れたし、イスラエルル人も祖国を見ることはなかったかもしれない。しかし、主はイスラエル人が卑しかったとき彼らを覚えてくれた。主の慈悲は永遠に絶えることがな

173

いからだ。主は我々が値する以下に罰し、我々の期待以上に我々を救出してくれた。

3．我々は主の裁きにおいて一掃されてしまった。我々はききん、つるぎ、疫病に渡された。我々は無益な排せつ物になぞらえた。エルサレムの住民は三分の一が焼かれ、三分の一がつるぎで殺され、三分の一が風に散るように捕囚として運び去られる。それでも少数は預言者の裾にくるまれた。1605 年 11 月 5 日に救出された人々がいたようにエルサレムで生命の書に名前を書かれた人もいた。しかし、もし神の命令を破り、また古い罪に戻れば完全な破壊以外に何も期待できない。主は残る者も逃げる者も残さない。

ストロングは火薬陰謀事件からの救出の記念と罪への逆戻り嫌悪から以下の二つの「考察」（observations）を提示する(29)。

1．感謝する心は神を高く理解し、すべての慈悲を偉大と見なす。
2．偉大な救出を受けた後に以前の罪への逆戻りは神を非常に怒らすことである。

ここまでくるとストロングが説教の冒頭に「エズラ記」9 章 13−14 節を挙げた真意がわかってくる。説教のテーマは「慈悲」と「以前の罪への逆戻り(30)」であり、「慈悲」への忘恩と慈悲の下での「おごり」である(31)。1588 年や 1605 年に存亡危機に遭遇した英国が危機を脱したのは神の慈悲のおかげである。ところがその慈悲への思いが国民の間で徐々に希薄化してきている。ストロングはこれを最も懸念した。慈悲の希薄化は神への軽視を意味する。

　火薬陰謀事件説教ではすでに指摘したように説教家は聖書の一節を事件へ適応する。英国国教会説教家は聖書から窮地に陥った人物が神から救出される事件を取り上げる。火薬陰謀事件でのジェームズ一世の窮地を思い起こさせる事件である。そして、聖書の一節から火薬陰謀事件を批判し、併せてジェームズ一世の奇跡的救出を賛美し、神の慈悲への感謝で説教は終わる。ストロングの説教のテーマのうち神の「慈悲」については英国国教会説教家と同じである。火薬陰謀事件が失敗に終わったのは神の慈悲によるというのはジェームズ一世も国会演説で強調した点で、それについては既に論じた。1588 年のスペイン襲来からの脱出も神の慈悲のおかげであった。神の慈悲による国の危機脱出はまた「神の国」としての英国観を生み出す大きな要因にもなったが、ストロングが問題にするのは英国人が神の慈悲を忘れかけていることへの警鐘である。神への忘恩に対するストロングの危惧の念は非常に大きい。ストロングは神から受けた慈悲に対して感謝の気持がないことについて次のように言う。

　　Wee are very apt to bee importunate for mercies, when we want them; and to despise and under-value them when we doe enjoy them... God hath honoured, loaden, yea crowned you with mercies; his faithfulnesse and truth hath been your shield and buckler;(32)

我々は慈悲を欠く時に慈悲を求め、慈悲を享受すると慈悲を蔑み、過小評価する。神は英国民に慈悲で報いてきた。神の「誠実さ」と「真理」は英国人の「盾」である。1588 年と 1605 年以降も神は多くの「無敵艦隊」と「火薬陰謀事件」から英国を救出してくれたが、それもすべて神の慈悲のおかげであるとストロングはことのほか「慈悲」を強調する(33)。ストロングは 1588 年と 1605 年に英国が受けた神の慈悲を古くさせるなと警告する。

Let these mercies never wax old to you; it is an evil that we are all prone to, that as time will weare out the sense of sinne, so it will the esteeme of "mercy"; and hee that shall keep either the one, or the other always fresh before him, had need be anointed daily *with fresh Oyle*...mercies are eternall obligations;(34)

時の経過とともに神の慈悲を忘れるのは人が陥りやすい悪であり、時が罪の意識を弱め、慈悲への尊敬をも弱める。罪の意識と慈悲への尊敬をたえず持ち続ける人は「日々新鮮な油を塗られる必要がある」と言う。慈悲は永遠の神への恩義であり、我々は決して神の慈悲を忘れるべきではない。慈悲が神への恩義であるとすれば我々は恩義に対して何をなすべきか。それは絶対的存在としての神への帰依である。その帰依があってこそ人は世界を揺るぎない信念を持って生き続けることができる。自らの罪を深く悔い、神の慈悲へ敬愛を抱き続けることによって世界は確固たる和平を示してくれる。それゆえ慈悲を忘れることのほかに慈悲を受けた結果としての「おごり(35)」についてストロングはまた厳しい態度を示す。旧約聖書からの例として飼い主を足で蹴った獣のようになってしまったエシュルン（イスラエル）（「申命記」32 章 15 節）と神の助けを得て強くなったがその心が高ぶり、最終的には自分を滅ぼしたウジヤ（「ホセア」13 章 6 節）を挙げる(36)。荒野の遊牧時代には神と民との間には真の交わりがあったが、カナンに入ってから彼らは飽食して高ぶる者となり、神を忘れた。そのようなイスラエルに対して主は激しいしっとの怒りをたたきつける(37)。イスラエル人は多くの苦悩を経験し、その都度神から救われたがそれを忘れることで彼らは神の怒りを買った。慈悲の結果を忘れることによりはるかに神の怒りが降りかかる(38)。神が示した慈悲を忘れ、人が神に無頓着になり、慈悲の絆に甘んじ、堕落していくのは神への最大の罪となる(39)。このようにストロングは説教で神の慈悲を決して忘れないことを強調する。英国国教会説教家はジェームズ一世を賞賛するために毎年 11 月 5 日に説教を行ったが、ストロングの聴衆は「神がたたえられ、我々が神への賞賛を輝かしいものにするために集まっている(40)」。さらには神の栄光への賞賛を表し、神の前でへりくだるために集まっている(41)。これはジェームズ一世の奇跡的救出と王の神格化のための説教を

聞きにくる人々とは異なる。ストロングの聴衆は火薬陰謀事件に対する神への感謝のため
に集まっているが、英国国教会説教では聴衆はジェームズ一世という個人崇拝を聞くため
に集まっている。ストロングはジェームズ一世の名前を持ち出すこともなく、また当然の
ことながら王の神格化を行うこともしない。王のための説教と神のための説教、これが英
国国教会説教家の説教とピューリタン説教家の説教の大きな違いである。個人の神格化と
非神格化の違いと言ってもよい。

　「エズラ記」9 章 13−14 節の興味ある点は「エズラ記」と火薬陰謀事件との関係であ
る。「エズラ記」で問題になるのは「我々の悪しき行い」と「我々の大いなるとが」であり、
「主　　の命令を破り、これらのにくむべきわざを行う民と縁をむすんでよいでしょうか」
という表現である。前者は火薬陰謀事件前までの英国人がこれまでに犯した罪への言及で
ある。それがどのような罪であるかをストロングは明記しない。神は罪を犯した英国人に
慈悲を示し、火薬陰謀事件から英国を救出してくれた。それにもかかわらず英国人は「以
前の罪への逆戻る」。「エズラ記」の場合「逆戻り」はイスラエル人の雑婚への逆戻りであ
るが、これは火薬陰謀事件の場合何への「逆戻り」であろうか。奇妙なことに説教の中で
ストロングは説教が行われた時代の人物に言及することはしない。ストロングが説教を行
った　のは 1646 年 11 月 5 日であるが、1 月のデヴォンでの勝利、2 月のトリントンでの戦
い、4 月のチャールズ一世のオックスフォード逃亡、5 月のスコットランド軍への王の投降、
7 月の議会軍によるウスター占領、8 月の王党派最後の拠点であるコーンウォールの守備隊
の降伏が続き、議会派は着々と王党派を追い詰めていく。特に議会派にとっての大きな事
件はチャールズ一世の投降であろうが、ストロングはこれに言及することはない。ストロ
ングが「以前の罪への逆戻り」によって何を意味しているのかはっきりしない。これを解
く鍵は 14 節の「われわれは再びあなたの命を破って、これらの憎むべきわざを行う民と縁
を結んでよいでしょうか」にある。「憎むべきわざを行う民と縁を結ぶ」とは何を言ってい
るのか。「エズラ記」には以前の罪へ戻ることへの「重大な心底からの嫌悪」が含まれてい
るとストロングは言う。「エズラ記」の場合以前に犯した罪とは雑婚への逆戻りであり、罪
を繰り返すイスラエルをストロングは "back-sliding Israel" (42)と呼ぶ。それでは「エズラ
記」の「憎むべきわざを行う民」を火薬陰謀事件とのからみで考えた場合、この「民」が
事件を起こしたカトリック教徒であることは間違いない。ピューリタン革命との関連では
「憎むべきわざを行う民」は王党派である。しかし、説教が火薬陰謀事件記念日説教であ
るので、「民」が事件を引き起こしたカトリック教徒と理解するほうがより妥当である。と
すれば説教の主題は反カトリック教徒・反カトリック教会ということになる。火薬陰謀事
件の凶悪さに衝撃を受けた王や議会はカトリック教徒について「彼らの信仰は派閥争い、
宗教は反乱、実践は魂と肉体殺害」であると言い、その後英国ではもはやカトリック教に

176

対する恐怖はないと思われたが、再びカトリック教が勢力を得てきた[43]。いわゆる英国国教会のカトリック教化である。カンタベリー大主教ウィリアム・ロードが主導し、英国国教会が徐々に形骸的なカトリック教へ走り、真の宗教がその姿を失いつつあるとピューリタンは警戒心を強めた。1630年代である。しかし、それも1645年1月のロード処刑、カトリック教への傾倒が強まっていったチャールズ一世の1646年5月の投降、1649年1月の処刑へと続く。妻のカトリック教徒であるヘンリエッタ・マリアは1644年から1660年まで国内不在であったが、英国社会は脱カトリック教に向かう。ストロングが説教を行った1646年11月5日までにカトリック教会が再び英国内でその力を発揮しているという形跡はないが、ストロングが念頭に置いているのは長老派である可能性もある。長老派は独立派と違い、チャールズ一世処刑には反対したピューリタンの中でも保守的な派である。「にくむべきわざをおこなう民」は火薬陰謀事件との関連では事件の張本人のカトリック教徒であるが、ライバルの長老派も「悪しきわざをおこなう民」のなかに入る。しかし、ストロングは長老派については一言も発しない。説教でストロングは何度か"Reformation"という語を使用するが、これは「改革」であり、宗教改革である。とすればピューリタンと対立するのはカトリック教会ということになり、カトリック教会の影響からの完全な脱却こそがストロングの目指すところとなると言える。ピューリタンは「悪しきわざをおこなう民」＝カトリック教徒と絶縁し、真のキリスト教を取り戻さねばならない。これはカトリック教化した英国国教会の脱カトリック教化を意味する。チャールズ一世のカトリック寄りの政策は革命を引き起こす一因にもなったが、彼はジェームズ一世からのカトリック大国スペインへ寄り添った政策を掲げた。何よりも妻のヘンリエッタ・マリアはカトリック教徒であった。さらにはチャールズ一世の政策は親カトリックであった。ストーン (Lawrence Stone) は次のようにチャールズ一世の親カトリック政策について述べる。

> There was the clear and growing influence exerted over Charles by hid Catholic Queen: the employment of Catholic laymen like Windebank in high ministerial offices; the amiable relations maintained with the Papacy, which was allowed to establish an agent in London; the pursuit of a foreign policy which seemed blatantly pro-Spanish and anti-Protestant; and the construction of a costly and ostentatiously Counter-Reformation baroque chapel in St. James's Palace.[44]

カトリック俗人の政府高官への登用等はいずれもチャールズ一世が英国内でカトリック教の復活を図っている印象を一般国民に植えつけることとなった。さらにチャールズ一世を追い込んだのはウィリアム・ロードのカンタベリー大主教への登用である。ロードのピューリタン弾圧、礼拝面での改革推進はチャールズ一世同様英国内におけるカトリックの復

活を人々に印象付けることになった。ロードは何を行ったか。ストーンは次のように言う。

> In the forms of worship, stress was on the revival of hieratic ritual and visual ornament, in ways which had not been seen for over sixty years. Communion tables were put back in the east end of churches and protected by altar rails; the erection of organs and stained-glass windows was encouraged; the clergy were ordered to use the surplice and the laity to kneel at the altar rails to receive the sacrament.[45]

一国の根幹である政治と宗教の両面で英国はカトリック教化の道を歩んでいた。ピューリタンは英国のカトリック教化を最も恐れた。何よりも英国のカトリック教化は手を切ったと思われたローマ・カトリック教が依然として背後で英国への影響力を行使し、英国はローマに従属することになる。だから同じくピューリタンのウィリアム・ブリッジ（William Bridge）はストロングよりも早くやはりロード派による国教会の変革について次のように言うのである。

> Now the enemies that are risen up in our dayes are Apostatizing enemies, and therefore if they prevaile (which God in "mercy" forbid) are like to prove the sorest enemies that ever the English Sun did see; yea worse then the enemies of those *Marian* dayes; for in Queene *Maries* time we reade that here and there two, three, foure, or ten were brought forth to the stake, but should these enemies now prevaile, not two, or three, or foure, or ten, but three thousands, and foure thousands, and ten thousands would be led out together to be all massacred. In Queene *Maries* time though the parent dyed, the child did inherit his land; but now at once our lands, our liberties, our chideren, our Religion and we are all like to die together.[46]

ブリッジにあってローマ・カトリック教は「背教」の宗教であり、「最悪の敵」である。カトリック教の脅威のもと英国は瀕死の状態である。ブリッジは 1647 年 11 月 5 日の火薬陰謀事件記念日でも説教を行い、カトリック教の脅威について次のように述べる。

> Witnesse the mercy, and Deliverance of this day [Fifth of November]. When thePowder-treason was on foot, what a dark night of security had trodden upon the glory of our English day? Then did our strength lie fast asleep in the lap of Dellilh: What Pride? Oppression? Court-uncleannesse? Superstitions, and Persecutions of the Saints then, under the name of Puritans? Neverthelesse he saved us, and our Fathers...I feare the hand of the Jesuite is too much among us at this day: but, O *England*! O *Parliament*! For ever remember the *Fift of November: The snare is broken, and we are delivered.*[47]

この説教はストロングの説教の１年後であるが、「傲慢や抑圧、宮廷の不浄、迷信、ピューリタンへの迫害」といったカトリック教の悪弊の英国への浸透に警戒心を強め、愛国心を奮い立たせようとしている。ところがストロングはブリッジのようにカトリック教を批判したり、チャールズ一世やロードのカトリック教寄りの態度を論じることもしない。ただストロングはカトリック教徒の罪として以下の７点を挙げる[48]。

(1)カトリック教徒は権威主義におぼれ、本来の聖職者としての任務を放置する。
(2) カトリック教徒は自らの私的な目的のために権力を使う。
(3)カトリック教徒は自らの権威を下に身内のものを教会や国の名誉ある地位につける。
(4)カトリック教徒の共通の悪は改革を嫌うことである。我々は教会や国家に多くの誤りを見ざるをえない。私的な配慮から改革を止めさてはいけない。
(5)カトリック教徒は自らの私的な関心が関係しないことには神への熱意がない。
(6)カトリック教徒は牧師に反対する。
(7)カトリック教徒は宗教と信心深さに反対して陰謀を企む。

カトリック教の権威主義、権力の私的乱用、権威を利用しての縁者びいき、伝統にすがっての改革嫌悪、カトリック教批判の牧師反対、そして何よりもストロングが警戒したのはカトリック教徒の陰謀の企みである。英国のどんな身分の卑しい人でも最も偉大な人と同様国家の共通の「正義」へ関心を抱いているがカトリック教会には「正義」への関心はない。すべての人に速やかに正義を行えと述べたあとストロングは次のように言う。

> Let it not be said that the attendance for justice is the greatest oppression; and many rather content themselves to lie down under the burden, then seek a remedy, the seeking whereof they know will bee worse then the disease,...[49]

"the attendance for justice"とは正義のためにカトリック教会を敵に回し、裁判も辞さないことを言っているが、それを苦痛として避けるような態度は絶対にあってはならない。しかし、現状は多くの人は治療よりも重荷の下で横になることに満足し、治療を求めることは病気よりも悪いことを知っている。「治療」は社会の改革である。その改革に熱意を示さず、現状がどんなに劣悪であっても現状改善を求めることをせず、改革に消極的姿勢を示す人たちに現状改善への行動をストロングは強く促す。このあたりは独立派ストロングの社会改革への強い熱意が見られるところで、説教が最終的に目指すところは実は社会改革であると言えよう。ところがストロングはそれをはっきりと示すことはしない。ストロングは神の慈悲と過去の悪への逆戻りを強調するが、実は慈悲を胸に秘め、過去の悪へ逆戻りしないことによって社会改革を前進させようとするのである。社会改革のためには真

179

の宗教に不必要なくずを捨て、主の神殿を建て、欠けている神の布告を立て、「キリストの家の家具」を持ち込み、自尊心を脇に置く必要がある(50)。ストロングの説教時においても多くの人が「右手に獣のしるし(51)」を受け取っていることを見てきている。真の宗教と宗教心を人々から奪おうとしているカトリック教徒への痛烈な批判である。彼らは本来の務めを忘れ、俗事において権力を見せつけることに躍起になる。火薬陰謀事件において王殺害を図ったジェズイットはその典型である。神のために働くべき彼らは自らの地位向上のために奔走する。ストロングの結論は今、英国の受難の時代において火薬陰謀事件で示された神の慈悲の祝賀が「神のために偉大なことを行うためにあなた方の手を強くしてくれる(52)」ことへの願望である。「神のために偉大なことを行う」とは何か。まぎれもなくこれは一方では英国国教会の脱カトリック教化であり、他方では脱カトリック教を成し遂げたうえでの英国社会の変革である。火薬陰謀事件日に示された慈悲により神はあなた方を獲得してくれた。そのお返しにあなた方は神に向かわねばならない(53)。「神に向かう」とはカトリック教の形骸化した神ではなく真の神を求めることである。「あなた方はあなた方自身の身ではない。キリストの愛があなた方をかりたてている(54)」。もしかりたてなければ神は怒り、神の愛の甘美さを味わいながらも神の怒りを恐れることになる。なぜなら神の怒りは死よりも悪いからである。火薬陰謀事件を引き起こしたカトリック教徒は以来ずっと「彼らの策略であなた方を悩ませてきている。そして前よりもより危険なより残酷極まる方法で国会という名誉ある国会議事堂の爆破を試みてきている。でもこれまでは主が我々を助けてくれた(55)」。「キリストの愛」によって何にかりたてられるのか。英国の脱カトリック教化へのかりたてであることは明らかである。それを行わなければ「神の怒り」が待っている。脱カトリック教化は何が何でも実行せねばならない責務となる。ストロングは最後に「サムエル記上 12：24」から「あなたがたは、ただ主を恐れをつくして、誠実に主に仕えなければならない。そして主がどんなに大きいことをあなたがたのためにされたかを考えなければならない(56)」を引用する。主に仕えることによって神の恩寵を得る。逆に主への背信は「あなたも王」も滅ぼす。神がなされた「大きいこと」は主に誠実に仕えた結果であり、火薬陰謀事件の場合は事件の失敗である。主に恐れをもって尽くした結果が英国の事件からの救出である。火薬陰謀事件を起こしたカトリック教徒は心を尽くして神に仕えてこなかったことを示している。ストロングは、彼らがいかに宗教の名に借りて反宗教的な行為を重ねているかを明らかにする。ここまでくればストロングが「エズラ記」9章13-14節を説教の冒頭に掲げた理由は理解できよう。「悪しきわざをおこなう民」はカトリック教徒である。火薬陰謀事件の張本人のカトリック教徒・カトリック教会を説教で批判することがストロングの説教の隠れた意図であった。その点では英国国教会説教

180

家と同様である。しかし、彼らと違い、ストロングは火薬陰謀事件説教で最も重要なジェームズ一世個人への賞賛を行うことはしない。ジェームズ一世の名前すら説教には出てこないのはストロングの王に対する特別な意識の表れであろう。独立派ストロングからすればジェームズ一世賞賛はありえない。事件を解決してくれたのはあくまでもジェームズ一世ではなく神、神の慈悲である。ストロングの説教は革命がいまだ進行中のなかでの説教である。ストロングは革命については一言も述べていないが、革命についても神に誠実に仕えれば神は慈悲を示し、議会派を窮状から救い、革命を成功に導いてくれることを暗示している。

## 9−5　ストロングとピューリタン革命

　ストロングは説教のなかで社会情勢についてはほとんど話さない。説教時前後の人物も説教には現れない。「英国」という言葉も数回しか現れない。しかし、説教をよく読んでみるとストロングは英国社会へ言及していることがわかる。説教の終わり近くでストロングは、「神があなたの前で追放した人たちは宗教と敬神の力に企みごとをした。この点で彼らと縁を組むな[57]」と言う。「神が追放した人たち」「彼ら」がカトリック教徒であることは言うまでもない。「宗教と敬神」への企みが火薬陰謀事件であることも明らかである。ストロングは言葉を続けて次のように言う。

> ...a great part of Englands Interest lies in that Text, *Touch not mine Anointed, and doe my Prophets no harme.*[58]

ストロングは、英国の大部分の関心は「わが油そそがれた者たちにさわってはならない、わが預言者たちに害を加えてはならない」にあると言うが、これは「詩編」105 章 15 節の言葉である。105 章は主をたたえる賛美の詩で、アブラハムから出エジプト及びカナン定住までを歌っているが、イスラエル人が神によって導かれたと民族として歌われている。ここでストロングは "England" を使用していることに注目したい。ストロングは「彼ら（イスラエル人）はこの上ない窮境にあっても神から離反し、罪へ逆戻りすることはなかったということは神の民の栄誉であり、誇りであった[59]」と言うが、これは英国人についても言えることであった。ストロングにとって英国人はイスラエル人同様神に導かれている国民である。上の言葉は「神によって選ばれた民」としての英国人を意識した言葉である。説教時の英国社会の関心事が「わが油そそがれた者たちにさわってはならない、わが預言者たちに害を加えてはならない」にあるということは英国国教会に介入してくるカトリッ

181

ク教会に向かって言っていると解することができる。それは英国国教会をほっておいてほしいという気持ちであり、英国社会からカトリック教を排除したいという強い願望の表れでもあろう。英国がいまだにカトリック教の影響の下にあることに触れてストロングは次のように言う。

> We are still under the command and power of the King of *Persia*; and great *men are given to change*, and if his minde change, he will soone reduce us in the same bondage and captivity in which we were; and we have enemies round about, that watch for our halting, and are daily studying accusations, and giving informations against us;[60]

　ストロングは、我々はまだイスラエル人に帰国を許したペルシア王キュロスの命令と権力の下にあると言っているが、イスラエル人は帰国を許されたとは言え、まだキュロス王の下では「敗戦国民」であった。「エズラ記」9章9節では「われわれは奴隷の身でありますが、その奴隷たる時にも神はわれわれを見捨てられず ...」とあるようにキュロス王の下のイスラエル人は奴隷の身分であった。ここで注意を要したいのは、ストロングはキュロス王を論じているのではないということである。火薬陰謀事件のコンテクストでは「ペルシア王」は文字通り「ペルシア王」ではなく、ローマ・カトリック教の「教皇」である。英国の宗教界がいまだにカトリックの影響下にあることをストロングは言っているのである。ロードの処刑は1644年1月で、チャールズ一世の処刑は1649年1月であった。ストロングの説教は1646年11月5日であったからチャールズ一世はまだ存命中でローマ・カトリック教の国内での脅威は完全には払拭されていなかったが国民はローマ・カトリック教に対しては恐れを抱いていなかった。

> we would have thought, there had been no feare of the grouth and countenancing of Popery in this Kingdome to the endangering of all the truths of God, both in Doctrine and Worship; much less that ever *a Popish Army* should have been raised in this Kingdome for the destruction of the Parliament;[61]

神の真理を危険に陥れるまでの国内でのローマ・カトリック教の増大、奨励に関しては何も心配はなかった、カトリック軍隊は国会の破壊のため国内で招集されるべきであったと考えなかったであろうとストロングは言うが、英国内でのカトリック教の危険については重く考えなかった。しかし、国内におけるローマ・カトリック教の問題は依然として存在し、チャールズ一世との戦いはまだ進行中である。また、ストロングは「我々の時代に多

くの者が彼らの右手に獣のしるしを受け入れた(62)」と言っている。「ヨハネの黙示録」では「獣のしるし」は皇帝礼拝者が持っていたというが、ストロングは、カトリック教の国教会への介入の結果英国人がカトリック教の様々な礼拝、儀式を受け入れたことへ言及している。「我々の時代」という表現を使い、ストロングは説教時の英国に言及している。

　ストロングは説教で当時の英国に言及してはいるが、それにしても火薬陰謀事件が英国を震撼させた事件であるにもかかわらず、事件について詳細に語ることをせず、また、英国社会についても多くを語らない。ストロングはもっぱら神の「慈悲」について語るだけである。聴衆のなかにはストロングが進行中の革命についてスパーストー同様情熱をもって語ることを期待していた者もいたであろう。そのような人にとっていささか拍子抜けする説教であった。同じ「エズラ記」9章13－14節を説教の題材にしたスパーストーは革命の動向に言及し、その説教は聴衆を大いに奮い立たせるものであった。ところがストロングの説教は外界の世界にはまったく関係がないかのごとくひたすら神の慈悲と過去の悪への逆戻りの弊害を訴え、「悪しきわざを行う民」への警戒心を聴衆に訴えるだけである。1646年には議会派は各地の戦いで王党派に勝利を収め続け、チャールズ一世も同年５月にスコットランドに投降している。しかし、ストロングはこれらを説教で取り上げることはせず、独立派としての革命への闘志を見せることもしない。ひたすら神の慈悲を受けるにはどうしたよいかを述べるにとどまる。火薬陰謀事件の主犯であるカトリック教徒への批判においてもその度合いには英国国教会説教家に見られたような激しい嫌悪、敵意の姿勢は見られない。長老会派のスパーストーの火薬陰謀事件説教のほうがストロングの説教よりはるかにカトリック教徒への糾弾は激しく、熱がこもっている。このように考えるとストロングの説教はある意味では失敗作であると言ってもよい。火薬陰謀事件説教は事件への非難から王及び慈悲賞賛へと論が進展するが、ストロングの説教がそのテーマを慈悲の祝賀にしたことにより火薬陰謀事件説教としては中途半端な説教になったと考えられる。本格的に火薬陰謀事件を論ずれば当然のことながら最後にはジェームズ一世の救出へと移らねばならない。しかしながら、一人のピューリタンとしてジェームズ一世賛美は到底受け入れることはできない。ピューリタンはその革命を通して王政打倒を目指していたからである。説教においてジェームズ一世を扱うことを選ばなかったストロングは、しかし、積極的に革命を支援する言葉も発しない。革命を後押しする表現も見られるが、スパーストーのように熱っぽく語ることはしない。静かな説教である。神の慈悲というテーマを幾分抽象論的に論じているストロングに革命への傍観者としての一面を見る気がする。


## 9－6　むすび


　ストロングの説教の最大の欠点は「適応」（Use）である。適応とは説教の冒頭に挙げた聖書の一節を事件に適応し、事件を批判することを言う。英国国教会説教家の火薬陰謀事件説教では彼らは危機的状況にある人物が奇跡的に神から救出される事件を説教の冒頭に掲げ、それを火薬陰謀事件とジェームズ一世に適応し、聖書からジェームズ一世を擁護し

ていた。ストロングの場合聖書の一節は「エズラ記」9章13－14節であった。この一節を事件に適応したらどうなるか。13節の「我々の悪しき行いと大いなるとが」は火薬陰謀事件に適応したらどうなるのか。この一節は事件直前の英国民についてではなく、これまでの英国民一般の熱意を欠く神への態度を指していると考えられる。ところがストロングは「悪しき行いととが」が何を意味するのかについては何も語ることはしない。同じく13節の「不義」にもかかわらず神は「不義よりも軽い罰をくだして、このように残りの者を与えてくださった」。「このように残りの者」は"such a deliverance as this"である。"deliverance"は「救出」であり、これは火薬陰謀事件ではジェームズ一世等の事件からの救出である。火薬陰謀事件との関係で言えばこの「救出」こそが説教の主題となるべきであるが、ストロングは「救出」について詳細に論じることはしない。14節の「にくむべきわざを行う民と縁を結ぶ」は火薬陰謀事件に適応すれば「にくむべきわざを行う民」がカトリック教徒であることは明らかである。後半は神の命令を破ることからの神の怒りについて書かれているが、「神の命令を破る」は「にくむべきわざを行う民と縁を結ぶな」という「神の命令」を破ることであるが、これは火薬陰謀事件を引き起こしたカトリック教徒の国内における存在である。その存在が英国民にとってはなお脅威となりつつあったことへの懸念である。これは火薬陰謀事件後のことで事件とは直接火薬陰謀事件とは関係がない。「エズラ記」9章13－14節の火薬陰謀事件への適応はこのように考えられるが、ストロングはこの適応を説教で論ずることはしない。いずれにせよ火薬陰謀事件日における説教としては迫力に欠ける説教となっている。それも事件の被害者ジェームズ一世を論ずるのではなく、あくまでも事件を解決してくれた神の「慈悲」が説教のテーマとなっているからである。同じ「エズラ記」9章13－14節を説教のテーマにしたスパーストーの説教と比べるとやや劣る。具体性に欠け、抽象論的に「慈悲」をストロングは論じているからでる。しかし、両者に共通したテーマもある。それは両者とも「慈悲」を論じていることである。スパーストーもジェームズ一世の名前を説教に書くことはしなかったが、事件を解決してくれた神の慈悲には最大の賛辞を送っているのである。神の慈悲がなければ事件はカトリック教徒の思いのままに終わったであろう。神の慈悲により火薬陰謀事件から救出されたにもかかわらず英国は再びローマ・カトリック教を自国に取り入れようとしている。これをストロングは以前の罪への逆戻りとして批判した。一方で神の慈悲を賞賛し、他方で神の慈悲を帳消しにするようなカトリック教へ批判を向けている。チャールズ一世、ロード大主教の主導により英国は再度カトリック教化へ歩もうとしている。ストロングはこれに断固として反対した。ピューリタンとしてピューリタンの敵であるカトリック教を批判するのは当然であり、その批判はやがてチャールズ一世の処刑に至る。ストロングの

184

説教は火薬陰謀事件記念説教としては十分説得力ある説教とはなっていない。聴衆はピューリタン寄りの人が多かったと想像されるが、それにしても迫力に欠ける説教である。火薬陰謀事件であるゆえ本来ならば事件の最大の被害者ジェームズ一世を論じ、彼の奇跡的な救出を説教に取り入れなければならないが、そうすると最終的にはジェームズ一世個人の賞賛に説教は移っていかざるをえない。しかし、独立派としてストロングはジェームズ一世賞賛は決してあってはならない。ピューリタン革命のそもそもの目的はチャールズ一世打倒であったからである。だからストロングは説教の主題を神の慈悲と以前の罪への逆戻りとし、極力ジェームズ一世に触れることを避けた。そうすることによって説教でのジェームズ一世賞賛を論ずる必要性がなくなったのである。この点が、また、英国国教会説教家の火薬陰謀事件記念説教との大きな違いであった。英国国教会説教家は体制擁護派で、彼らはジェームズ一世を最大限擁護しなければならない。しかし、ストロングはピューリタンで、ピューリタンは反体制派である。反体制派としてジェームズ一世王朝、ひいてはチャールズ一世王朝を批判するのは当然のことである。不思議なことにストロングの説教にはジェームズ一世もチャールズ一世もその他の革命に関わる人物も登場しない。当時の社会情勢についても詳細に描きもしない。ただ神の慈悲と過去の罪への逆戻りを扱うだけである。スパーストーのように革命を後押しするところがストロングの説教には全くないかと言えばわずかであるがあることはある。説教の後半でストロングは次のように言っている。

And let not only the rubbish be cast out, but let the Temple of the Lord be built; there is in Reformation an Astructive part as well as a Destructive: Let all the Ordinances of God that are wanting be set up, and all the furniture of Christs house brought in, and let every one laying selfe-respects aside,...[63]

「くず」の追放はローマ・カトリック教の英国からの追放であり、「主の神殿」の建設はやはりローマ・カトリック教の教会ではなく脱カトリック教化後のピューリタンが理想と考える教会である。英国国教会には欠けている「神の儀式の設立」は形骸化したカトリック教の儀式であり、「キリストの家の家具」はカトリック教の儀式に必要なものとは異なる真の宗教上の聖具等である。「自尊心を捨てる」はカトリック教徒の神よりは自らを重視する姿勢である。このようにストロングは説教の随所でカトリック教徒には真の宗教心が欠如していることを批判している。「エズラ記」9 章 13－14 節の前半では罪以下の罰を神は下し、イスラエル人を救出してくれたことへの神への感謝、後半では過去の罪への逆戻りからイスラエル人に憎むべきわざを行う民と縁を組むことがあってはならないと言っている

が、これらはいずれも火薬陰謀事件に適応すれば事件においてジェームズ一世を神が救出してくれたことと再び英国内で影響力を強化しているカトリック教徒と手を組むことの危険性に適応される。ストロングの説教は最終的には英国社会の改革へ向けられている。徐々にカトリック教化していく英国を本来の姿に戻すためにはカトリック教の排除こそがまず最初に行われるべきで、それによって英国社会はカトリック教から手を切り、自らの道を歩むことができる。スパーストーのようにはっきりと英国社会の改革を押し進めた説教と違い、ストロングの説教は具体性に欠け、幾分穏やかな説教となっている。ピューリタンによる火薬陰謀事件説教としてストロングは火薬陰謀事件における神の慈悲を特に重視し、その神の慈悲がまた進行中の革命を勝利へとピューリタンを導いてくれることを確信している。そして革命の勝利のためには過去の罪への逆戻りは決してあってはならないとストロングは説くのである。

## 注

(1)C. H. McIlwain ed., *The Political Works of James I* (New York: Russell & Russell, 1965), p. 281.

(2) Op. cit.

(3) Op. cit..

(4) Ibid., p. 284.

(5) Ibid., p. 283.

(6) Ibid., pp. 283-4.

(7) Ibid., p. 284.

(8) Op. cit.

(9) Op. cit.

(10) Ibid., p. 285.

(11) Op. cit.

(12) Ibid., p. 288.

(13)William Barlow, *The Sermon Preached at Paules Crosse, the tenth day of Nouember, being the next Sunday after the Discouerie of this late Horrible Treason* (London, 1606).

(14)これは1646年にロンドンで出版されており、本論で使用するテキストは1646年版である。

(15) Strong, $A_2$, $A_{2R}$.

(16) Ibid., p. 2.

(17) Ibid., p. 15.

(18) Ibid., p. 16.

(19) Ibid., p.17.

(20) Op. cit.

(21) Ibid., pp. 15-17.

(22) Ibid., p. 8.

(23) Op. cit.

(24) Op. cit.

(25) Ibid., p. 16.

(26) Op. cit.

(27) Ibid., p. 17.

(28) Ibid., p. 3.

(29) Ibid., p. 4.

(30) Ibid., B$_2$.

(31) Ibid., A$_2$-A$_3$.

(32) Ibid., A$_2$.

(33) Op. cit.

(34) Ibid., A$_{2R}$.

(35) Op. cit.

(36) Op. cit.

(37) Op. cit.

(38) Ibid., A$_3$.

(39) Op. cit.

(40) Ibid., p. 8.

(41) Ibid., p. 9.

(42) Ibid., p. 19.

(43) Ibid., p. 13.

(44) Lawrence Stone, *The Causes of the English Revolution 1529−1642* (London and (New York: Routledge, rep.ed.,2005), pp.121-2.

(45) Ibid., p.119. Charles Carlton は次のように言い、ロードはカトリック教徒であった と言っている。"While making him [Laud] many powerful enemies, the archbishop' s against conversions won him few friends. His emphasis on stained glass windows, genutflecting, choirs, surplice, and the placement of the altarconvinced many Protestants that he was quite literally a closet Papist who, as one London apprentice alleged, hung a crucifix in his private chamber. (Charles Carlton, *Archbishop William Laud* [London: Routledge & Kegan Paul Ltd, 1987]), pp. 129-130.

(46) William Bridge, *A Sermon Preached before the Honourable House of Commons* (London, 1643), pp. 10-11.

(47) William Bridge, *England Saved with a Notwithstanding* (London, 1647), pp. 7-8, 29.

(48) Strong, pp. 22-32.

(49) Ibid., p. 26.

(50) Ibid., p. 27.

(51) Ibid., p. 31.

(52) Ibid., p. 32.

(53) Op. cit.
(54) Op. cit.
(55) Op. cit.
(56) Op. cit.
(57) Ibid., p. 31.
(58) Ibid., p. 32.
(59) Ibid., p. 19.
(60) Ibid., p. 11.
(61) Ibid., p. 13.
(62) Ibid., p. 31.
(63) Ibid., p. 27.

## 第 10 章　ピューリタンの火薬陰謀事件説教
　　　—ウィリアム・ブリッジの説教の目的は火薬陰謀事件か—

### 10—1　はじめに

　1647 年 11 月 5 日、ピューリタン独立派のブリッジ（William Bridge）は火薬陰謀事件日に慣例に従い、説教を行った。1647 年と言えばピューリタン革命が起こってから 5 年目である。1642 年に勃発したピューリタン革命の第一次内乱が 1646 年に議会派の勝利に終わったが、まだ理想とする共和制の樹立には至らず、3 年後の 1649 年 1 月のチャールズ一世処刑をもって、内乱は終結し、共和制が始まる。ブリッジの説教時は内乱の行先はまだ予断を許さない時期であった。1647 年 1 月からブリッジの説教が行われた 1647 年 11 月 5 日までのイングランド国内の政情を見てみると 1 月 30 日には前年 5 月 5 日にスコットランドに投降したチャールズ一世をスコットランドは議会に渡し、6 月 4 日にはチャールズ一世は逮捕され、ニューマーケットの軍に連行され、6 月 14 日、軍はロンドンへ進行し、議会の長老派へ反対している。7 月 23 日には軍指導者、国政改革の要望書である提案条項を王に提出、7 月 26 日、ロンドンの暴動により議会は軍に反対する、8 月 4 日、軍はロンドン郊外を占拠、8 月 6 日、新型軍、ウェストミンスター占拠、そして 10 月 28 日から 11 月 11 日まで人民協約をめぐってのパトニー討論が続く(1)。以上がブリッジの火薬陰謀事件説教前の主なピューリタン革命関係事件である。チャールズ一世処遇、国内の民主化運動、軍によるロンドン制圧とロンドン以外での内乱が主とロンドンに移り、政情は緊迫化の様子を示す。そのような中でのブリッジの火薬陰謀事件記念説教である。火薬陰謀事件は言うまでもなく過激派ジェズイットが 1605 年 11 月 5 日に起こしたジェームズ一世暗殺未遂事件である。事件後、事件の風化を防ぐために事件日の 11 月 5 日に記念説教を行われるようになった。事件直後から当初はもっぱら英国国教会説教家が記念説教を行っていたが、それは露骨なまでにジェームズ一世を意識した説教であった。内乱が始まり、ピューリタンが主導権を握ると英国国教会説教家ではなく、今度はピューリタン説教家が 11 月 5 日に記念説教を行うようになった。英国国教会説教家の火薬陰謀事件説教は文字通りジェームズ一世賞賛の説教で、体制派説教家は何がしかの見返りを当て込む説教を行った。しかし、ピューリタンは反体制派である。それは当然のことながら反王政を意味する。興味があるのは反体制派、反王政のピューリタンがどのように火薬陰謀事件を見ているかということである。反王政、共和制の樹立を戦いの目的に掲げるピューリタンにとってジェームズ一世の殺害を狙った火薬陰謀事件は批判の対象としてよりもむしろ賞賛の対象として見なされるべきであった。これまで私はピューリタン説教家による火薬陰謀事件説教を取り扱ったことがあるが、彼らはそこでは火薬陰謀事件よりも内乱時におけるイングランドの社会情勢を扱うことが多く、事件そのものをも本格的に扱うことはしていない。驚くべきことにジェームズ一世が説教で論じられることはほとんどない。それではブリッジの火薬陰謀事件説教はどうか。そもそもブリッジの説教の目的は火薬陰謀事件を扱うことにあるのかという疑問が生じてくる。というのは、ブリッジは彼以前のピューリタン説教家同様ほとんど火薬陰謀事件を取り上げていないからである。ブリッジの火薬陰謀事件説教の意図が陰謀事件を扱うことでないとすれば、その意図はどこにあるのか。それを論じるのが本論文

189

の目的である。チャールズ一世体制打倒を目指すピューリタンが革命前の王とは言え、ジェームズ一世支持に回ることは考えられない。そもそも火薬陰謀事件説教はピューリタンには相入れない説教ではなかったのか。事件の張本人ジェズイット批判に関しても、ジェズイット批判はその背後で暗躍するローマ・カトリック教会批判に通ずる。ブリッジは火薬陰謀事件を通して事件の首謀者のジェズイットを批判するより1647年の説教時におけるイングランドの政情に関心があったようである。火薬陰謀事件批判よりもより急を要する責務がブリッジにはあったのではないか。つまり説教時におけるイングランド社会の混乱収拾にブリッジの関心はあったと考えられる。説教の序文の献呈書簡でブリッジは、ピューリタンが「この王国を征服した」と述べるが、その代償は「この血を流す王国」である。同じイングランド人が戦う内乱に際し、ブリッジは「愛」をもって国内の平和と安寧を祈願する(2)。独立派ピューリタンのブリッジにとってはもはや国内の争いは無用となってくる。とすればブリッジの説教は火薬陰謀事件を論ずる説教ではなく、ピューリタン革命について論ずる説教になる。火薬陰謀事件は二の次で、イングランドの革命を通しての国内の秩序回復が主なる目的となる。イングランドはピューリタンと王党派に分かれ、現状ではまだ革命の決着はついていない。説教後の1649年1月にチャールズ一世の処刑により革命は終結し、共和制の誕生を見るのはまだ2年先である。以上のような論点を考慮に入れて、本論では最初に説教冒頭に掲げる聖書の一節の妥当性から始め、神の援護は常に議会派にあり、したがって革命の勝利はピューリタン側にあること、そして火薬陰謀事件批判よりも事件の背後に暗躍するローマ・カトリック教批判が説教の論点であることを論じていきたい。

## 10-2　ブリッジと火薬陰謀事件

　ブリッジは説教で火薬陰謀事件をどのように扱っているのであろうか。説教を読むと明らかであるが、ブリッジは説教で火薬陰謀事件について詳細に論じることはしない。また、説教にジェームズ一世とかジェズイットとか事件に関係する人物は出てこないし、ブリッジの説教時のチャールズ一世や他のピューリタンの名前も見られない。ブリッジは説教時のイングランドからは一歩退いている感がする。ジェームズ一世に関しては"Head of England"(2)として一度だけ言及されているだけである。一見するとブリッジの説教は火薬陰謀事件記念日の説教でありながら、ブリッジ自身は事件にはそれほど関心を持っていないようにみえるが、果たしてブリッジの火薬陰謀事件に対する見方はどのようなものであろうか。ブリッジは火薬陰謀事件を"the Powder-Treason"(3)と呼ぶが、「この日の慈悲と救出を見よ」と言って、次のように述べている。

> Yea, the Lord hath saved us, he hath saved us with a *Notwithstanding*: as great, and large a *Notwithstanding* as ever People, and Nation were saved with. Witnesse the "mercy" and Deliverance of this day. When the Powder-Treason was on foot, what a dark night of security had trodden upon the glory of our English day? Then did our strength lie fast in the lap of *Delilah*: What Pride? Oppression? Court-uncleannesse? Superstitions, and Persecutions of our Saints, under the

name of Puritans? Neverthelesse he saved us, and our Fathers.[4]

"*Notwithstanding*" はブリッジの説教では鍵となる語で、「罪を犯したにもかかわらず」神は救ってくれたという意味でこの語を使用している。「この日」は言うまでもなく事件日の11月5日で、ブリッジの説教日である。1605年11月5日の火薬陰謀事件の際の神の慈悲と救出を見よとブリッジは言うが、事件が未遂に終わったのは神の慈悲のお陰である。上記の引用文で初めて"the Powder-Treason"は出てくるが、事件が未遂に終わったことに対する神への感謝が述べられている。ブリッジはただ事件が未遂に終わったことについて述べるだけではなく、それまでのイングランドのカトリック教徒に対しての緩慢な警戒心を指摘している。強国イングランドは事件日に油断して熟睡していたと言うのである。ブリッジは火薬陰謀事件については神の慈悲により救われたと考えるが、事件からピューリタン革命へと話題は転じる。"Pride, Oppression, Court-uncleannesse, Superstitions, Persecutions of our Saints, under the name of Puritans" はチャールズ一世とカトリック教への批判である。二度目の"the Powder-Treason"が出てくる次の引用ではどうか。

> First, for the *Powder Treason*: the Enemies, and Papists, thought to have swallowed up the Protestant party, and to have subdued all this Kingdome with their Religion; promising themselves such a Good day, as they never had before: But never had the Papists such a blow, nor that Religion made more odious in this Kingdome, then by this designe of their *owne*: they were snared in their works.[5]

火薬陰謀事件によってカトリック教徒はプロテスタントとイングランドを支配下に置こうと思ったが、その目論見は失敗に終わり、カトリック教もイングランドでは嫌われた存在になったと言う。火薬陰謀事件では結局カトリック教徒は自分の成した計略に自ら陥って自滅したのである。

次の引用では主は11月5日にローマ・カトリック教からイングランドを救ったのであれば火薬陰謀事件のような残虐な計画の生みの親であるカトリック教に対して先入観を抱くべきではないのか、と言う。

> ...if the Lord hath made bare his holy arme for your deliverance; if he hath saved you with a great salvation, as it is this day; you, and your fathers, and Children from the hand of *Rome*, and of the Papists; then why should you not all prejudice your hearts against that Religion that was the Mother of such a bloudy designe as the *Powder-Treason* was? [6]

ブリッジは、主が火薬陰謀事件からイングランド人を救ってくれたこと、事件の張本人たるローマ・カトリック教は残虐な事件を起こすような宗教団体であるとあらかじめ考えておくべきだと言い、凶悪な犯罪集団としてのローマ・カトリック教会を批判している。カトリック教徒は事件が失敗した時それは数人の不幸な紳士の仕業であると言ったが、成功

したならば陰謀の実行は教皇の宮殿に描かれたであろうと、陰謀の真の犯人はローマ教皇であるという[7]。そしてブリッジはローマ・カトリック教の信条は教皇が総会で決定するものであり、それを信仰箇条として実践している人物を挙げている。それはトマス・アキナス(Aquinas)、ベラルミーノ(Bellarmine)、スアレス(Suarez)、トーレ(Tollet)、サ(Sa)、マリアナ(Mariana)、タンネルス(Tannerus)、ベカーヌス(Becanus)である。彼らは異端とされる王や君主は教皇によって廃位・破門を容認したカトリック教徒である。特にマリアナは異端の烙印を押された君主の殺害は容認されることを主張した人物である。絶対的存在である教皇、その教皇に盲従するカトリック教徒たちが各国の王や君主を恐怖に陥れていることをブリッジは指摘する。それに反しプロテスタント側にジェズイットが起こした火薬陰謀事件のような事件があったろうかとブリッジは言う。

> And though this Powder-Treason were the designe of some infortunate Gentlemen: yet I dare challenge all the Jesuites in the world to shew such a practice designed by any unfortunate Gentlemen of the Protestant party.[8]

プロテスタント側には火薬陰謀事件のような極悪非道な事件は見られない。事件はローマ・カトリック教徒・ジェズイットによるものであり、ローマ・カトリック教の唯一の悪であるとも言う。結局、火薬陰謀事件は律法、福音、十戒を破壊する蛮行である。ブリッジの火薬陰謀事件の見方は前代未聞の残虐事件としての火薬陰謀事件観である。事件が成功したらどのような悲惨な混乱に包み込まれたことかとブリッジは事件後の混乱を詳細に述べる。「この計画が成功したら、すべてはどのような混乱に包み込まれたであろうか」とブリッジは次のように述べる。

> But unthankfull heart, it [confusion] had been worse then, infinitely worse then. Then might the poor country-man come up and seen an heap of bloud, flesh, and stones together: and after long scaping in that heap, possibly might have found the head of their Knight, and Burgesse, saying, Here is the head of our deare Knight and Burgesse, but where are his armes? Where his legs?
> Then might the Wife, and Children have done the like, and said, Here oh! Here is my Husbands head, but where is his body? My Fathers head, but where is his body? Then might you have heard, not *Rachel* morning for her Children; but all the Children of this Land mourning for their Fathers, and not comforted, because they are not.[9]

ブリッジの国会爆破による現場の惨状描写は生々しい。爆破後の山積みになった血や肉や石から頭や手足を探す地方の人たち、夫の頭や体を探す妻や子供たち、残酷、残忍な事件を訴えるブリッジである。この後ブリッジは火薬陰謀事件を「比類なき残酷さ」「地獄」と呼び、「このジェズイットの宗教はこの計画、この暗黒の残酷な地獄のような計画を生み出した[10]」とも述べ、火薬陰謀事件の残酷さを強調する。ジェズイットによって計画、実行された火薬陰謀事件の残虐性を指摘することで事件の張本人たるジェズイットの危険な存

在をも指摘することをブリッジは忘れない。ただここで見逃してならないのは以下のブリッジの言葉である。

You will mourn, and lament, and weep (sometime) at the execution of a Malefactor, and say, What pity is it, that such a man as this should die? Though he were thus and thus faulty in this matter, yet otherwise a valiant man, a wise man, a brave man: what pity is it that his head should thus be stricken off at one blow? But the Head of England should have been stricken off at one blow: (11)

"Malefactor"は火薬陰謀事件の犯人で、ガイ・フォークスに言及しているが、この引用文ではブリッジはガイ・フォークスに同情めいた気持ちを抱いている印象を与える。説教の聴衆である庶民院議員は犯人の処刑に悲しみ、泣くだろうというのである。犯人が死ぬことはなんと残念なことかとさえ言う。驚くべき言葉は「彼はこの件ではこのような事件では間違っていたかもしれないが、他の点では彼は英雄的な、賢い、勇敢な男であった」である。犯人の首が一撃で切り落とされるのは残念なことで、イングランドの首が一撃で切り落とされるべきであった、に至ってはブリッジの火薬陰謀事件に対する態度が文字通り事件を容認する態度なのか否かは判断に苦しむところである。この文章だけからだとブリッジは事件を容認し、犯人にも同情している印象を与えるが果たしてそのように解釈してよいのだろうか。この引用のすぐ後では「比類なき残虐」「邪悪な、残虐な極悪非道な計画」と火薬陰謀事件を評しているのでブリッジが事件に対して賛同の意を表明しているとは考えにくい。ここでは事件を引き起こしたガイ・フォークスの勇敢さを事件とは関係なくただ彼の勇敢さを賞賛していると考えた方がよいだろう。つまり革命におけるピューリタンの、ブリッジ属する独立派には見られないより積極的な革命への関与、勇敢さにブリッジは言及しているのかもしれない。ガイ・フォークスのような果敢な実行力があれば革命はより迅速に進行する。革命の遅々たる進捗へのブリッジのいらだち、不満の気持ちの表れと見てよい。

以上の他に"Powder-Treason"は最終30ページに"He [the Lord] hath not only delivered us from one *Powder-Treason*, but from many, in these late years;" と「火薬陰謀事件」は出てくるが、"one *Powder-Treason*"は1605年の火薬陰謀事件を指しており、主がイングランド人をその火薬陰謀事件と「近年の多くの陰謀事件」から救出してくれたと言っている。

英国国教会説教家の火薬陰謀事件説教とは異なり、ジェームズ一世を始め事件の重要人物であるガイ・フォークスの名も出てこない。ジェームズ一世の事件からの奇跡的救出と事件の発見者としてのジェームズ一世、神への感謝は英国国教会説教家がこぞって論じたことであるが、ブリッジはそれらを扱うことはせずただ事件の残虐さを強調するにとどまる。ブリッジの説教の意図の一つは火薬陰謀事件を通してジェズイットの残虐さを聴衆に訴えることであった。事件は未遂に終わったもののブリッジの説教時のイングランドにおいても依然として不気味な存在であるジェズイット及びカトリック教徒への警戒心を特にブリッジは聴衆に喚起したかったのではないだろうか。説教でブリッジは何度かジェズイットに言及するが、それらはすべて悪の集団としてのジェズイットである。ピューリタン

193

とは異なりジェズイットは悪に向かうことをブリッジは述べる。

> Why should not we be as active for *good*, as they are for *evill*?[12]

あるいは

> ...if he hath saved you with a great salvation, as it is this day; you, and your Fathers, and Children from the hand of *Rome*, and of the Papists; then why should you not all prejudice your hearts against that Religion that was the Mother of such a bloudy designe as the *Powder-Treason* was?[13]

ローマ・カトリック教は「残忍な計画の生みの親」なのである。ブリッジは、ジェズイットは君主や統治者を殺害するので6番目の十戒を無効にするとも言い[14]、事件の背後に潜むローマ・カトリック教会と結びつけることによってローマの危険性を強調する。火薬陰謀事件記念説教であるのでブリッジは事件を扱わねばならないが、その扱い方は英国国教会説教家のものとは著しく異なっていることに気づく。英国国教会説教家の火薬陰謀事件説教はジェームズ一世への個人崇拝が顕著であるが、ブリッジの説教ではそのような個人崇拝は見られない。王政打倒を目指すピューリタンからすれば当然すぎる態度である。代わりにブリッジが説くのは事件の首謀者ジェズイットへの批判である。ブリッジの目下の関心事は内乱である。第一次内乱において独立派は王党派に勝利を収めたが、まだ予断は許さない。王党派の背後に潜むジェズイットへの警戒心、英国国教会のカトリック教化への警戒心を強化しなければならいことをブリッジは聴衆に訴えている。火薬陰謀事件説教でブリッジがジェームズ一世に言及せず、もっぱら事件の残虐さを強調するのはジェズイット及びカトリック教徒を意識した言葉であり、聴衆に対して再度の団結、一体感の重要性を訴えている説教であるとも言える。

## 10−3 「詩編」106章8節と「応用」

ブリッジが説教の冒頭にあげた聖書の一節は次の「詩編」106章8節である。この一節が火薬陰謀事件とどのような関係にあるのか。最初にこの問題点を論じることにする。「詩編」106章8節は以下の通りである。

> Neverthelesse, he saved them for his names sake: that he might make his mighty power to be known. （けれども主はその大能を知らせようと、み名のために彼らを救われた[15]。）

106章は出エジプトからカナン定住までのイスラエルの歴史を振り返り、その間のイスラエル人が犯した罪を記した章である。旧約のイスラエル人の歴史は罪を犯し、主から救われ、また罪を犯し、救われるという繰り返しの歴史である。この章は主の救いを扱い、主の救いを最後に祈って終わっている。8節は出エジプトの際の主によるさまざまな奇跡、イスラ

エル人の罪、主のゆるしを記している。6 節－12 節の紅海横断後の彼らのモーゼへのつぶやき非難、13 節－18 節の紅海横断後の荒野における飲料水、食物のためのつぶやき、19 節－23 節の子牛の像礼拝、28 節－31 節のペオルでのカナンの神バアル礼拝、34 節－39 節のカナンにおける罪、具体的には 35 節－36 節のカナン諸民族の偶像礼拝、38 節のヤハウェを捨てて他の神々の礼拝、40 節－46 節でのイスラエル人の罪と彼らへの神の怒りによる他民族によるイスラエル人支配、神のあわれみによる救出、これらが 106 章の内容である(16)。紅海横断によるエジプトからのイスラエル人の脱出、脱出後の荒野でのモーゼへの彼らの非難、偶像崇拝を繰り返し続けるイスラエル人、それでも神はイスラエル人をあわれみ、彼らを助けてくれたのである。106 章の要点は、罪を繰り返し続けるイスラエル人を神は決して見放さなかったということである。8 節の「彼らを救われた」とはイスラエル人のエジプトからの紅海脱出を指しているが、それもみな主の「大能」のお陰である。8 節では主がイスラエル人を救出してくれたことが強調される。罪を犯しながらも主はイスラエル人へ救済の手を差し伸べる。「罪にもかかわらず神はイスラエル人を救ってくれた」は説教のほぼ全頁に見られるが、なぜブリッジがなぜこの表現を幾度となく説教で使用したのか。それは説教時のイングランド国内の政情と関係がある。第一次ピューリタン革命は議会派の勝利に終わったが、まだそれは完全には終わっていない。ブリッジには進行中のピューリタン革命においてはピューリタンに神からの援護があるという確信があった。それはまた、神の援護があるから革命においてピューリタンが敗れるはずはないというブリッジの強い信念でもある。ピューリタンの説教は (1) Doctrine（教理）(2) Reason（理由）(3) Use（適用）または Application（応用）という手順を踏む（ブリッジは Application を使っている）。「教理」は説教におけるテーマの提示で、説教の核心である。「理由」はその説明、「応用」は「教理」の説教時の社会への応用である。ブリッジの説教の第一の「教理」は

"God doth sometimes save a people with a Notwithstanding all their Sin, and all their Unworthinesse"(17).（神は彼らのすべての罪、彼らのすべての無価値にもかかわらず国民をしばしば救ってくれる）である。第一「教理」は 16 頁まで続き、16 頁からは第二「教理」が扱われる(18)。最初、第一「教理」「理由」「応用」を見てみたい。

　第一「教理」は罪を犯したにもかかわらず神の救いはあることを述べているが、その「理由」として神の救いが個人にも民族に与えられたことを聖書から説明する。

　最初に個人として救われたパウロを挙げる。パウロはキリスト教徒にとって「冒涜者、危害を及ぼす迫害者(19)」で罪人の最たる者であったにもかかわらず、「これらのことを、信仰がなかったとき、無知なためにしたのだから、あわれみをこうむったのである」。無知に由来する罪は "the worst disposition"(20)である。パウロの無知は強情な無知であり、真の信仰があれば避けられる無知である。パウロがキリスト教徒迫害者であったときに彼にキリストを納得させるものが十分あったにもかかわらず彼らはキリスト教徒迫害者を続けた。だから彼の無知は悩みの種であった。それゆえ迫害者パウロのキリスト教徒改宗は奇跡的であった。キリスト教徒改宗後のパウロのキリスト教の普及に奔走する姿は新約に見るところである。神はまさに罪ある人間をも救ってくれるのである。

　英国国教会説教家に限らずピューリタン説教家にとっても説教で取り上げる聖書の一節をいかにして説教時のイングランドやイングランド人に応用するかは説教の良し悪しを決定づける。説教の聴衆も説教家がどのように聖書の一節を彼らに応用されるかに関心があ

ったはずである。パウロのような罪人の最たる者ですら神によって救われた。それならば民族はどうなのか。ブリッジにとってイングランド人はこれまで数々の罪を犯してきた民族である。罪ある個人を救ったように罪を犯した民族を神は救うのであろうか。民族の救いについてブリッジは次のように言う。

> …though the sin of a people be exceeding great, and very hainous, yet God will, and doth sometimes save them *for his owne Names sake*. He doth sometimes save his people with a *Notwithstanding*: Notwithstanding all their Sin and Guilt.[21]

これは第一教理の繰り返しであるが、罪があるにもかかわらず神が救ったイスラエル人を念頭においてのブリッジの言葉である。イスラエル人が死から救われたことについてブリッジは次のように言う。

> Now if we look into the History, we shall find, that the waters of the Rock, whereby *Israel* were saved from death, was given with a *Notwithstanding*: They murmured, and sinned much through unbelief; yet the Lord struck the Rock, and waters came forth like honey;[22]

これは「出エジプト記」17章6節への言及であるが、エジプト脱出後の荒野でのイスラエル人の試練である。イスラエル人は飲料水のことで不平を言ったが、神は岩から水を出し、彼らの渇きをいやした。第一の「教理」の理由としてブリッジは個人も国民も同様に罪を犯しながらも神から救われることを説明する。国民としてのイスラエル人については旧約聖書の歴史が罪を繰り返しながらもイスラエル人が主によって救われる歴史であることから個人に対してと同様国家についても主の救いがあることは明らかである。
ブリッジは「イザヤ書」57章17節を引用して次のように言う。

> For the iniquitiy of his covetousnesse was I Wroth, and smote him: I hid me, and was Wroth, and he went on frowardly in the way of his heart.[23]

イスラエルの過去が思い起こされ、イスラエルが「むさぼりの罪」のために神の怒りを買ったことを述べるが、これはバビロン捕囚への言及である。神は顔を隠したが、イスラエルは「なおそむいて、おのが心の道へ行った」。それでもヤハウェの救いはある。17節に続く18節ではヤハウェの慰めと励ましの言葉が続いている。

> I have seen his Waies. I will heal him: I will lead him also, and restore comforts unto him, and to his mourners.[24]

イザヤはヤハウェがいかなる神であるのか、ヤハウェはいかに慈悲深いかを明確にする。18節にあるようにイスラエルは神に歯向かい、己の意のままに行動するが、それでもヤハウェは自らに逆らう頑なな心に怒りを発するが、それでもヤハウェの怒りは慈悲に変わり、

一方的な愛を示すのである。この後でブリッジは次のように言う。

> All this is spoken of a people, as well as of a particular person. Here's "mercy"!
> Here's love! Here's Pardon with a *Notwithstanding*. So that God doth sometimes
> save his people with a *Notwithstanding all their Sins*.[25]

　第一「教理」の繰り返しであるが、ブリッジは罪ある民族に対してですら神の救いはある
ことを強調する。ブリッジは、罪ある個人としてパウロを、同じく罪深い民族としてイス
ラエルを取り上げ、両者に対して神の救いは不可避であることを述べる。
　二番目の理由としてブリッジが挙げるのは、もし神がその民の罪にもかかわらず彼らに
慈悲を示さなければ、すなわち彼らを救わなければ、どのようにして神の慈悲の栄光は現
れるのか、である。神の救いは罪人にも及ぶが、かりにそうでなければ我々は神の慈悲を
どのようにして見出すことができるのか、という問いである。第一の「教理」はすべての
罪人には神の救いがあるというものであったが、神の救いがなければ神の慈悲は実際に存
在するのかという素朴な疑問が生ずる。罪人を救う神の威厳はどこに見つけられるのか。
神は罪人を救わないこともあるのか。救いがなければ神の栄光はどうなるのか。ここでブ
リッジは二人の病人への神の対処を引き合いに出す。一つはそれほど悪質でも悪意もない
民族を神が治療し、救う場合、その慈悲の卓越性はどこに現れるのかということである。
逆に瀕死の状態にある民族を神の自由な愛からその名のために生き返らせ、治療するとき
にこそ神の慈悲の栄光が現れる。つまり神の慈悲がその力を十分に発揮するのは救いよう
がない状況にある民族に対してである。この好例はイスラエル人である。イスラエル人は
エジプトでは救いようのない苦境にあったが、その彼らのエジプト脱出時に神は慈悲を示
し、彼らを救出してくれた。神の慈悲の栄光の最大の見せ場である。罪あるイスラエル人
を神は救わざるをえなかった。ここでブリッジは極めて興味ある発言をしている。それは、
かつてはイスラエル人を迫害したエジプト、バビロンをもエルサレムに生まれた者とする
ことである。彼らはイスラエル人同様、主をあがめ、主とみなし、イスラエル人と同じ家
族的関係のなかに入るという主張である。「私（ヤハウェ）はラハブ（エジプト）とバビロ
ンを私を知る者のうちに挙げる」（詩編 87 章 4 節）を引用し、ブリッジは世界が主の下に
一つになることを示唆する。エジプト、バビロン、ペリシテ、ツロ、エチオピア、は非常
に「悪意にみちた」人たちであるが、主を信じることで主の好みの対象になることができ
る。瀕死状態にある病人を神が救う時に神の慈悲は最もその栄光を輝かせるが、それと同
様異邦の民にも神の慈悲が施されることによって、神の慈悲は一段と輝きを増す。神の慈
悲が示されない場合、どのようにして慈悲の栄光は現れるのかとブリッジは述べていたが、
ブリッジからすれば神の慈悲が示されないことは決してあり得ない。エジプト、バビロン
のような主に敵対した民族ですら主を信じることによってイスラエル人と同じ家屋の一員
となることが可能である。これは革命時のピューリタンにとっての強い警告となる。つま
り革命に参加しているピューリタンのなかには神への信仰心が希薄な者もいて、革命の進
行がかんばしくないことをブリッジは示唆しているのである。ピューリタンのなかにはエ
ジプト人やバビロン人のような者もいた。もしこの革命を成功に導きたかったら神への信
仰をより強固なものにしなければならない。神はエジプト人やバビロン人のような異邦人

をすら特別に気に留めてくれる。ならばたとえ不信心なピューリタンに対してですら神は慈悲をもって対処してくれる。神が異邦人にすら特に関心をもてば「輝かしいことが神のなかで語られることになる(26)」「輝かしいこと」とは「慈悲」であるが、その慈悲ついてブリッジは次のように言う。

> Mercy is never Glorious, but when it is *Rich*; It is never Rich, but when it is *free*; and the more free it is, and works with a *Notwithstanding*, the more glorious it is. Now God, who is the God of Glory, wil [sic] have his mercy, which is his Glory, made Glorious;(27)

慈悲は豊富であるとき輝かしく、慈悲が自由に神から与えられるとき慈悲は豊富である。慈悲が自由であればあるほど、「それ（罪）にもかかわらず」慈悲が働きをすれば、それだけ慈悲は輝かしいものになる。栄光の神には慈悲があり、慈悲は神の栄光である。ブリッジはこのように言うが、神の慈悲はいかなる人にもふんだんに、自由に与えられるのである。ブリッジはこのように神の慈悲を説明する。神はえこひいきをして慈悲を施すのではない。それはあらゆる人に「自由に」「豊富に」与えられる。だから「国民の罪が非常に大きく、憎むべきものであっても神はときどきその名のために国民のすべての罪にもかかわらず救ってくれる(28)」のである。この確信が「聖書のみ」の精神を生み出していると言えよう。

　ブリッジの説教の「理由」は「教理」の説明であるが、神が罪ある人を救ってくれるのは慈悲のおかげであることの説明である。そしてこの慈悲は神を信じる者には誰にでも示される。たとえ慈悲の対象が異邦人であっても、彼らが神を信じればイスラエル人と同じ処遇を受けることができる。独立派ピューリタンのブリッジとしては極めて寛容すぎる発言には驚きもする。ただブリッジの批判の対象であるカトリック教徒に対してだけは寛容的な態度を示すことはない。これについては後述するが、カトリック教徒はブリッジと同じキリスト教徒であるが、彼らへのブリッジの批判には彼の嫌悪すら感じられる。何がして彼をそれほどまでにカトリック教徒を嫌悪させているのかはブリッジの説教が火薬陰謀事件説教であることを考慮に入れればある程度は理解できる。事件はカトリック教徒過激派のジェズイットによって引き起こされている。そのジェズイットが王殺害を狙い、国内を混乱に陥れようとしていた。それ以上にカトリック教徒は本来のキリスト教からはかけ離れ、形式的な権力的な宗教になり下がっていた。ブリッジが最も嫌ったのはカトリック教の形骸化である。本来のキリスト教徒個人の敬虔な信仰心を軽視し、形骸化した宗教に走り、しかも英国国教会がロード大主教を旗頭としてあろうことかそのカトリック教への傾倒を見せていたからである。ピューリタン革命の理由の一つはローマよりの英国国教会を本来のキリスト教教会へと取り戻すことであったことは言うまでもないだろう。

　「教理」「理由」と続いた後にブリッジは「応用」に論を移す。「教理」のイングランドへの応用である。説教の聴衆が最も関心を抱いていたのは説教の聖書テキスト「詩」106章8節の説教時のイングランドへの応用である。これはすでに上で触れたが英国国教会説教家たちも説教冒頭に掲げた聖書の一節を彼らの時代に応用することによって、聴衆に安堵感を与えることを目的とする。ブリッジは"Use"を使わないで"Application"を使う

198

が、両者に大きな違いはない。ブリッジは次のように言う。

> If God doth sometimes save a people with a *Notwithstanding* all their sin: Then it's possible (I see nothing in the Word contrary to it) but that *England, Scotland, Ireland*, may yet be saved, with an outward Salvation, Notwithstanding all our fears, notwithstanding all our Sins.[29]

イスラエル人が罪にもかかわらず神によって救われたとすればイングランド、スコットランド、アイルランドにも同じことが起こることは可能である。ここでブリッジは "outward Salvation" と共に救われると言っているが、この「外界の救済」とは内面的・精神的な救済と対照的なカトリック教支配下にあるイングランド救済への言及である。罪人イスラエル人の救済は文字通り神による内面的な救済であるが、ブリッジはその救済を外面的な救済にも応用する。物理的にも精神的にも神の救済はイングランドには可能である。イスラエルとイングランドの違いは、イスラエルが「律法」の下にあったのに反し、イングランドは「福音」の下にあった。神はイスラエル人を救ってくれたが、我々イングランドをも恩寵と愛で救ってくれないであろうか、とブリッジは言う。

> And did the Lords grace, and free love so strive upon them [the Jews], as to save them with a *Notwithstanding*? and shall not his grace, and love now strive upon his Gospel-People, to save, and deliver them with a *Notwithstanding*? Were they under the Law, and yet saved by Grace? Did the Lord save the Mosaicall *Israel*, for his own Names sake, with a *Notwithstanding*? and shall he not save Christian *Israel*, in a way of free-love, with a Notwithstanding? Surely, the Lord is as full of grace now, in the times of the New Testament, as ever he was in the times of the Old Testament.[30]

ここでブリッジはイスラエルとイングランドを比較し、イスラエルに生じたことはイングランドにも生ずると言っている。17 世紀のイングランドは自らをイスラエル同様神から選ばれた国であると考え、イスラエル再来を自認した[31]。それゆえ主の慈悲と自由な愛は、イスラエルが罪を犯したにもかかわらず彼らを救ってくれたようにイスラエル再来としてのイングランドにも言えることである。主の慈悲と愛はイングランドの罪にもかかわらず彼らを救い、救出してくれるのである。イスラエルは "the Mosaicall *Israel*"[32]、モーゼの律法下にあり、イングランドは "Christian *Israel*"[33]、キリスト教のイスラエルである。この表現は上記の「律法」と「福音」の反復であるが、ブリッジにとってイングランドはイスラエルである。イスラエルを神が救ったようにキリスト教下のイングランドをも自由な愛で救ってくれる。律法精神の強いイスラエルは慈悲によって救われたが、福音の下にあるイングランドをも彼らの罪にもかかわらず彼らを救うことはないのであろうかとブリッジは問いかける。

> ...shall not his grace, and love now strive upon his Gospel-People, to save, and

199

deliver them with a *Notwithstanding*? Were they under the Law, and yet saved by Grace? Did the Lord save the Mosaicall *Israel*, for his own Names sake, with a Notwithstanding also? And shall he not save Christian *Israel*, in a way of free-love, with a Notwithstanding? Surely, the Lord is as full of grace now, in the times of the New Testament, as ever he was in the times of the Old Testament.[34]

ブリッジの時代は新約の時代であるが、旧約の時代と同様主は慈悲で満ちている。ここでの"his Gospel-People"とは律法の下にあったイスラエル人と異なり、福音の下にいるイングランド人である。旧約の律法の時代に主はその慈悲によって罪を犯したにもかかわらずイスラエル人を救ったが、新約の時代にいるイングランド人も同様に主の慈悲によって救われる。ブリッジの説教の主題は「罪を犯したにもかかわらず主は我々を救ってくれる」である。それは旧約のイスラエル人がすでに経験していることであり、イングランド人はいわば新約の精神に基づく国民であるが、そのイングランド人も同様に主から救われるということを意味している。ブリッジは、イングランド人はイスラエル人同様神から選ばれた民族であるという前提に立って論を進める。なぜイングランド人がイスラエル人と同じ神から選ばれた民族であるかをブリッジは論じることはしない。ブリッジによればイスラエル人とイングランド人の類似は以下の3点である。

(1) イングランド人は迷信と偶像崇拝で汚れた国民で、エジプトにおけるイスラエル人同様であった。
(2) 主は思いやりのある宗教改革を申し出たのに、我々はそれをする気がなかった。イスラエルはエジプトから脱出する気はなかった。
(3) 我々は宗教改革に気が進まなかっただけでなく我々の宗教改革者に反抗し、不平をもらし、小言を言った。イスラエルもモーゼに小言を言った[35]。

イングランドとイスラエルの類似性をブリッジは指摘するが、説得力を欠く指摘であるとも言えるが、イングランド人はイスラエル人よりも悪い罪を犯したとブリッジは言う。

Oh! But we have sinned worse then they [Israel], for we have sinned greatly in the face of all those glorious mercies, which God hath shewed of late among us?[36]

これまでのイングランド人への神の輝かしい慈悲にもかかわらず、イングランド人は大きな罪を犯している、と言うのである。その慈悲は最近神がイングランドに示したものである。神が最近示した輝かしい慈悲とは何に言及しているのかをブリッジは明示しない。1571年のエリザベス女王暗殺未遂事件、1588年のスペイン無敵艦隊によるイングランド襲撃、そして1605年の火薬陰謀事件ではイングランドは救われていた。「最近」とあるのでブリッジはピューリタン革命におけるチャールズ一世側との戦いにおけるピューリタンの勝利に言及しているのかもしれない。説教前の数年間の国内の政情以下のようである。

1645 年 6 月 14 日　ピューリタン、ネーズビーの戦いでチャールズ一世を敗る。

　　　　 6 月 10 日　ラングポートでの王党派敗北。

　　　　 8 月 1 日　王党派、コルビームアーで敗北。

　　　　 9 月 23 日　チャールズ一世、チェスターで敗北。

1646 年 2 月 3 日　チャールズ一世、議会派に投降

　　　　 2 月 14 日　王党派、フェアファックスにより敗北

　　　　 3 月 21 日　最後の王党派軍の敗北。チャールズ一世、ピューリタンとの戦い
　　　　　　　　　　中止を命令。

　　　　 5 月 5 日　チャールズ一世、ニューアーク包囲のスコットランド軍に投降。

1647 年 1 月 30 日　スコットランド、チャールズ一世を議会に引き渡す。

　　　　 6 月 4 日　チャールズ一世、ニューマーケットの軍へ連行

　　　　 6 月 14 日　軍、ロンドンに進行し、議会の長老派へ反対する。

　　　　 6 月 23 日　軍指導者、国政改革の要望書（提案条項）を王に提出

　　　　 8 月 4 日　軍、ロンドン郊外を占拠

　　　　 10 月 28 日~11 月 11 日　人民協約が軍とレベラーズにより提出され、パット
　　　　　　　　　　ニーで討論される(37)。

チャールズ一世の身柄拘束、独立派と長老派の対立、ロンドンへの軍の進出、国政改革への動き等イングランドは革命の終結への途上である。「最近の」国内の政情を見ても、情勢は議会派に有利に進行している。神が最近我々の間に示した輝かしい慈悲にも関わらず、イングランドは大きな罪を犯した、とブリッジは言うが、この「罪」は何に言及しているのであろうか、ブリッジは明らかにしない。この「罪」とは革命がまだ完全にその目的を果たしていないことを言っているのかもしれない。なぜならピューリタンは神の意を受けた敬虔な人たちで、神に代わって神の敵を倒す人たちである。そのような使命を受けたピューリタンが依然として革命の目的を達成していないことは神に対して「罪」を犯しているにも等しいとブリッジは考えているようである。その罪を犯したイングランド人、ブリッジの説教の場合は独立派ピューリタンであるが、彼らをすら神は救ってくれるのである。上記の引用文の「最近」(of late) は注目すべき表現である。ブリッジの説教は火薬陰謀事件記念説教でありながら、"Powder-Treason" は数回出てくるが、ジェームズ一世もガイ・フォークスも固有名詞は出てこないことについてはすでに触れた。ピューリタン革命についても人名、地名は一切現れない。ブリッジの時代には無縁の印象を与える説教であるが、果たしてそうなのか。

## 10－4　ブリッジの反カトリック教とピューリタン革命

　ブリッジの説教を詳細に読むとブリッジは何度か "this day" "of late" "these Dividing times" というような語句を使用していることに気づく。つまり、一見説教時のイングランドとは無縁のような感がする説教は実はブリッジの生きたイングランドを強く意識した説教であることが理解できるのである。ブリッジの説教は火薬陰謀事件説教であるが、あまり事件については論じられない。「応用」においても罪あるイングランド人は神から救われ

201

ることを説教冒頭の「詩編」106章8節とそこから引き出した第一「教理」をイングランド
に応用する。火薬陰謀事件が全面的に扱われることはなく、英国国教会説教家のようにジ
ェームズ一世の奇跡的な事件からの救出を論ずることもしない。英国国教会説教家の火薬
陰謀事件説教とのブリッジの説教の大きな違いは説教ではジェームズ一世は登場せず、し
たがってジェームズ一世賞賛に終始することもないことである。すでに論じたようにブリ
ッジは火薬陰謀事件に言及するが、ブリッジの説教の目的は事件そのものよりも事件の背
後で暗躍するカトリック教徒への批判であり、彼らへの批判を通してイングランド社会の
混乱収拾、和平回復である。そして事件を引き起こしたカトリック教徒を非難することに
よってチャールズ一世治世における反カトリック教の姿勢を示すことに説教の目的はあっ
た。「主はその大能を知らせようとみ名のためにイスラエル人を救われた」は火薬陰謀事件
に応用される。「イスラエル人」は「ジェームズ一世」となる。主はその大能を知らせるた
めにジェームズ一世を事件から救った。大能は慈悲である。ジェームズ一世が神の慈悲に
よって事件から救出されたとする考えは、実は、事件の直後の国会で行ったジェームズ一
世の演説のなかに見られる王の主張である[38]。ジェームズ一世の国会演説後英国国教会説
教家たちはほとんどすべてが王の国会演説に従って神の慈悲による王救出を大々的に述べ
ることになる。王の演説に追従的な説教であった。それゆえブリッジの慈悲による王救出
は英国国教会説教家と変わらない。上記(4)の引用はブリッジの説教の重要な点に関わるも
のなので再度引用する。

> Yea, the Lord hath saved us, he hath saved us with a *Notwithstanding*: as great,
> and large a *Notwithstanding* as ever People, and Nation were saved with.
> Witnesse the "mercy" and Deliverance of this day. When the Powder-Treason was
> on foot, what a dark night of security had trodden upon the glory of our English
> day? Then did our strength lie fast in the lap of *Delilah*: What Pride? Oppression?
> Court-uncleannesse? Superstitions, and Persecutions of our Saints, under the
> name of Puritans? Neverthelesse he saved us, and our Fathers.[39]

　上記の引用には「この日の慈悲と救出を見よ。火薬陰謀が着々と進行していたとき、何
という安心の暗い夜が我がイングランドの日の栄光を踏みにじったことか。そのとき強国
イングランドはデリダのひざに抱かれてぐっすりと眠っていたのか」とある。説教で初め
ての火薬陰謀事件への言及である。火薬陰謀事件が進行中のときイングランドは全く事件
に気づかなかった。たまたま事件を示唆する書簡がジェームズ一世の手に渡り、ジェーム
ズ一世の解読によって事件が明るみになった経緯がある。デリダはサムソンを裏切った愛
人であるが、イングランドはジェズイットによって裏切られる。不穏な動きを見せず、秘
密裏に火薬陰謀事件を計画していた実情をイングランドは知らなかった。イングランドは
ジェズイット、広く言えばローマ・カトリック教徒への警戒心を欠いていた。イングラン
ドではカトリック教徒による陰謀の疑惑はエリザベス朝期からあったが革命期においてす
らその疑念は巷に流布していた[40]。カトリック教徒は何をしでかすか理解できない。クリ
フトンは、イングランド国内のカトリック教徒はローマの手先であったと言っているが[41]、
彼らへの警戒心は常に抱かねばならないというのがブリッジの主張である。説教は1647年

202

であるが、しかし、それ以前にイングランドはロード大主教のもとで英国国教会がカトリック教化していた経緯がある(42)。チャールズ一世の妻、ヘンリエッタ・マリアはカトリック教徒である。カトリック教徒化するチャールズ一世体制についてストーンは次のように言う。

> From the Gunpowder Plot to the Popish Plot, the English in the seventeenth century were paranoid in their fear and hatred of popery. This made it easy for Puritans and others to destroy their political enemies with smear campaigns based on vague charges of guilt by association. The accusation that Laud was leading England towards popery was supported by a series of apparently sinister developments, which provided a good deal of plausibly circumstantial evidence.(43)

火薬陰謀事件からカトリック教徒による陰謀まで17世紀のイングランド人はカトリック教徒を嫌悪し、ロードがイングランドをローマ・カトリック教へ導いていることをストーンは指摘している。その具体的な実態はチャールズ一世のカトリック教徒の妻による影響とカトリック俗人の政府高級官職への登用、ローマ教皇庁との関係、教皇庁がロンドンに代理部設置、親スペイン、反プロテスタント的な対外政策、セント・ジェームズ宮殿内のカトリック礼拝堂建立等である(44)。ブリッジの説教以前にカトリック教化するイングランドに危惧の念を寄せる人たちがいたことは明らかである。ブリッジは迷信と高位聖職者の悪意について述べるが、これはローマ・カトリック教の形骸化した信仰と権力におぼれた聖職者への言及である。

> Not long since, there was a full Tyde of Superstition, and Prelaticall malice coming in upon all Gods people: and now of late, how hath this Tyde been turned? Oh! The Tyde is turn'd, 'tis turn'd; This is Lords doing, and it may be marvelous in your eyes if it be not.(45)

迷信と高位聖職者の悪意の満潮が神の民であるイングランド人に押し寄せたが、最近それは主によって変えられたとブリッジは言う。これはピューリタン革命による議会派勝利への言及であるが、ローマ・カトリック教化しつつあったイングランドが革命の勝利によりカトリック教からの脱却にブリッジは言及しているのである。イングランドは「デリダのひざ」に抱かれて熟睡していたのである。「何という高慢？圧制？宮廷の不浄？迷信とピューリタンの名の下にある聖徒たちへの迫害？(46)」とブリッジは言うが、これらはみなカトリック教化したチャールズ一世宮廷の現状である。そのようなチャールズ一世体制の腐敗・堕落にまみれたイングランドの現状を目の当たりにして潮の流れが変わった。それは神の行いによるものであった。イングランドの「最近の」現状についてブリッジは次のように言う。

> And now of late: What Bitternesse of spirit among Professors? What Divisions?

203

Oppressions, instead of Justice? What new-fangled Prides? What unwillingnesse to be Reformed?[47]

信仰者の敵意に満ちた精神、分裂、圧制、高慢、気乗りしない改革、これらはすべてブリッジの説教時における現状である。何よりも議会派内部での独立派と長老派の分裂は革命にとっては最大の障害であるが、互いに歩み寄ることはしない。ブリッジの議会派への不満、いらだちが見られる。この後、ブリッジは次のように言う。

Time was heretofore when we did call for truth, and cried aloud for Truth; Oh, that we might know the Truth! But now deale by Truth, as the Fryar said the couple did by their Holy-water; Ye call, and cry (said he) for Holy-water, but when the *sexton* sprinkles it, ye turne away your faces, and it falls on your backs. So the times were heretofore that we called, and cried out for Truth, Truth: it is now come unto you, we would sprinkle it upon you, but you turne away your faces from it, and it falls on your backs.[48]

ここにはピューリタン革命時の状況が描かれている。革命がスムーズに進行しないことに対するブリッジの苦悩である。一体感を欠くピューリタンの現状は「分裂」状態である。「圧政」「高慢」「気の進まない改革」は議会派内の長老派と独立派の対立である。一方は王との妥協を求め、他方は王政打倒を叫ぶ。両派の溝は埋まらない。ここには独立派ブリッジの対立する長老派への批判を見ることができる。「圧政」「高慢」「気の進まない改革」「真理から背を向ける人たち」、これらはみな王党派との妥協を目指す長老派への批判である。「真理」は王党派打倒によるイングランド改革であるが、「真理」に背を向ける長老派へのいらだちを示すブリッジである。革命というイングランドにとっては歴史を塗り替える重大な時期に反王党派内での分裂が革命の成就を阻止している。「真理」を達成する時期は来たのに庶民院議員ですら顔を背けていると彼らの革命への消極的態度を糾弾する。ブリッジの時代は「真理」を求めている時代であるが、この「真理」はピューリタンが目指す共和制のイングランド樹立である。ところが「真理」をピューリタンに求めるが、彼らは顔を背けて「真理」獲得には積極的な姿勢を見せないのが現状である。ブリッジの説教は神の救いが罪人にもあることを説くものであるが、よく読んでみると説教当時のイングランドについて論じている箇所もある。説教冒頭の「詩編」の一節もそれは説教時のイングランドに適応される。と同時に進行中のピューリタン革命をも論じることをブリッジは忘れはしない。説教でブリッジは "of late" とか "in these days" とか "these Dividing times" とか言ってたびたびイングランドの現状に言及する。庶民院議員への献呈書簡でブリッジは次のように言っている。

Now most worthy Patriots, ye have conquered this Kingdome with your sword, conquer us once more with your love, in providing for the poor, desolate, and in healing our sad divisions with a fatherly hand, and you are compleat Saviours and Fathers to this bleeding Kingdome.[49]

ここには説教時のイングランドの現状、説教の意図が明確に述べられている。庶民院議員は武器でこの王国を征服したとブリッジは言うが、これは第一次内乱での文字通り王党派との武力衝突での議会派の勝利への言及である。この勝利は議会派の完全な勝利とは言えない勝利である。なぜかと言えば共和制樹立の目標はまだ達成されていないからである。ピューリタンの目標達成には再度のイングランド征服が必要で、その際には武器ではなく愛によって可能となる征服であるとブリッジは言う。愛による征服とは非現実的な表現であるが、ブリッジは武力闘争によるイングランド人同士の戦いを回避し、話し合いでの解決を探っているようである。そうすることによって貧しい、不幸な人々を養い、イングランドの分裂を癒すことができる。"*our sad divisions*" "*this bleeding Kingdome*" は内乱によって国内が議会派、王党派に分裂した国内の現状であり、互いが殺戮に明け暮れた両派の戦いの現状である。国内の政情不安の解消には「愛」が不可欠で、「愛」によって分裂したイングランドを征服することによって庶民院議員は「完全なる救世主」となることができる。イングランドの窮状を救うことができるのは王党派ではなく、庶民院議員、それも独立派である。ブリッジの説教は火薬陰謀事件記念説教であるが、実はイングランドの内乱をも意識した説教で、内乱での議会派の勝利を庶民院議員に確約した説教でもあったのである。イングランドの内乱での勝利により庶民院議員は「破れを繕う者」(the repairers of our breaches)[50]となり、イングランド混乱の正常化を担うのは庶民院議員なのである。ブリッジの説教は表向きは火薬陰謀事件説教であるが、その真相は内乱の主役となるべく議会派を鼓舞し、彼らの揺るぎない勝利を彼らに確約し、保証している説教である。

## 10−5　むすび

　ブリッジの説教は火薬陰謀事件日の説教である。当然のことながら聴衆はブリッジが火薬陰謀事件についてどのような説教を行うのかに興味をもっていた。説教は 1647 年 11 月 5 日で 1642 年 8 月 22 日に始まった第一次内乱もほぼ 5 年が経過していた。1644 年 7 月、クロムウェルはマーストン・ムーアの戦いで議会軍を勝利に導き、長老派を議会軍から追放し、議会軍を新型軍に改めた。議会軍では独立派が主導権を握り、1645 年 6 月のネーズビーの戦いで王党派に対して決定的な勝利をおさめ、翌 1646 年 5 月、チャールズ一世はスコットランド軍に投降し第一次内乱が終わりを告げた。長老派は議会軍から長老派は追放されたが、彼らは長期議会では依然として多数を占めていた。長老派は王との和解を目指していたので内乱を終結さようとして軍隊を解散させようとする動きを見せたが、議会軍の一般兵士の中から水平派（平等派）が現れた。指導者はジョン・リルバーン(John Liluburne)で、ロンドンの手工業者・職人層から組織されていた。彼らは 1647 年 10 月 28 日、信仰の自由、法の前の平等などの民主的な主張をもとにした「人民協定」(Agreement of the People)という政治改革案をパトニー討論（1647 年 10 月 28 日―11 月 11 日）に提出したが、独立派将校たちから警戒され、採択されなかった。議会軍が分裂したことで国王軍の一部が反乱を起こし、第二次内乱となったが、独立派は水平派と和解して反革命軍にあたり、1648 年 5 月に起こった第二次内乱は 1648 年 8 月にほぼ終結している。ブリッジの1647 年 11 月 5 日の説教前の国内における大きな出来事は前年 1646 年の第一次内乱の終結であり、説教直前のパトニー討論に提出された「人民協定」である。何よりも第一次内乱

205

における議会派軍の勝利はピューリタンにとって革命の目的を達成する第一歩であった。説教直前のパトニー討論に提出された「人民協定」についてもその民主的な提案はピューリタンの賛同を得るはずであったが一部有産階級の独立派将校の反対にあい、実現は見送られている。ブリッジの火薬陰謀事件説教をみると、ブリッジは説教前の国内の社会情勢には無関心の様子を見せている。ブリッジはパトニー討論には関心があったはずであるが、それに触れることはしない。また当然のことながら相対立する長老派についてもブリッジは反論すべきであるが、長老派は一度もその名を説教では見せない。ブリッジは社会の動きには超然としている印象を受ける。なまなましい国内の社会情勢はブリッジの説教に反映されていないように思われるが、上で見たようにブリッジもやはり時の人であり、進行中の革命に無関心ではいられなかった。それにしても不思議なのはブリッジの説教には革命に関連する固有名詞が全く現れないということである。なぜブリッジはそのような姿勢をとったのか。革命の論争に巻き込まれるのを意図的に避けているような印象を受ける。

　説教冒頭の「詩編」106章8節は罪あるイスラエル人を主はそれでも救ってあげたことを記しているが、聴衆にとってその「詩編」の一節は満足のいくものであったろうか。聴衆にとっては第一次内乱に勝利を収めたとはいえ、まだ内乱は完全には終わっていないし、パトニー討論での水平派からの民主化要求もあった。聴衆が期待したのはそれらに対する独立派ブリッジの態度ではなかったろうか。しかしながら、ブリッジはそれらの疑問には一言も発しない。「詩編」106章8節を内乱期のイングランドにも適応し、イスラエル人に起こったことはイングランド人にも起こりうることを強調するだけである。議会派の勝利は聖書からも保証されており、議会派に敗北はありえない。聖書の一節を巧みに内乱に適応することによって聴衆にこれから予想される戦いへの自信と勝利の確信を与えた説教、それがブリッジの説教である。ブリッジの説教時には第一次内乱が議会派の勝利で終わっている。それでもまだチャールズ一世体制の完全な打倒には至っていない。2年後の1649年1月にチャールズ一世の処刑をもって革命は終止符を打つが、まだ多難な社会情勢である。このような不安定なイングランドの社会情勢のただなかにありながらもブリッジはイングランドへの神の救いの確信を述べるだけである。主はこれまでにイングランドのために「偉大な事」[51]を成し遂げてくれた。「偉大な事」とは国家を救ったスペインの無敵艦隊や火薬陰謀事件である。しかし、それは神の「み名」のためであってイングランド人が高潔であったり、正直であったからではない。あくまでも主役は主で、イングランド人はただ主のなすがままに救われたという。受け身のイングランドはそれなのになぜ高慢であるべきか、なぜ謙虚に歩むべきではないのか、と神の存在を無視するようなイングランド人の行為は決してあってはならないとブリッジは強く言う。ピューリタンは"godly people"である。彼らは神の意を受けた敬虔な人たちで、神に代わって神の敵を打ち倒す人たちである。言うなれば彼らは地上における神の代理人として行動する人たちである。ブリッジは「いかなる危険な時代に我々は陥っていることか[52]」と言うが、「危険な時代」は言うまでもなく革命の時代である。「危険な時代」であるからこそ神の名をたたえなければならない。

Who would not therefore Ingage *the Name of God* more and more in the time of danger? And seeing for *his own* Names sake, he hath saved you, and your Fathers, and Children, and Families, as it is this day; Come now, and let us Exalt his name together.[53]

これはカトリック教会を念頭に置いた言葉である。カトリック教会は自らの高慢ゆえに本来のキリスト教を離れ、ますます儀式化、形骸化していき、神の名を忘れ、自らが神となっている。神の名のもとに神の意を受けた革命にあたれば革命は勝利に終わる。「この日」とは 11 月 5 日で火薬陰謀事件日である。神のみ名のために神は火薬陰謀事件日を未遂に終わらせたが、「神のみ名」はまた「慈悲」にも通ずる。

ブリッジの説教はピューリタン革命を意識し、革命の成就を訴えた説教である。「詩編」106 章 8 節の革命期のイングランドへの適応によって革命の勝利は確約される。なによりもイングランド人にはイスラエルが罪を犯し続けても最終的は神から救われたという先例があるではないか。イングランドは第二のイスラエルに匹敵する国家である。ならばイスラエルに生じたことはイングランドに生じても何ら不思議ではない。イングランドもこれまで罪を犯してきたが、それでも神はイングランドを救ってくれるのである。この神の救いは革命における議会派に対する救いである。火薬陰謀事件からのイングランドの救出は主の力によってのみ奇跡的に行われたことになる。英国国教会説教家に共通した説教の主題は事件からのジェームズ一世の無傷の救出であるが、ピューリタンのブリッジは個人崇拝を行うことしない。ブリッジの説教はあくまでも罪を犯した人への神のゆるしが主題となる。ブリッジの説教では全能の神の力が賞賛される。「主は彼らのすべての罪にもかかわらず彼自身の名のために彼らをときどき救うであろう[54]」という一節は説教の至る所で繰り返され、ブリッジはこれをイングランドに適応する[55]。ブリッジは次のように言う。

If God doth sometimes save a people with a *Notwithstanding* all their sin: Then it's possible (I see nothing in the Word contrary to it) but that *England, Scotland, Ireland*, may yet be saved, with an outward Salvation, Notwithstanding all our fears, notwithstanding all our sins.[56]

神が、罪を犯したイスラエル人を救ったことはイングランド，スコットランド、アイルランドにも言えることである。「イングランド，スコットランド、アイルランドは、我々すべての恐れにもかかわらず、我々すべての罪にもかかわらず、魂の救済とともに救われることは可能だ」とブリッジは言う。可能に反する語を一言も神の言葉に見つけられない、とブリッジはわざわざ断っているが、「詩編」106 章 8 節での記述はイングランド人にも言いうることなのである。イングランド人がイスラエル同様神から救われることを「詩編」から立証したことは聴衆にとっても納得のいくものであったろうが、まだ革命が集結していない現状でブリッジが発信すべきことは少なからずあった。その意味では、説教は静かな説教ではあったが、何かもう一つ物足りなさを感じざるを得ない説教となっていることはいがめないのは事実である。独立派ブリッジの独立派らしさが十分に発揮されていない説教でもある。

207

# 注

(1) 1647 年のイングランド史については、Martyn Bennett, *Historical Dictionary of the British and Irish Civil Wars 1637-1660*(Chicago・London: Fitzroy Dearborn Publishers, 2000), Martyn Bennett, *The Civil Wars in Britain and Ireland 1638-1651* (Oxford・Cambridge, Massachusetts: Blackwell, 1997), John Morrill and Jane Ohlmeyer eds., *The Civil Wars: A Military History of England, Scotland, and Ireland 1638-1660* (Oxford・New York: Oxford University Press), 1998, P. R. Newman, *Atlas of the English Civil War* (London and New York: Routledge, 1998), 松村赳・富田虎男編『英米史辞典』（東京：研究者、2000）等を参考にした。

(2) William Bridge, *England Saved with a Notwithstanding* (London, 1648), p. 28.

(3) Ibid., p. 7.

(4) Ibid., pp. 7-8.

(5) Ibid., p. 18.

(6) Ibid., p. 25.

(7) Op. cit.

(8) Ibid., p. 26.

(9) Op. cit.

(10) Op. cit.

(11) Op. cit.

(12) Ibid., p. 24.

(13) Ibid., p. 25.

(14) Ibid., p. 27.

(15)旧約聖書日本語訳については、『旧約聖書』（東京：日本聖書協会、1962 年）を使用した。

(16)手塚儀一郎他編集『旧約聖書略解』（東京：日本基督教団出版局、1957）pp. 84-5 参照。他に木田献一監修『新共同訳旧約聖書略解』（東京：日本基督教団出版局、2001）をも参照した。

(17)Bridge, p. 2.

(18)第二教理は "When God doth save his people with a Notwithstanding, he doth then leave such Marks, and Characters, of his Infinite Power upon their Deliverance to Salvation, that he may be Fully, Clearly, Plainly known to the Sons of men." (p. 16)である。

(19) Bridge, p. 3.

(20) Op. cit.

(21) Ibid., p. 2.

(22) Ibid., pp. 4-5.

(23) Ibid., p. 5.

(24) Op. cit.

(25) Op. cit.

(26) Ibid., p. 6.

(27) Op. cit.

(28) Ibid., p. 2.

(29) Ibid., p. 6.

(30) Op. cit.

(31) この問題については、例えば以下を参照。Christopher Hill, *The English Bible and the Seventeenth-Century Revolution* (Harmondsworth: Penguin Books, 1994), pp. 264-270.

(32) Bridge, p. 7.

(33) Op. cit.

(34) Op. cit.

(35) Ibid., p. 7.

(36) Op. cit.

(37) 注(1)の文献を参照した。

(38) この点については本書1章1-2を参照。

(39) Bridge, pp. 7-8.

(40) Carol Z. Wiener, "The Beleaguered Isle: A Study of Elizabethan and Early Jacobean Anti-Catholicism," *Past & Present*, No. 51 (May, 1971), pp. 27-62, Robin Clifton, "The Popular Fear of Catholics during the English Revolution," *Past and Present*, No.52 (Aug., 1971), pp. 23-55 参照。

(41) Clifton, p. 38.

(42) この点については、上田惟一『ピューリタン革命史』(大阪：関西大学出版部、平成10年)、三章－五章に詳しい。

(43) Lawrence Stone, *The Causes of the English Revolution 1529-1642* (London: Routledge & Kegan Paul, 1986), p. 121.

(44) Ibid., p. 122.

(45) Bridge, p. 16.

(46) Ibid., p. 8.

(47) Op. cit.

(48) Op. cit.

(49) The Epistle Dedicatory, A.

(50) Op. cit.

(51) *DNB* の William Bridge の項参照。

(52) Bridge, p. 14.

(53) Ibid., p. 15.

(54) Ibid., p. 6.

(55) Op. cit.

(56) Ibid., p. 6.

## あとがき

　本書は前回の『火薬陰謀事件と説教』の続編である。前回の書では主として英国国教会説教家による火薬陰謀事件説教を扱ったが、その間に私はピューリタン説教家もまた火薬陰謀事件説教を行っていることを知った。それで今回ピューリタン説教家による火薬陰謀事件説教を本書で扱うことにした。私の 17 世紀英文学研究の初めはジョン・ダンであった。当初は詩が主であったが、ダンの散文にはまだ十分な研究がなかったので、散文を読み始めた。ダンの散文を読んでいるうちにダンがヴァージニア植民に関する説教を行っていることを知ったが、他の説教家（英国国教会説教家）たちも同様ヴァージニア植民に関する説教を行っていることを知るに至った。その後、ダンの火薬陰謀事件説教も読むことになり、英国国教会説教家が数多く事件についての説教を行っていることを知った。「まえがき」も書いたが、英国国教会説教家の火薬陰謀事件説教は事件の主役ジェームズ一世にへつらう説教であった。ジェームズ一世は事件直後に国会演説を行い、そこで事件の凶悪性を指摘し、無傷の事件からの救出は神の慈悲のお陰であると述べた。英国国教会説教の火薬陰謀事件説教はすべて王の国会演説を取り入れた説教で、王の神格化を行い、神の慈悲に感謝する内容である。ジェームズ一世王朝を説教によって擁護しようとしたのである。チャールズ一世の時代に入り、ピューリタンが台頭してきて、チャールズ一世はピューリタンと対立する。徐々にチャールズ一世側は劣勢に追いやられ、ピューリタンがイングランドの主導権を握るようになり、それと共にピューリタン説教家が活躍し始めた。彼らの火薬陰謀事件説教は英国国教会説教家の説教とは著しく異なっている。主義・主張が異なる両者の説教に違いが見られるのは当然と言えば当然であるが、ピューリタン説教家の説教ではもはやジェームズ一世は主役とはならない。王政がイングランドの諸悪の根源であると決めつけ、王政打倒を叫ぶピューリタン説教家にとってはジェームズ一世を扱う必要はなくなってくる。このようなことに留意して、私はピューリタン説教家の説教を読み始めた。説教は時代の産物である。火薬陰謀事件勃発時にはいかにして事件を糾弾するか、いかにしてジェズイットの凶悪性を暴露し、あわせて国家の安定・秩序を維持するかが大きな問題となる。その意味では英国国教会説教家には当然すぎる内容の説教であった。ピューリタン革命時にはピューリタンの社会改革が最優先であった。それゆえピューリタン説教家の火薬陰謀事件説教もピューリタン革命と連動して語られることになった。本書ではこれらの点を考慮し、ピューリタン説教家の説教にあたっている。

　本研究は「まえがき」にも書いたように元々はピューリタン革命当初から名誉革命までの間のピューリタン説教家による火薬陰謀事件説教を扱う予定であったが、紙数や原稿の締め切り上、その間のすべての説教を本書に収めることはできなかった。本書では 1647 年のウィリアム・ブリッジの説教が最後であるが、王政復古までは 1651 年にはピーター・ステリー、1656 年にはラルフ・ヴェニング、同年のピーター・ステリーの再度の火薬陰謀事件が行われている。それらについては稿を新たにしたいと思っている。

　毎回のことではあるが今回も三恵社には急な出版にも関わらず快く引き受けて下さったことに感謝したい。三恵社社長の木全哲也氏にはご無理をお願いした。ここに記して謝意を表し、お礼を申し上げたい。なお本書における論文のタイトルと初出年度は以下の通りであるが、複数の論文をまとめたものもある。

210

第1章「William Barlow の Gunpowder Plot 説教について―ジェームズ一世の国会演説との関連において」「新潟大学英文学会誌」第29号、2002年12月、pp. 13-33、「アングリカンとピューリタンの火薬陰謀事件説教―William Barlow の James 1 世擁護と Cornelius Burges のカトリック教批判について―」「新潟大学大学院現代社会文化研究科」『欧米の言語・社会・文化』第18号, 2012年3月、pp. 65-115)、「William Barlow の二編の火薬陰謀事件説教家」「新潟大学大学院現代社会文化研究科」『欧米の言語・社会・文化』第22号、2016年3月、pp. 1-45.

第2章 「'this was the Gods doing' ― Cornelius Burges の断食説教と火薬陰謀事件記念説教―」「人文科学研究」、第124輯、2009年9月、pp. 15-49.

第3章 上記論文

第4章「ピューリタンと火薬陰謀事件説教 ―John Strickland の火薬陰謀事件説教における "God's presence" と "Deliverance"―」「人文科学研究」、第126輯、2010年9月、pp. 29-64.

第5章「スパーストウの火薬陰謀事件説教とピューリタン革命 」「人文科学研究」、第127輯、2011年3月、pp. 1-20.

第6章 「Anthony Burges と Charles Herle の火薬陰謀事件説教―説教の主題は火薬陰謀事件か―」「新潟大学大学院現代社会文化研究科」『欧米の言語・社会・文化』、第17号、2011年3月、pp. 1-52.

第7章 上記論文

第8章「"Deliverances *past* are the *pledges* of *future deliverances*"―Mathew Newcomen の火薬陰謀事件説教―」『新潟大学言語文化研究』第二十一号、2016年10月、pp. 55-86.

第9章「ウィリアム・スパーストウとウィリアム・ストロングの火薬陰謀事件説教―「エズラ記」9章13節―14節をめぐって―『新潟大学言語文化研究』第二十二号、2018年3月、pp. 33－70.

第10章「William Bridge の火薬陰謀事件説教」「新潟大学大学院現代社会文化研究科」『欧米の言語・社会・文化』第25号』2019年3月、pp. 39-66

2019年3月

高橋正平

## 著者紹介

# 高橋正平（たかはししょうへい）

| | |
|---|---|
| 1945年 | 新潟県生まれ。 |
| 1971年3月 | 東北大学大学院文学研究科修士課程修了(英文学専攻・文学修士) |
| 1971年4月 | 東北薬科大学講師 |
| 1982年4月 | 新潟大学助教授(教養部) |
| 1994年4月 | 新潟大学教授(法学部) |
| 2001年4月 | 新潟大学教授(人文学部) |
| 2010年3月 | 同大学退職。 |
| 2012年4月 | 新潟国際情報大学特任教授 |
| 2016年3月 | 同大学退職、現在に至る。 |

## 【著書・論文】

高橋正平・高橋康弘『イギリスとアメリカ植民』―「黄金」と「キリスト教」
(新潟日報事業社、2008)
高橋正平『ジェズイットとマキアヴェリ』（三恵社、2010)
高橋正平『ヴァージニア植民研究序史』（三恵社、2011)
高橋正平『火薬陰謀事件と説教』（三恵社、2012)
高橋正平・辻照彦編著『ヒストリアとドラマ』（三恵社、2014)
高橋正平『ジョン・ダン研究』（三恵社、2017)
「イギリス国教会派の説教―ウイリアム・ロードと『詩篇』」
「"the Repairers of the breaches" とピューリタン―スティヴン・マーシャルの断食説教」 .
「Meroz Cursedと「士師記」5章23節―Stephen Marshallは"Incendiary"か」
　その他 .

## 火薬陰謀事件とピューリタン

2019年 3月29日　初版発行

著　者　　高橋正平

定価(本体価格2,000円＋税)

発行所　　株式会社　三恵社
〒462-0056 愛知県名古屋市北区中丸町2-24-1
TEL 052 (915) 5211
FAX 052 (915) 5019
URL http://www.sankeisha.com

乱丁・落丁の場合はお取替えいたします。

ISBN978-4-86693-051-0 C3036 ¥2000E